**A SHORT
HISTORY
of the WORLD *in*
50 LIES**

세계사를 바꾼
50가지
거짓말

배신과 왜곡이 야기한 우리가 모르는 진짜 세계사

세계사를 바꾼
50가지
거짓말

A SHORT
HISTORY
of the WORLD *in*
50 LIES

나타샤 티드 지음 | 박선령 옮김

티인의시유

나의 아버지 마틴 티드께,
그리고 나의 친구들과 친애하는 독자께 바칩니다.

✦ 목차 ✦

≈≈≋ **PART. IV** ≋≈≈

19세기

The Nineteenth Century

≫≫≫ **PART. V** ≪≪≪

20세기

The Twentieth Century

어릴 적 부모님으로부터 "거짓말은 하지 말거라"라는 말을 참 많이도 들었다. 분명 여러분도 그런 경험이 있을 것이다. 거짓말이 나쁘다는 건 누구나 안다. 물론 그렇다고 우리가 거짓말을 하지 않는 건 아니다. 실제로 많은 연구를 통해 거짓말은 인간 본성에 내재된 부분이라는 사실이 밝혀졌고, 자기 감정을 보호하거나 곤경에서 벗어나기 위해 선의의 거짓말을 해야 하는 때도 있다. 하지만 우리가 아이들에게 거짓말을 하지 말라고 계속 가르치는 데는 타당한 이유가 있다. 도덕과 윤리적인 문제는 제쳐 두고 현실적인 부분에만 초점을 맞추더라도 거짓말은 종종 통제에서 벗어나 돌이킬 수 없는 균열과 도미노 현상을 초래하기 때문이다. 거짓말이 개인의 삶에 미치는 영향이 이 정도일진데, 역사에는 얼마나 막대한 영향을 미쳤겠는가?

거짓말의 역사는 이데올로기, 종교, 제국의 흥망성쇠를 아우르는, 돌이킬 수 없을 정도로 참혹한 역사다. 이 책에는 그런 거짓말이 단 50개만 포함되어 있는데, 어떤 건 수 세기에 걸쳐 연결되고 어떤 건 독립적인 것처럼 보이지만 각각의 거짓말은 시간이 흐르는 동안 계속 파문을 일으킨다. 이제 우리는 고대에 시작된 정치적 조작과 은폐 기술의 초기 단계부터 거짓말의 진화를 살펴볼 것이다. 중세로 넘어가면 거짓 의제와 이데올로기를 추진하기 위해 문학을 활용하기도 하고, 어떨 땐 당시의 이야기에 맞게 역사를 다시 쓰는 일도 발생하기 시작한다. 근대 초기에 이르면 거짓말의 이런 기본 요소들이 음모론, 널리 퍼진 위조와 결합해 통제할 수 없을 정도로 눈덩이처럼 불어나는 모습을 보게 될 것이다. 19세기에는 새로운 기술이 등장하면서 우스꽝스러운 날조에서부터 세계를 파국으로 몰고 가는 저널리즘에 이르기까지, 가짜 뉴스의 전신이라 할 사례들이 여럿 등장하고 발전한다. 그리고 20세기에 다다르면 식민지에서 저지른 잔혹 행위를 대대적으로 은폐한 일부터 선전전, 수백만 명의 목숨을 앗아가는 데 도움이 된 가짜 뉴스에 이르기까지 언론이 주도하는 거짓말 진화의 절정을 목격하게 될 것이다.

이제 우리는 다음의 50가지 이야기를 통해 인류 역사상 가장 어두운 사건들을 살펴볼 것이다. 암울하게만 느껴지는 거짓말의 수렁에도 항상 빛은 존재한다. 역사의 거짓을 벗겨 내면 역사 자체뿐만 아니라 오늘날 우리에게 남겨진 유산을 잘 이해할 수 있게 될 것이다. 이 책은 진실을 밝히는 책이라기보다는 그걸 감춘 속임수의 그물을 풀고 애초에 그 그물이 왜 존재했는지 살펴보는 책이다.

A Short History of the World in 50 Lies

율리우스 카이사르의 교묘한 거짓말이
들통나기까지 2000년이 넘게 걸렸다.
오늘날 『갈리아 전기』는 역사적 사실이 아니라
정치적 정보 조작과 그에 수반되는 위험을 보여 주는
초기 사례 중 하나로 간주된다.

_〈카이사르가 『갈리아 전기』를 집필한 진짜 이유〉에서

Part. I

고대 세계
The Ancient World

≋ 거짓 1 ≋
가짜 왕을
죽여라!

아케메네스왕조 페르시아의 사라진 세 번째 군주를 찾아서

아케메네스왕조 페르시아(B.C. 559 ~ B.C. 330)의 세 번째 왕인 다리우스 대왕은 고대 역사에서 가장 많이 언급되고 널리 칭송받는 인물 중 하나다. 그가 통치하던 시기의 페르시아제국은 발상지인 이란을 넘어 서아시아, 코카서스, 발칸반도, 중앙아시아와 이집트 일부까지 아우르면서 덩굴처럼 뻗어 나갔다. 제국의 권력과 부를 공고히 하고 종교적으로 관용적인 태도를 유지하면서 자기가 정복한 땅을 서로 연결시킨 그의 업적은 '대왕'이라는 칭호에 진정 어울리는 몇 안 되는 통치차 중 한 명임을 입증한다. 하지만 이 이야기에는 매우 치명적인 거짓이 포함되어 있다. 사실 다리우스는 아케네메스왕조 페르시아의 세 번째 왕이 아니라 네 번째 왕이었다. 그리고 다리우스가 잊혀진 (세 번째) 통치자를 물리치고 역사의 기억 속에서 그의 권리를 지워 버린 방식을 살펴보면 다리우스가 실제로 어떤 인물이었는지 알 수 있다.

아케메네스왕조 페르시아는 기원전 550년부터 형성되기 시작했는데, 특히 기원전 559년부터 530년까지 거의 30년간 나라를 다스리면서 메디아, 리디아, 신바빌로니아왕국을 정복한 키루스 대왕의 성공적인 업적이 건국의 기반이 되었다. 키루스 대왕Cyrus the Great은 신생 제국의 힘을 계속 키워 나가기 위해 두 아들 캄비세스와 바르디야 중 한 명을 후계자로 정해야 했다. 바르디야의 경우 통치 능력이 뛰어난 것으로 알려진 반면, 캄비세스 쪽은 성격이 매우 불안정한 인물이었다. 그러나 키루스 대왕이 사망하자 장자 세습의 전통을 따라 캄비세스 쪽이 왕위를 이어받게 된다. 그렇게 캄비세스 2세로 즉위한 그는 통치 초기, 횡포한 성향을 조금 드러낸 걸 제외하면 큰 문제는 없어 보였다. 하지만 그것도 잠시, 그가 이집트를 침략할 준비를 시작하면서 상황은 급변했다. 캄비세스는 바르디야가 제국의 지배권을 빼앗아 가는 꿈을 연달아 꿨다고 주장했다. 그걸 단순한 꿈으로 치부했다면 좋았겠지만, 캄비세스는 모반의 타당성을 알아보지도 않은 채 대담하게 행동에 나섰다. 자기 동생을 비밀리에 암살하고 그의 죽음을 은폐하라고 명령한 것이다. 암살 음모가 성공하자 캄비세스는 다시 이집트 정복에 집중했다.

그러나 형제를 죽이면 그에 상응하는 결과가 따르게 마련이다. 문제는 캄비세스가 사망한 기원전 522년 7월에 드러났다. 그에게는 왕위를 물려줄 직계 상속인이 없었다. 누구든 통치자의 자리를 차지할 수 있는 이 상황에서 매우 특이한 후보가 등장했다. 바로 바르디야였다. 물론 그는 진짜 바르디야가 아닌 기원전 522년 초부터 바르디야 행세를 하기 시작한 '가우마타'라는 마법사였다. 가짜 바르디야는 캄비세스가 이집트에 있는 동안 페르시아로 돌아가서 자기 '형'에게 대항할 지지 세력을 모아 반란을 일으켰는데, 그 과정에서 캄비세스가 죽고 이 가짜 바르디야가 왕으로 즉위하게 되었다. 캄비세스 2세의 측근들 입장에서 이건 참을 수 없이 부당한 일이었다. 그들은 진짜 바르디야가 암살당했다는 사실을 알고 있었다. 그들에게 이 새로운 왕은 정통성도, 나라를 다스릴 권한도 없을뿐더러 제국 전체를 위기에 빠뜨릴 수도 있는 인물이었다. 결국 기원전 522년 9월, 캄비세스의 창병이었던 다리우스가 무리를 이끌고 가우마타를 함정에 빠뜨려서 죽였다. 가짜 왕을 죽이고 페르시아제국을 구한 다리우스는 적법한 절차에 따라 새로운 통치자 다리우스 대왕Darius the Great으로 즉위했다.

거짓 속 진실

전설 앞에 엎드리다

베히스툰 비문 옆에는 다리우스 대왕이 파라바하르

Faravahar(조로아스터교의 대표적 상징-옮긴이)의 상징을 올려다보고 있는 모습을 새긴 거대한 부조가 있는데, 이는 다리우스 대왕의 신성함과 권리를 상징한다. 다리우스의 발밑에 가우마타로 추정되는 인물이 깔려 있는 것은 그 어떤 찬탈자도 진정한 왕의 통치권을 빼앗을 수 없음을 보여 준다.

이상은 베히스툰 비문에 새겨진 내용으로, 철저히 다리우스의 입장에서 서술된 것이다. 다리우스는 기원전 522~486년에 새긴 이 비문을 통해 자신이 권력을 잡게 된 과정을 설명한다. 하지만 그의 주장을 뒷받침할 수 있는 증거는 고작해야 이 베히스툰 비문과 그리스 역사가 헤로도토스의 『역사』 속 가짜 바르디야 이야기, 이렇게 두 가지뿐이다. 헤로도토스의 책 내용도 대부분 베히스툰 비문의 내용을 그대로 옮긴 것이고, 나머지는 역사적 근거가 없는 허구다. 헤로도토스 버전의 이야기에는 가우마타 대신 파티제이테스와 스메르디스라는 형제가 등장한다. 파티제이테스는 계략을 꾸며 스메르디스를 왕좌에 앉혔다. 하지만 스메르디스가 진짜 바르디야가 아니라는 결정적 사실이 밝혀지면서 그들의 계략은 실패로 돌아가게 된다. 스메르디스에게는 귀가 없었던 것이다.

헤로도토스 버전의 이야기는 형제들이 등장한다는 점과 그

뒤에 나오는 귀와 관련한 조사 때문에 설득력이 떨어져서 진실이라고 믿기 힘들다. 그러나 다리우스 대왕의 기록에도 눈에 띄는 결함이 있기는 마찬가지다. 역사가들은 이런 논리의 빈틈을 파고들어 자세히 조사했다. 우선은 캄비세스가 기원전 525년에 자기 형제를 몰래 죽였다는 대목부터 문제가 있다. 황자가 죽었는데 어떻게 아무도 그의 부재를 알아차리지 못할 수 있었을까? 또 가우마타는 어떻게 바르디야가 죽은 걸 알고 성공적으로 그를 흉내 낼 수 있었을까? 당시 황자를 죽인 뒤 그 사실을 은폐한다는 건 거의 불가능했을 것이다. 이집트 원정이 임박한 상황이었으므로 황실 구성원들은 전쟁에 참여할 수밖에 없었고, 이런 때에 바르디야가 사라졌다면 다들 금세 알아차렸을 것이다. 그가 전쟁에 참여하지 않아도 되는 유일한 상황은 다른 지방에서 섭정으로 일하는 것뿐인데, 이 경우에도 갑자기 실종됐다면 기록이 남았을 것이다. 또 바르디야가 정말 암살당했다가 3년 뒤에 갑자기 가우마타의 모습으로 다시 나타났다면 이 역시 기록에 남았을 것이다. 키루스의 아들이자 캄비세스의 형제인 바르디야는 주변인들이 그의 움직임을 계속 주시하고 추적할 만큼 유명인물이었으니 말이다.

그렇다면 바르디야에게 실제로 무슨 일이 일어난 걸까? 답은 의외로 간단하다. 가짜 바르디야 같은 건 없었다. 바르디야는 기원전 525년에 살해되지 않았고, 자기 형이 이집트에서 싸우는 동안 페르시아를 섭정 통치하고 있었다. 바빌로니아 문서에 따르면 기원전 522년 봄, 그러니까 캄비세스가 죽고 바르디야가 공식적으로 즉위하기 몇 달 전에 그가 '바빌론의 왕, 땅의 왕'이라는 기치를 내걸고 형에게 대항하는 군사 작전을 벌이기 시작한 것으로 보인다. 다리우스 대왕이 가짜 바르디야 이야기를 꾸며 낸 이유도 간단하다. 권력을 얻기 위해서다. 캄비세스와 마찬가지로 바르디야에게도 후계자가 없었기 때문에 그가 죽으면 제국의 통치권이 허공에 뜨게 된다. 다리우스는 이 상황을 이용해 바르디야를 죽이고 가짜 바르디야에 대한 근거 없는 소문을 만들어 제국의 구세주로서 자신의 위치를 굳힌 뒤 가장 높은 자리를 차지했다.

정상에 오르기 위한 과정이 석연치 않았음에도 다리우스 대왕은 영토 확장과 문화적 성취 등의 업적으로 아케메네스왕조 페르시아의 가장 위대한 통치자 중 한 명으로 알려지게 되었다. 하지만 이 제국은 오래 지속되지 않을 것이다. 다리우스의 후계자인 크세르크세스는 자기 아버지만큼 거짓말에 능숙하지 못했고 이는 결국 제국의 몰락을 초래하게 될 것이다.

≋ 거짓 2 ≋
인류 최초의 대규모 해전, 살라미스 전투의 영웅

배신을 위장한 사나이 테미스토클레스

다리우스 대왕이 죽고 그의 아들 크세르크세스 1세가 권력을 잡은 기원전 486년, 아케메네스왕조 페르시아는 전성기를 맞고 있었다. 하지만 땅덩어리가 워낙 거대하다 보니 반란이 자주 일어났다. 크세르크세스가 왕위에 오르자마자 이집트에서 반란이 일어났고, 기원전 484년에는 바빌로니아에서도 두 차례 반란이 일어났다. 크세르크세스는 이 위기 상황을 성공적으로 관리했기 때문에 (때로 무자비했으나) 유능한 동시에 군사력을 갖춘 통치자로서 입지를 확고히 다졌다. 그러니 그가 권좌에 오른 지 불과 몇 년 만에 자기 아버지가 오랫동안 꿈꿔 왔지만 결코 이루지 못했던 일을 해내겠다고 결심한 건 놀라운 일이 아닐 것이다. 크세르크세스는 그리스를 정복하기로 했다.

그러나 그리스 정복은 쉬운 일이 아니었다. 기원전 492년 다리우스 대왕의 첫 번째 침략은 2년 만에 페르시아의 대패로 끝났다. 같은 실수를 되풀이하지 않기 위해 크세르크세스는 군대를 양성하고 군인과 배가 그리스로 원활하게 이동할 수 있도록 다리와 수로를 건설하는 데 많은 투자를 했다. 기원전 481년, 마침내 그 모든 준비를 마친 크세르크세스는 제국 전역에서 군대를 모았다. 그리스 국가들은 페르시아의 침략에 맞서 아테네와 스파르타 군대가 이끄는 연합 전선을 구축했다. 그러나 크세르크세스의 준비는 그 자체가 승리의 공식임을 입증했고 기원전 480년까지 그의 군대는 꾸준히 그리스 해안 너머로 진군했다. 그리스는 지금껏 접해 본 적 없는 거대한 군대의 침입으로 인해 도시들이 차례로 무너졌다. 마침내 양측은 늦여름, 테르모필레Thermopylae(마케도니아 해안에 위치한 좁은 골짜기로 외부에서 그리스로 향하기 위해 반드시 통과해야 하는 지역-옮긴이)에서 처음으로 대규모 전투를 치렀다. 스파르타인 300명을 중심으로 그리스 병사 7000명이 좁은 고갯길에 장벽을 형성했다. 수적으로는 그리스군이 훨씬 열세였지만 그들이 자리 잡은 지형 때문에 크세르크세스의 군대는 전력을 발휘할 수 없었다. 이틀 동안 양측이 서로 맹렬히 공격을 주고받았으나, 크세르크세스의 군대는 결국 그리스 연합군에 패하고 말았다. 상황이 이렇다 보니, 크세르크세스는 자신의 군대를 그리스군의 측면으로 이동시킬 수밖에 없었고, 그들이 진격하자 상당수의 그리스군은 전투를 포기했다. 그러고는 남은 스파르타인 병사와 테스피아이Thespiae(고대 그리스 폴리스 중 하나–옮긴이) 사단의 병사 수백 명이 페르시아 군대를 최대한 오랫동안 저지하는 자살 특공 임무를 맡았다.

테르모필레 전투 이후로 크세르크세스는 더욱더 막을 수 없고, 거침없는 존재가 된 것처럼 보였다. 그의 군대는 신속하게 더 많은 땅을 점령했고 저항하는 도시가 있으면 다른 도시들에게 경고할 목적으로 불태웠다. 기원전 480년 늦여름, 아테네가 함락되자 크세르크세스는 그곳의 즉각적인 파괴를 명령했다. 그런 식으로 그는 그리스 본토 대부분을 순조롭게 점령해 가고 있었다. 하지만 승리로 향하는 길을 확보하려면 살라미스섬 해안에 자리 잡고 있는 그리스 해군을 물리쳐야 했다. 이번에도 그리스군은 수적으로 열세였기 때문에 크세르크세스의 또 다른 승리가 임박한 것처럼 보였다. 하지만 그리스에는 아테네의 장군이자 정치가인 테미스토클레스Themistocles라는 비장의 무기가 있었다.

거짓 속 진실

스파르타의 이미지를 만든 300명의 이야기

영화 〈300〉의 모티프가 된 것으로도 유명한 테르모필레 전투는 300명의 신화를 탄생시켰다. 헤로도토스는 페르시아에 꿋꿋이 맞선 스파르타 지도자 레오니다스

와 그의 부하들을 불멸의 영웅으로 떠받들었다. 이것
때문에 모든 스파르타 군대는 전투에서 이기거나 혹
은 죽을 때까지 싸울 것이라는 신화적인 믿음이 대중
들 사이에 굳어졌다.

그리스 지도자들 대부분이 살라미스를 포기해야 한다고 주장
하는 동안 (결국 패배는 불가피했다) 테미스토클레스는 포기하지 않
고 싸웠다. 그는 수역이 좁은 살라미스 앞바다의 지리적 형세를
잘 활용하면 크세르크세스의 거대한 배들을 함정에 빠뜨릴 수 있
을 거라 보았다. 물론 테르모필레에서 비슷한 전술을 사용했다가
패배한 적이 있기 때문에 이는 위험한 전략이기도 했다. 그러나
테미스토클레스에게는 결정적인 정보가 있었다. 그는 그리스 진
영 내에 크세르크세스의 눈과 귀 역할을 하는 첩자가 있다는 걸
알고 있었고, 그들은 지금쯤 그리스인들이 살라미스에서 뭘 해
야 할지를 놓고 다투고 있다는 소식을 들었을 것이다. 테미스토
클레스는 함정을 팠다.

먼저 그는 사절을 파견해 크세르크세스에게 메시지를 전했
다. 테미스토클레스와 아테네군이 다른 그리스 동맹군에게 배신
을 당해서 이제 크세르크세스 편을 들고 싶어 한다는 내용이었
다. 이 거짓말을 믿게 하기 위해 "다른 그리스 선박들이 도망갈
준비를 하고 있는 지금이 공격의 적기이고 아테네군은 이를 도

울 준비가 되어 있다"라는 말을 덧붙였다. 크세르크세스는 완전히 속아 넘어갔다.

페르시아 배들이 살라미스 해협에 들어섰을 때, 테미스토클레스의 말은 사실인 것처럼 보였다. 페르시아군이 진격하자 실제로 몇몇 그리스 군함이 도망치려고 했기 때문이다. 물론 이는 크세르크세스의 군대를 더 좁은 바다로 유인하기 위한 책략이었고, 곧 그리스인들이 페르시아 선박을 포위 공격했다. 결국 페르시아군은 참혹한 패배를 겪었고, 이는 크세르크세스의 대침략 계획에 전환점이 되었다.

크세르크세스가 당한 망신은 훨씬 적은 수의 군대에 패한 게 다가 아니었다. 살라미스해전에 승리한 그리스는 이후 아케메네스왕조 페르시아 소유의 그리스 영토를 되찾기 시작했다. 크세르크세스는 기원전 466년, 다시 한번 그리스에 진출해 보려 시도했지만 이 역시 실패로 막을 내린다. 재위 초기에 강력한 군사 통치자의 모습을 보인 것과는 반대로 그가 말년에 저지른 실수들은 제국의 약점을 드러냈고 이는 상당히 치명적이었다. 기원전 465년 크세르크세스는 아이러니하게도 다리우스 대왕과 유사한 방식으로, 수수께끼의 음모에 휘말려 암살당했다. 아케메네스왕조 페르시아는 이후 다시는 크세르크세스의 전성기만큼 강력해지지 못했고 끝내 기원전 330년 알렉산더대왕이 이끄는 군대에 함락되었다.

카이사르가 『갈리아 전기』를 집필한 진짜 이유

아케메네스왕조 페르시아가 멸망한 뒤, 또 하나의 세계적 초강대국인 로마 공화국이 부상했다. 그리고 기원전 58년, 로마 공화국 출신이자 역사적으로 가장 유명한 인물 중 하나가 매우 현대적인 방식으로 정치적 정보 조작을 주도했다.

율리우스 카이사르는 로마제국의 가장 위대한 정치가 중 한 명으로 알려지기 전, (그리고 암살되기 훨씬 전) 막대한 부채의 바다에 빠져 허우적거리고 있었다. 그는 기원전 61년, 로마에서 가장 부유한 인물인 크라수스(로마공화정 말기의 정치가이자 장군-옮긴이)에게 전례 없는 거액을 빌렸는데, 그 외로도 엄청난 빚을 지고 있어서 도무지 갚을 방법이 없었다. 로마 공화국에서 정치권력의 사다리를 오르는 건 돈이 많이 드는 게임이었고, 단계를 하나씩

오를 때마다 많은 자금이 필요했다. 뇌물을 주지 않거나 채권자들에게 빌린 돈을 갚지 않는 정치인은 파산할 뿐만 아니라 공식적으로 정치 생활을 금지당하게 될 것이다. 이것이 율리우스 카이사르를 기다리는 운명이었다. 기원전 59년, 그는 당시 최고 직책인 집정관 임기를 막 마친 참이었고, 로마가 지배하는 갈리아 지역에 5년 임기의 총독으로 임명되었지만 부채 문제를 빨리 해결하지 않는다면 모든 걸 잃게 될 터였다.

다행히 카이사르는 스스로 이 빚더미를 빠져나갈 돌파구를 찾아내기에 이른다. 이에 영감을 준 것은 다름 아닌 갈리아 지역이었다. 갈리아는 오늘날의 프랑스, 룩셈부르크, 벨기에와 독일, 스위스, 이탈리아, 네덜란드 일부 지역이 포함된 서유럽의 거대 지역이었다. 갈리아 땅 대부분은 여러 국가와 부족이 독립적으로 운영하고 있었지만 카이사르는 이 상황을 바꾸고 싶었다. 갈리아 일부 지역과 전쟁을 시작할 수만 있다면 부채에서 벗어나게 되리라는 계산이 나온 것이다. 갈리아에는 약탈을 기다리는 재물이 가득했고 로마에서 성행 중인 노예무역은 항상 전쟁 포로를 찾고 있었다. 그가 할 일은 공격할 이유를 찾아내는 것이었는데, 헬베티Helvetii라는 갈리아 부족 연합이 그 시작으로 적절해 보였다.

당시 헬베티는 갈리아의 스위스 고원 지대 대부분을 차지하고 있었는데, 기원전 58년경 서쪽으로 이주하기 위해 카이사르에게 그들이 로마가 지배하는 땅을 지나갈 수 있도록 해 달라고 요청했다. 물론 카이사르는 이 요청을 거부했다. 헬베티 쪽에서 뭔가 빌미를 제공해 주길 바랐기 때문이다. 그러나 헬베티는 평화적으로 다른 경로를 찾기로 했다. 돈줄을 놓칠 생각이 없었던 카이사르는 군대를 모아 이주자들을 뒤따르다가 손Saône 강을 건너려는 그들을 매복 공격했다. 이어진 전투로 헬베티의 티구리니 부족이 거의 전멸했다. 이후에도 여러 차례 유혈 충돌이 벌어졌으나 끝내 패배한 헬베티는 자기 땅으로 돌아갈 수밖에 없었다. 그러고는 로마와 위험천만한 게르만족 사이에서 완충 역할을 하게 되었다. 이 과정에서 카이사르는 상당한 부를 축적했을 뿐만 아니라 자기만의 승리 공식을 발견하기에 이른다. 전쟁을 벌여 빚을 청산하고 권력까지 손에 넣는 것 말이다. 그리하여 갈리아 전쟁이 시작되었다.

그러나 카이사르의 계획에는 한 가지 중대한 결함이 있었다. 로마 공화국에서 계속 높은 지위로 오르려면 좋은 이미지를 유지해야 했는데, 부채를 갚기 위해 전쟁을 벌이는 건 보기에 그다지 바람직한 모습은 아니었다. 따라서 그는 자신의 행동이 본인뿐 아니라 모든 로마인에게 유익한 것처럼 보이도록 이 진실에 대한 다른 해석을 공화국에 제시해야 했다. 그래서 카이사르는 이 사건에 대한 자신의 견해를 『갈리아 전기Commentarii de Bello Gallico』라는 보고서를 통해 발표하기로 했다. 여기서 카이사르는 헬베티가 로마 속주 옆으로 이주할 계획이었고, 이는 모든 로마인에게 상당한 위협이 될 것이므로 쫓아내야만 했다고 설명했다(사실 헬베티는 카이사르가 말한 지역에서 320킬로미터 떨어진 곳으로 이주하던 중이었다). 특히 부족 연합 중 하나인 티구리니족을 학살한 일에 대해서는 신의 개입이라고 주장했다. 이 설명은 아마 수단을 정당화하기 위해 진실을 왜곡하는 정치적 정보 조작의 가장 주목할 만한 초기 사례일 것이다.

카이사르는 갈리아 전쟁 내내 전시에 벌어진 잔혹 행위를 정의롭고 정당한 행동으로 바꾸기 위해 이 새로운 선전 도구를 활용했다. 기원전 57년, 오늘날 벨기에 땅에 살고 있던 네르비족 5만 3000명을 노예로 팔아넘긴 것은 탐욕 때문이 아니라 적의 음모와 그들이 서약을 위반한 탓이라고 했다. 이를테면 기원전 53년, 에부로네스족 마을을 약탈한 건 반군 지도자를 생포하기 위한 조치였다고 주장했다. 그 반란자를 찾지 못하는 바람에 어쩔 수 없이 에부로네스족의 집과 농작물을 불태워서 그들을 굶주리게 할 수밖에 없었다는 것이다. 그들이 살아 있는 동안에는 "그(반군 지도자)가 돌아오는 걸 절대 허락하지 않았을 것"이라고 했다. 가장 기묘한 정보 조작은 기원전 55년, 그가 게르마니아⁺의 유시페테스족과 텐크테리족의 민간인들을 학살했을 때 행해졌다. 그는 민간인 대부분은 자신의 군대에 살해된 게 아니라 '탈출할 수 있으리라는 희망'을 잃자 비극적으로 집단 자살한 것이라고 주장했다.

⁺ 유럽 중부, 도나우강의 북쪽, 라인강 동쪽에서 비슬라강까지의 지역. 로마인에게 정복되지 않은 게르만인 거주지로 자유 게르마니아를 가리킨다.

갈리아 차지하기

갈리아 전쟁은 카이사르가 로마의 독재자가 되는 과정에서 결정적인 역할을 했다. 전쟁이 끝난 기원전 50년, 카이사르는 갈리아 전체와 브리튼 일부를 정복했고 자신이 예상한 것보다 더 큰 부자가 되어 있었다. 게다가 이후 5세기 동안 로마가 갈리아를 통치하게 되었다.

흥미롭게도 카이사르의 거짓 주장은 로마 공화국과 훗날의 로마제국에서뿐만 아니라 역사적으로도 사실로 받아들여졌다. 실제로 『갈리아 전기』는 20세기 중반까지 역사상 가장 위대한 전쟁 보고서 중 하나로 칭송받았다. 역사학자들이 카이사르의 거짓말을 알아차리게 된 건 그의 의심스러운 정당화 때문이 아니라 그가 사용한 숫자 때문이었다. 카이사르는 유시페테스족과 텐크테리족 군대가 43만 명이었고, 그들이 패배할 때까지 로마 병사는 한 명도 죽지 않았다고 단언했다. 불가능해 보이는 로마군 사망자 수는 차치하더라도, 그 시대에 관한 다른 연구에서 알아낸 사실과 비교해 보면 당시 유시페테스족과 텐크테리족이 그 정도 규모의 병력을 보유한다는 건 사실상 불가능했다. 이로써 카이사르가 자기 명성을 높이기 위해 자의적으로 적의 규모를 부풀렸다는 게 명백해졌다. 또한 이 조사를 계기로 곧 카이사르가 한 주장의 모든 부분이 역사적인 조사를 받게 되었다.

율리우스 카이사르의 교묘한 거짓말이 들통나기까지 2000년이 넘게 걸렸다. 오늘날 『갈리아 전기』는 역사적 사실이 아니라 정치적 정보 조작과 그에 수반되는 위험을 보여 주는 초기 사례 중 하나로 간주된다.

안토니우스를 바람둥이로 만든 키케로의『필리피카이』

카이사르가 개척한 정보 조작 기술은 그의 대에서 끝나지 않았다. 카이사르 암살 이후 로마의 또 다른 정치가인 마르쿠스 툴리우스 키케로는 카이사르의 방법을 한 단계 더 발전시켰다. 선전과 정보 조작 사이의 경계를 모호하게 만들어 가장 초기 버전의 가짜 뉴스 사건이 탄생하게 되었다.

기원전 44년 3월 15일, 막 '종신 독재자'로 임명되어 로마 공화국에 대한 압제적 통치의 절정을 즐기고 있던 카이사르가 그의 경쟁 상대인 원로원 의원들에게 둘러싸였다. 그들은 누구도 절대적인 권력을 행사해서는 안 되고, 만약 누군가가 그런 권력을 행사할 수밖에 없는 상황일지라도 그게 결코 카이사르가 되어서는 안 된다고 주장했다. 결국 이들은 카이사르에게 일제히 죽음의 일격을 가했다. 그러고는 스스로를 폭군으로부터 백성을 구한 해방자라고 생각했다. 하지만 사람들은 그렇게 느끼지 않았다. 카이사르는 하층민과 중산층에게 매우 인기가 높았기 때문에 그의 죽음은 권력을 장악하고 싶은 1퍼센트의 필사적인 발악에 지나지 않은 것처럼 보였다. 내분과 무정부 상태가 발생했고 그 한가운데에 마르쿠스 툴리우스 키케로가 있었다. 그는 카이사르를 죽이려는 음모에 가담하지는 않았지만 독재자가 죽었다는 소식을 듣고 매우 기뻐했다. 키케로는 이걸 기회로 삼아 전세를 역전시키고 공화국을 카이사르 통치 이전의 상태로 되돌릴 수 있기를 바랐다. 하지만 그러려면 우선 그 자신이 카이사르의 후계자가 되어야 했다.

카이사르 사후, 그의 오른팔인 마르쿠스 안토니우스와 카이사르의 종손자이자 양자인 옥타비아누스가 후계자 자리를 놓고 경쟁하고 있었다. 카이사르는 사실 유언장에 옥타비아누스를 후

계자로 지명했지만 당시 그는 겨우 18살이었고 상대적으로 경험도 부족했다. 이에 비해 안토니우스는 사실상 카이사르 파벌의 상속자 겸 지도자로 간주돼 대중의 지지를 얻고 있었다. 안토니우스가 공화국을 과거로 되돌리려는 키케로의 계획에 따를 이유가 없었으므로, 키케로는 옥타비아누스를 자기편으로 끌어들이려 했다. 하지만 키케로의 공모자들은 이를 적극적으로 말렸다. 옥타비아누스는 경험이 부족하긴 해도 매우 영리하고 무자비한 인물이며, 자신에게 도움이 된다면 언제든 친구에서 적으로 변할 수 있는 인물이라고 경고했다. 하지만 키케로는 주변 사람들의 충고를 무시했다. 옥타비아누스는 아직 소년일 뿐이니 자신이 한발 앞서서 그를 자기에게 필요한 융통성 있는 지도자로 만들면 된다고 생각했다. 그렇게 꼭두각시 인형에 줄을 맸으니 이제 키케로가 할 일은 안토니우스를 제거하는 것뿐이었다.

키케로는 연설 그리고 연설문들을 모은 『필리피카이Philippicae』를 통해 그 첫발을 내딛었다. 그의 계획은 『필리피카이』를 이용해서 안토니우스를 저격하고 카이사르가 한 것처럼 진실을 왜곡해서 안토니우스를 미래의 폭군으로 모함한 뒤 자신의 의제를 추진하는 것이었다. 기원전 44년 9월 2일, 키케로는 「1차 필리피카이」를 원로원에 전달했다. 그는 먼저 다정하게 안토니우스를 자신의 소중한 친구라고 칭한 다음 그의 성격을 수동적으로 공격하면서 은밀하게 모함했다. 마르쿠스 안토니우스는 통치자가 되기에 적합하지 않다. 그는 카이사르의 '선한' 법을 없애고 공화국을 파괴할 것이다. 안토니우스가 입힐 피해에 대한 공포심을 강조하기 위해, 아키우스Accius의 시 "그들이 날 두려워한다면 미워해도 상관없다"를 낭송하면서 안토니우스는 이런 생각을 바탕으로 통치권을 휘두를 것이라고 장담했다. 당연히 안토니우스가 이에 대해 좋은 반응을 보일 리 없었다. 그는 원로원을 소집해 키케로에게 화를 내면서 키케로가 카이사르 살해의 주모자라고 거짓 비난을 퍼부었다. 키케로는 분노를 억누를 수 없었다. 그는 『필리피카이』를 은밀한 정보 조작에 사용하려던 원래 계획을 버리고 대신 전면적인 비방 운동에 착수했다.

「2차 필리피카이」는 키케로가 쓴 14편의 「필리피카이」가운데 가장 길고 폭발적이며 엄청난 폭언으로 가득하다. "오, 그의 뻔뻔함, 방탕함, 정욕은 정말 참을 수 없구나!" 키케로의 신랄한 주장은 안토니우스가 3일간 흥청대는 연회에 참가해서 토사물 냄새를 풍긴 것부터 절도와 폭력, 그리고 그가 과거 성매매에 종사했다는 주장에 이르기까지 줄줄이 이어졌다. 키케로는 이런 주장을 입증하지 못했고 실제로도 사실은 거의 포함되어 있지 않았지만, 안토니우스의 성질을 자극한 건 분명하며, 더군다나 2000년이 지난 오늘날에도 그는 여전히 무모한 바람둥이로 간주되곤 한다.

『필리피카이』를 통한 키케로의 선동적인 공격은 기원전 43년 봄까지 계속되었다. 원로원은 그의 거짓 주장에 동조해 안토니우스를 국가의 적이라고 선언했다. 옥타비아누스는 원로원의 군대를 이끌고 안토니우스와 전투를 벌였고 카이사르의 후계자 후보를 능숙하게 물리쳤다. 승리를 거둔 키케로는 로마 시민들에게 기쁨에 찬 연설을 했다. 그의 계획은 성공했고 공화국은 회복될 것이다. 하지만 그가 잊은 게 하나 있었다. 옥타비아누스는 믿을 수 없는 사람이라는 경고 말이다. 키케로가 자축하는 동안 옥타비아누스와 안토니우스는 동맹을 맺었다.

옥타비아누스와 안토니우스는 카이사르의 오랜 협력자인 마르쿠스 아이밀리우스 레피두스와 함께 권력을 셋으로 나눈 군사 독재 정권인 제2차 삼두정치를 결성했다. 세 사람은 권력을 장악하자마자 당장 사형에 처해야 하는 자들의 명단인 사형인 공표문을 정리하기 시작했다. 물론 안토니우스는 키케로의 이름을 그 명단에 확실히 포함시켰다. 기원전 43년 12월, 키케로는 참수형을 당했고 안토니우스는 더 소름끼치는 복수를 위해 키케로의 머리를 로마 포럼에 전시하고는 이것만으론 부족했는지 그의 글씨 쓰는 손까지 전시하라고 명령했다. 펜으로는 그의 칼에 대적할 수 없음을 의미하는 것이리라.

거짓 속 진실

속상한 중상모략

『필리피카이』 때문에 역사가 안토니우스를 바라보는

방식이 바뀐 건 분명하지만, 그게 안토니우스의 성격에 대한 동시대의 유일한 저격은 아니었다. 옥타비아누스와 안토니우스의 동맹은 오래가지 못했고, 동맹이 무너지자 옥타비아누스는 그의 예전 동맹을 상대로 선전전을 벌였다. 안토니우스가 로마인다운 방식을 버리고 이집트 여왕 클레오파트라의 마법에 걸렸다는 이야기는 이때 나온 것이다.

거짓 5
로마 역사상 최악의 패장,
바루스를 기억하라!

아르미니우스의 배신과 토이토부르크 숲 전투

키케로가 몰락한 이후 로마 공화국의 종말이 찾아왔다. 제2차 삼두정치는 겨우 10년간 권력을 유지됐을 뿐이었다. 기원전 30년이 되자 옥타비아누스는 레피두스를 추방하고 내전을 통해 안토니우스를 물리친 뒤 최후의 승자가 되었다. 이제 유일한 통치자가 된 그는 공화국의 민주적 뿌리를 제거하고 자기가 중심이 될 제국의 중앙집권적 토대를 마련하기 시작했다. 기원전 27년, 옥타비아누스는 아우구스투스로 이름을 바꾸고 사실상 최초의 로마 황제가 되었다. 공화국은 죽었다, 로마제국이여 영원하라!

아우구스투스가 황제로서 가장 먼저 한 일은 새로운 제국을 확장하는 것이었다. 이건 쉬운 일이었다. 물려받은 땅이 많았기 때문이다. 갈리아 전쟁 이후 갈리아 땅 대부분이 여전히 로마의 지배를 받고 있었다. 하지만 그의 종조부 카이사르에게 그랬던 것처럼 게르마니아는 아우구스투스의 옆구리에 가시처럼 남아 있었다. 오늘날의 독일, 폴란드, 체코, 슬로바키아, 헝가리, 오스트리아 일부를 점령한 게르만 부족은 천하무적처럼 보였고, 실제 계속해서 주변과 맞서 싸웠다. 카이사르 때문에 엄청난 손실을 겪은 텐크테리족과 우시페테스족은 기원전 17~16년에 전열을 갖추고 돌아와 로마 제5군단을 격파했다. 이때의 패배는 제국 입장에서 너무 잔혹하고 당혹스러웠기 때문에 롤리안Lollian 재앙으로 알려질 정도였다. 아우구스투스는 이 상황을 그냥 놔두려고 하지 않았다. 그는 제국을 위해 게르만 부족의 땅을 원했고 완력을 통해 그걸 얻을 작정이었다. 그래서 기원전 12년에 게르마니아에 대항하는 장기적인 군사 작전을 펼치기 시작했다.

기원전 16년경에 태어난 아르미니우스는 아우구스투스가 꾸민 음모의 초기 희생자였다. 독일 북서부 케루스키 부족 족장의 아들인 그는 어릴 때 로마와의 평화 협상에서 볼모로 발탁돼 인질로 잡혀 있었다. 그는 제국의 포로로 자랐지만 교육을 받고 라틴어를 배우고 로마군에 입대했으며 기사 직위까지 받았다. 한편 아르미니우스의 고향 땅에서 아우구스투스의 원정은 엄청난 성공을 거두었다. 게르만 부족은 로마 군대의 힘에 대항할 수 없었고 기원후 7년에는 확실하게 로마의 수중에 들어갔다. 이 상황을 유지하기 위해 아우구스투스는 제국에서 가장 무자비한 리더한 명을 데려와서 로마의 새로운 땅을 관리하게 했다. 그 주인공은 바로 푸블리우스 퀸크틸리우스 바루스로, 잔인하고 포악하기로 유명한 장군이자 이미 시리아 총독으로 재직하는 동안 무력과 공포를 치명적으로 혼합해 여러 차례 위기를 진압한 전력이 있는 인물이었다. 그런 그가 이제 게르만 사람들에게 사용할 전술을 짜기 시작했다. 하지만 이는 그 지역 사람의 도움이 있어야만 할 수 있는 일이었다. 아무리 봐도 아르미니우스보다 이 역할에 더 적합한 자는 없어 보였다. 물론 아르미니우스는 바루스가 억압하려고 하는 부족에서 태어났지만 로마인들은 그를 '우리 사람'으로 여겼다. 그가 가진 부족 내부 지식과 로마에 대한 충성심이 바루스의 성공의 열쇠가 될 것이다.

하지만 아르미니우스에 대한 이런 신뢰는 잘못되도 한참 잘못된 것이었다. 아르미니우스는 로마인의 편이 된 적이 없었다. 그는 때를 기다리고 있었을 뿐이다. 바루스 눈에 아르미니우스가 지역 부족들을 찾아가 로마에 대한 지지를 모으고 있는 것처럼 보였을 때도 사실 그는 사람들을 규합해 반란을 계획하고 있었다. 아르미니우스는 거의 2년 동안 배신자 생활을 하면서 자기 동족인 케루스키족을 비롯해 여러 부족을 통합해 싸울 준비를 갖췄다. 하지만 바루스의 군대는 잘 훈련돼 있었고 좋은 장비를 갖췄으며 강했다. 아르미니우스가 이길 가능성을 조금이라도 높이려면 공격 계획을 아주 신중하게 세워야 했다.

아르미니우스가 공략 대상으로 삼은 건 자신과 로마군이 무적이라는 바루스의 믿음이었다. 바루스는 아르미니우스가 열등한 야만인들의 무리로 돌아가지 않으리라 굳게 믿었다. 바로 이 믿음, 자기 군대와 현장에 있는 부하들에 대한 맹목적인 믿음이 그의 몰락을 불러올 것이다. 아르미니우스는 로마군이 토이토부르크 숲의 좁은 습지 근처를 행군하리라는 사실을 알고 있었다. 그는 함정을 만들어 놓고 바루스와 그의 부하들에게 늪을 둘러가는 길이 있다고 하면서 원래 다니던 길에서 벗어나게 했다. 그들이 울창한 숲에 들어가면 게르만족이 매복하고 있을 것이다. 로마인들은 그 지역을 잘 알지 못했으므로 평소와 같은 전투 진형도 사용할 수 없을 테니, 이때가 바로 그들을 무너뜨릴 절호의 기회였다. 그러나 계획을 실행할 준비가 되었을 때 재앙이 닥칠 뻔했다. 아르미니우스가 케루스키 부족의 귀족이자 자신의 장인인 세게스테스에게 배신을 당한 것이다. 세게스테스는 바루스에게 아르미니우스가 그를 상대로 음모를 꾸미고 있다고 경고했다. 하지만 아르미니우스에 대한 믿음이 너무 확고한 나머지 바루스는 그 경고를 무시했고, 아르미니우스가 토이토부르크 숲을 통과하는 지름길을 제안했을 때 기꺼이 그 말에 따라서 자신과 부하들을 죽음으로 내몰았다.

피비린내 나는 전투가 벌어졌다. 게르만 부족이 로마인들을 포위해서 울창한 숲속에 가뒀다. 그곳에는 진형을 이룰 공간이 없었고 군인들은 발이 푹푹 빠지는 진흙에 익숙하지 않았다. 패배가 임박했음을 깨달은 바루스는 스스로 목숨을 끊었고, 곧 대부분의 지휘관이 그 뒤를 따랐기에 지도자를 잃은 로마군은 패

닉 상태에 빠졌다. 소수의 생존자들만 간신히 탈출했다. 이 대학살에 관한 소식이 로마에 전해지자 사람들은 충격을 받았다. 그런 패배는 있을 수 없는 일이었다. 로마인들은 스스로를 극도로 과대평가했고 후진적 야만인이라고 여긴 이들을 과소평가했다.

되살아난 통일 영웅

아르미니우스는 독일 최초의 국가적 영웅이 되었다. 그의 이야기 대부분은 역사 속으로 사라졌다가 1400년대에 기록 보관소에서 다시 발견되었다. 그리고 곧 통일 독일의 상징으로 빠르게 관심을 끌었고 나폴레옹전쟁 기간에는 국가의 상징이 되었다.

아우구스투스는 롤리안의 재앙에도 당혹스러워했지만 그건 아르미니우스가 방금 해낸 일에 비하면 아무것도 아니었다. 토이토부르크 숲 전투는 지금까지 로마가 겪은 가장 파괴적인 패배 중 하나로, 이 전투로 인해 로마군의 약 10퍼센트가 섬멸되었을 뿐만 아니라 로마제국은 그 땅에서 물러나야만 했다. 수에토니우스 같은 고대 로마 역사가는 이 패배로 인해 급성장하고 있던 제국에 대한 믿음이 거의 완전히 무너졌고, 아우구스투스는 감정적으로 불구 상태가 되었다고 주장했다. 패배 소식을 들은 아우구스투스는 잃어버린 군단을 애타게 부르면서 궁전 벽에 머리를 부딪치기 시작했다고 한다.

≋ 거짓 6 ≋
공식 기록 vs 개인 기록

유스티니아누스 대제와 『비밀의 역사』

로마 제국은 서기 3세기경 심각한 문제에 맞닥뜨렸다. 군사력과 영토 확장을 중심으로 구축된 제국의 경제 시스템은 정복한 땅에서 약탈한 부와 전쟁 포로들을 강제로 노예화해 무료 노동력을 지속적으로 확보한 덕분에 유지될 수 있었다. 그러나 제국이 확장을 멈추고 치명적인 군사적 손실을 입기 시작하자 로마 제국은 세계적인 초강대국으로서의 지위뿐만 아니라 수익 면에서까지 피해를 입게 되었다. 이에 더해 정부의 부패 및 기독교의 부상으로 인해 황제가 국민들에게 미치는 영향력이 약화되자 제국은 멸망의 길을 걷게 되었다. 적어도 서쪽에서는 그랬다. 330년에 콘스탄티누스대제는 제국의 수도를 비잔티움으로 옮겼고, 그곳을 제국의 수도에 걸맞은 도시로 탈바꿈시키기 위한 대공사에 착수했다. 그러고는 도시의 이름을 '콘스탄티노플'로 바꾸고 그 곳에 새로운 '로마'를 건설했다. 476년에 서로마제국이 멸망했을 때도 흔히 비잔티움 제국으로 알려진 동로마제국은 번창하고 있었다.

이 새롭게 떠오르는 세력의 중심에 500년에 태어난 고대 학자이자 역사가인 프로코피우스Procopius가 있었다. 프로코피우스의 임무는 비잔티움 제국의 첫 번째 '위대한' 통치자인 유스티니아누스 대제의 통치에 대한 기록을 지속적으로 남기는 것이었다. 527년에 권력을 잡은 유스티니아누스의 통치는 이따금 불안정한 때가 있었는데, 일례로 532년에 발생한 니카 폭동+을 들 수 있을 것이다. 유스티니아누스에 대한 반란은 결국 진압되었지만 콘스탄티노플의 절반이 폐허가 되었고 수만 명의 폭도들이 학살되었다.

압제적이고 야심 찬 유스티니아누스의 통치는 제국 확장과 제국의 통제에서 벗어난 땅의 재정복으로 특징지을 수 있다. 그의 목표 지역으로는 페르시아, 북아프리카, 이탈리아 등이 있었

+ 로마는 기본적으로 절대 권력을 휘두르는 황제 중심의 정치체제보다 자유 시민의 국가라는 정체성이 더 강한 나라였다. 이 전통을 대표하는 사례가 바로 동로마 제국 초기에 존재했던 녹색당과 청색당이다. 그러나 유스티니아누스는 즉위 이후 이들을 탄압하기 시작했다. 이에 대항해 경제적 기반, 종교적 정체성이 다른 이 두 당파는 힘을 합쳤고, 황제를 향해 그리스어로 승리를 뜻하는 "니카!"를 외치며 대대적인 폭동을 일으켰다.

다. 유스티니아누스의 오른팔은 그의 아내이자 황후인 테오도라였는데, 처음에는 천한 출생으로 유명했지만 나중에는 유스티니아누스의 핵심 조언자로 적극적인 역할을 했다. 프로코피우스는 옆에서 이 모든 걸 지켜봤다. 그는 유스티니아누스의 궁정에 계속 있었고, 니카 폭동의 목격자이자 유스티니아누스가 가장 총애하는 장군 벨리사리우스Belisarius가 수많은 군사 작전을 펼칠 때 그와 동행했다.

프로코피우스가 본 모든 것은 그가 쓴 세 권의 책 가운데 『전쟁의 역사History of the War』와 『건축물The Buildings』에 요약되어 있다. 이건 유스티니아누스대제의 통치에 관한 가장 유명한 설명임과 동시에 당사자가 유심히 지켜보는 동안 작성되었기 때문에 대부분 아첨하는 내용으로 가득했다. 이 두 기록물에서 유스티니아누스와 테오도라는 경건하고 정의로운 통치자이며, 카이사르가 『갈리아 전기』에서 그랬듯이 유스티니아누스의 행동은 비극적인 유혈 사태를 초래할 때도 대부분 정당화되었다. 프로코피우스는 유스티니아누스의 역사를 돌에 새겼고, 그의 글은 1600년대 초에 바티칸 도서관의 기록실 깊숙한 곳에서 불가사의한 필사본이 발견될 때까지 논란의 여지가 없는 사실로 받아들여졌다. 고대 그리스어로 된 그 문서를 라틴어로 번역하던 고고학자 니콜로 알라만니Niccolò Alamanni는 그게 실수로 잘못 놓인 일반적인 기록물이 아니라는 걸 깨달았다. 그건 지금까지 알려진 적 없는 프로코피우스의 세 번째 책 『비밀의 역사Anecdota』였다.

이 책의 내용이 얼마나 폭발적일지 아무도 예상하지 못했다고 말하는 것은 매우 절제된 표현일 것이다. 『비밀의 역사』는 역사가들이 유스티니아누스의 통치에 대해 알고 있다고 생각했던 사실을 모조리 뒤집었다. 프로코피우스는 그때까지 자기가 쓴 내용은 대부분 거짓말이었다고 설명하면서 이 책을 시작한다. "이전에 쓴 책에 언급했던 많은 사건들은 실제 원인을 숨길 수밖에 없었다. 지금까지 알려지지 않은 사실을 말하고 앞서 얘기한 행동의 진정한 동기와 기원을 밝히는 게 내 의무일 것이다." 프로코피우스가 다시 들려주는 이야기에서는 간통, 낙태, 숨겨 놓은 자녀, 살인, 부패, 기만 등이 중요한 역할을 했다.

프로코피우스의 주된 폭로 대상은 그가 전직 매춘부였다고 주장하는 황후 테오도라다. 그는 이 책에서 테오도라의 소문난 성생활에 관한 충격적인 내용을 다뤘는데, 1623년에 출판된 『비밀의 역사』에서는 그 부분을 편집했다. 그는 유스티니아누스와 테오도라 부부를 악마에 비유했다. "인종과 인간을 가장 쉽고 빠르게 파괴할 수 있는 방법을 알아내기 위해 머리를 맞댄 인류의 재앙." 프로코피우스는 심지어 이들 부부가 실제로 악마였을 수도 있다고 주장했다. 신들이 그들의 불경스러운 통치에 맞서 싸우기 위해 제국에 재앙과 자연재해를 일으켰다고 말이다. 유스티니아누스의 재정복 전쟁과 관련해서는, 황제가 수백만 명의 죽음에 책임이 있고 마우레타니아에서만 500만 명이 '학살'당했다고 주장하는 등 거리낌 없이 자신의 군주를 비판했다.

역사적 조사에 따르면, 이 책은 프로코피우스가 쓴 것임이 거의 확실하다. 하지만 그가 쓴 내용이 얼마나 사실에 기반했는지에 대해서는 논쟁의 여지가 있다. 물론 유스티니아누스와 테오도라는 세상을 파괴하려는 음모를 꾸미면서 인간들 사이에 잠복해 있던 악마가 아니었다. 사실 그런 터무니없는 주장을 제외하면 이 책에는 진실된 부분도 많다. 다만 이를 분별하기 위해서는 먼저 프로코피우스의 편견을 제거해야만 한다. 예를 들어, 테오도라는 정말 성매매에 종사했을까? 역사적 증거만 보면 그렇다고 생각할 수도 있다. 테오도라는 어릴 때 극장에서 일했는데 그곳에서는 많은 여배우가 성매매를 했고 테오도라 같은 어린 소녀들의 강제 인신매매가 성행하기도 했다. 프로코피우스는 이걸 테오도라의 사악한 본성과 성적 방종에 대한 주장의 핵심적인 근거로 사용했다. 그러나 그의 동시대인들의 기록을 통해 프로코피우스가 테오도라를 묘사할 때 일부러 중요한 세부 사항을 생략했음을 알 수 있는 대목이 발견되었다. 테오도라는 권력을 잡은 뒤 여성의 권리를 향상시키는 조치를 취했는데, 여기에는 소녀들을 성 노예로 강제 밀거래하는 걸 방지하는 조치도 포함되어 있었다. 유스티니아누스의 군사작전이 처음 설명했던 것보다 훨씬 잔인했다는 주장은 사실인 듯하다. 하지만 프로코피우스가 인용한 엄청난 수의 사망자는 추측에 불과할 것이다.

『비밀의 역사』는 어떻게 보면 프로코피우스 본인이 생각하는 역사의 '진실 버전'이라 할 수 있을 것이다. 누구나 자신의 역사를 기억할 때는 직접 목격한 내용과 소문, 사실과 개인적인 편견이 뒤섞여 어느 정도 허구화되기 마련이다. 그러므로 가장 좋은 방법은 『전쟁의 역사』, 『건축물』, 『비밀의 역사』를 3부작으로 바라보는 것이다. 앞의 두 권은 프로코피우스의 상사가 의뢰한 헌사고, 세 번째 책에는 그 상사에 대한 저자의 실제 감정이 맹렬하게 드러난다. 각 권은 고유한 방식으로 편향되어 사건의 특정한 부분만을 조명하고, 원하는 결과를 얻기 위해 사실과 허구를 혼합한 지점도 있다. 그러므로 이 자체로는 신뢰할 만한 역사적 진실을 알기는 어렵다. 다만 역사가 후세에 전해지는 방법 중 하나인 공식 기록 대 개인 기록의 차이를 보여 줄 뿐이다.

A Short History of the World in 50 Lies

역사는 승자가 쓴다는 말이 있다.
하지만 때로는 승자처럼 보이고 싶은 사람이
역사를 쓰기도 하는데,
측천무후의 역사는 분명히 후자에 해당된다.

〈측천무후는 정말 자기 아이와 남편을 죽였을까?〉에서

Part. II

✦ 중세 시대 ✦
The Middle Ages

측천무후는 정말
자기 아이와 남편을 죽였을까?

당나라(618~907)는 고대 중국의 황금기라고 불리는데, 이 시대의 가장 특별한 이벤트이자 유명한 전환점 중 하나는 중국 왕조 역사상 유일하게 황태후나 왕의 배우자가 아닌 여황제의 자격으로 나라를 다스린 측천무후일 것이다. 측천무후는 690~705년에 당나라를 다스리면서 제국의 영토를 확장하고 실크로드를 다시 열었으며 가난하고 아픈 사람들을 돌보는 데 정부자금을 투입했다. 또한 자신의 통치가 역사에 의해서만 평가되기를 원했던 그는 무덤 비문을 공백으로 남겨 두기로 했다. 하지만 이는 그다지 좋은 생각이 아니었던 것 같다. 역사는 측천무후를 강하고 유능한 통치자가 아닌, 냉혹한 살인자로 기억해 다음과 같이 묘사했으니 말이다. "그는 여동생을 죽이고 형제들을 죽이고 황제를 죽이고 어머니를 독살했다. 신과 인간 모두 그를 미워한다."

측천무후는 처음에는 태종, 그다음에는 고종 황제의 후궁으로 궁중 경력을 시작했다. 654년, 고종의 아이를 낳은 그는 고종의 아내인 왕황후와 왕의 총애를 받던 숙비 소씨를 살인과 주술죄로 모함하기 위해 자신의 갓난아이를 죽였다고 전해진다. 결국 이 일로 그들은 비참한 죽음을 맞았고 측천무후가 황후 자리에 올랐다. 그 후 675년, 측천무후의 또 다른 자녀 한 명이 갑자기 죽게 되는데, 이번에는 장남인 리훙이 어머니와 언쟁을 벌인 직후에 사망한 것이다. 683년 마침내 고종마저 사망하자 측천무후는 또다시 황제의 죽음과 연결되었는데, 이번에는 그 가족들의 피비린내 나는 흔적—위협을 당하거나 의문의 죽음을 맞거나 반역죄로 기소된 사촌과 조카들—도 함께 대두되었다. 황태후가 된 뒤에는 가족 살인 행각도 서서히 잦아드는 듯 했지만 여전히 올해의 어머니상을 수상할 수준은 되지 못했다. 그는 남아 있는 아들들을 꼭두각시 통치자로 이용했다. 한 명이 통제 불능 상태가 되면 그를 퇴위시킨 뒤 추방하고 좀 더 유순한 자녀로 대체했다. 그리고 마침내 690년, 막내아들 예종이 왕위에서 물러나자 스스로 유일한 통치자가 되었다.

하지만 이 가운데 사실은 얼마나 될까? 역사는 승자가 쓴다는 말이 있다. 하지만 때로는 승자처럼 보이고 싶은 사람이 역사를 쓰기도 하는데, 측천무후의 역사는 분명히 후자에 해당된다. 당나라가 멸망한 뒤 중국은 오대십국 시대로 알려진 50년간의 혼란기에 접어들게 된다. 중앙 권력이 부재한 혼란스러운 시기였고, 960년 송나라가 건국되었을 때 중국은 이미 당나라와 한나라 때의 상태로 되돌리기 힘든 상태였다. 상황이 이렇다 보니, 중국인의 정체성을 고취시키고 유교 문화를 되살리기 위해 일상생활뿐만 아니라 중국의 역사를 이야기할 때도 무던히 노력하게 되었다. 문제는 측천무후의 통치가 이 이야기와 들어맞지 않는다는 것이었다. 그래서 송대의 유학자인 주희는 이렇게 설명했다. "당나라는 야만인들이 세운 나라다. 그렇기 때문에 여성의 예절을 중시하는 유교적 기준을 대수롭지 않게 어기곤 했다."

거짓 속 진실

후궁 vs 후궁

측천무후는 14살 때 태종을 위한 후궁으로 궁에 들어가게 된다. 그러나 그는 태종의 총애를 받지 못했고, 태종이 치명적인 병을 앓는 동안 차기 황제가 될 고종과 관계를 맺었다. 이들을 맺어 준 인물이 바로 고종의 아내 왕황후였는데, 이는 남편을 그가 가장 좋아하는 후궁인 숙비 소씨와 떼어 놓기 위해 꾸민 일로 보인다.

황제로서만 16년, 황후와 황태후로서 정치에 관여한 기간을 합치면 도합 50여 년이 넘는 기간 동안 중국을 통치한 측천무후. 이토록 기나긴 통치 기간과 그 업적을 보면 도저히 역사의 구석으로 밀려날 수 없는 인물이었지만, 측천무후는 송나라 역사가들이 칭송하고 싶어 하는 여성은 아니었다. 송의 위정자 입장에선 측천무후의 업적 중 어떤 부분을 역사에 포함시킬지 선별하고 그의 통치에 반대하는 이들의 이야기에 초점을 맞추는 게 훨씬 간단했다. "신과 인간 모두 그를 미워한다"라는 말은 오늘날까지 측천무후와 관련해 가장 많이 언급되는 인용문 중 하나지만, 시인 낙빈왕駱賓王의 그 글은 측천무후와 관련한 동시대의 기록 중 가장 편향된 것이며 애초에 그 목적 또한 그에 대한 반란을 지지하기 위해 쓴 것이다. 키케로의 『필리피카이』가 그랬듯이, 이런 식의 독설에 찬 공격이 항상 가장 신뢰할 수 있는 역사적 자료인 건 아니다. 그러나 송나라 때 작성된 측천무후를 다룬 역사서에서는 이런 설명이 자주 등장했고, 또한 유일한 설명이기도 했다.

　　그렇다면 측천무후가 정말 자기 아기와 아들, 남편을 죽였을까? 그랬을 것 같지는 않다. 우선 장남 리홍의 경우, 어릴 때부터 당시로써는 불치의 병을 앓았고(결핵일 가능성이 있음) 이 때문에 죽었다는 이야기가 있다. 마찬가지로 고종 황제는 660년에 뇌졸중을 앓았고 이로 인해 여생 동안 건강이 좋지 않았다고 한다. 아기와 관련해서도 측천무후가 아기를 죽였다고 시사하는 구체적인 증거는 거의 없지만, 송나라 역사가들의 설명은 이야기를 되풀이할수록 더욱더 잔인해졌다.

물론 측천무후가 더없이 결백했다는 이야기는 아니다. 자기 아기를 죽이지는 않았더라도 무고한 여성 두 명을 모함하고 처형시키기 위해 아기의 죽음을 이용한 건 사실이다. 또 자기 가족들의 죽음과 고발에도 (잠재적이나마) 관여한 게 거의 확실하다. 단도직입적으로 말해서 측천무후는 통치 기간에 유능했던 것만큼 권력을 얻는 과정에서 무자비했다. 하지만 동시에 당나라의 가장 위대한 황제 중 한 명이었음에도 불구하고 그의 업적 대부분이 잊혀진 것도 사실이다. 이는 아마도 역사가 쉬운 길을 선택했기 때문일 것이다. 다소 심오하고 복잡한 통치자였던 측천무후에 대해 깊이 파고드는 것보다 송 왕조의 역사가들처럼 그를 피에 굶주린 악당으로 보는 게 더 간단한 방법이었을 테니 말이다.

〜〜 거짓 8 〜〜
근거 없는 소설이 시대를 풍미한
경전으로 둔갑하기까지 ①

『브리타니아 열왕사』편

1135년경 성직자이자 작가인 몬머스의 제프리는 영국 역사에 대한 모든 생각을 뒤집은 책을 출판했다. 그가 쓴 『브리타니아 열왕사Historia Regum Brittaniae』(오늘날에는 간단하게 『브리튼 왕의 역사The History of the King of Britain』로 알려져 있다)는 중세의 베스트셀러가 되었다. 이 책은 유럽과 비잔티움 제국 전체에서 읽혔고, 영국 학자들은 16세기까지 이 책을 활용했다. 이 책이 그토록 중요해진 이유는 무엇일까? 제프리는 아서왕과 멀린의 역사라는 다른 어떤 주요 역사서에서도 찾아볼 수 없었던 역사의 한 장을 발견했다. 거기에는 잃어버린 아서왕의 역사와 함께, 한때 영국 해안을 배회했던 고대 거인들과 리어왕, 심벨린의 생애에 대한 이야기도 담겨 있었다. 물론 제프리의 놀라운 발견은 대부분 사실이 아니었지만 그를 제외하고는 이를 아는 사람이 거의 없었다.

제프리가 자신의 발견을 뒷받침하는 믿을 수 없을 정도로 설득력 있는 이야기를 내놓았을 때 사람들이 그를 믿었던 이유는 간단하다. 제프리의 말에 따르면, 그는 학문적 탐구를 하던 중에 영국의 역사가 '그리스도의 성육신成肉身'을 기준으로 그 이전과 이후의 기록에 큰 차이가 있음을 깨달았다고 한다. 시간 속에서 잊혀진 고리 부분을 찾아다니는 동안, 제프리의 친구인 옥스퍼드 대주교가 그가 찾고 있던 잃어버린 조각이 모두 포함된 '고대의 책'에 대해 말해 주었다. '브리튼인들의 첫 번째 왕 브루투스부터 캐드왈로의 아들 캐드왈라더까지' 그리고 영국의 미래를 예언한 멀린의 여러 가지 예언 등이 담겨 있다는 책에 대해서 말이다. 『브리타니아 열왕사』는 제프리가 이 책을 라틴어(당시로서는 배운 사람들의 언어)로 직접 번역한 내용인데, 서문에는 그가 작품의 후원자로 간주한 영국의 위대하고 선량한 이들에 대한 언급이 가득하다. 이 모든 것이 결합되어 제프리의 책이 진실이라는 환상을 만들어 냈다. 학자가 라틴어로 쓴 책이고 많은 (유명한) 사람들의 후원을 받았다고 하니 뜬금없는 가짜처럼 보이지는 않았을 것이다. 그래서 다들 믿은 것이다.

학자들은 재빨리 『브리타니아 열왕사』를 자기 연구에 포함시키기 시작했지만 반대론자들도 몇몇 있었다. 우선 제프리 외에 아무도 그 작품의 기반이 된 신화적인 책을 본 사람이 없었고, 그것만으로도 상당히 의심스러웠다. 이런 의심을 품은 사람 중 한 명이 뉴버그의 역사학자 윌리엄이었는데, 그의 저서 『영국인의 역사Historia rerum Englishaurum』는 몬머스가 쓴 『브리타니아 열왕사』의 동시대 라이벌이었다. 윌리엄은 이 책 서문에서 제프리를 심하게 비난했다. "그는 경솔하게 모든 부분을 위조했다"라면서 제프리가 인용한 출처 중 실제로 존재하는 부분이 얼마나 적은지 설명한다. 이건 분명한 사실이었고, 실제로 윌리엄의 책이 제프리의 책에 비해 훨씬 사실적이고 정확한 정보를 담고 있었다. 하지만 그 역시 일부 공상적인 이야기에 빠져 유령과 언데드 이야기를 책에 포함시켰으므로 그 주장을 곧이곧대로 받아들이기는 어려운 부분이 있었다. 당시 『브리타니아 열왕사』를 비판한 또 한 명의 저명한 비평가는 서기이자 역사가인 웨일즈의 제럴드였다. 제럴드는 거짓말에 직면하면 온몸에 작은 악마가 나타나는 사람에 대한 이야기를 들려주면서, 그가 제프리의 책을 무릎에 올려놓자 최악의 상태가 되었다고 주장했다. 이는 아마도 가장 중세적인 비난일 것이다.

시간이 지남에 따라 사람들은 점점 『브리타니아 열왕사』에 포함된 멀린의 예언에 더 집중하게 되었다. 제프리는 책에 멀린이 했다는 예언을 수백 개 정도 적어 뒀는데, 꽤 명확하게 표현된 것부터 "고슴도치는 윈체스터 안에 사과를 숨기고 땅 밑에 숨겨진 통로를 만들 것이다"처럼 모호하거나 말도 안 되는 것까지 다양했다. 이런 모호한 예언들은 어떤 상황에서든 맥락에 쉽게 끼워 맞출 수 있었기에 중세와 근대 초기, 권력자들에 의해 적극적으로 활용되었다. 일례로 영국 왕 헨리 2세와 에드워드 3세는 둘 다 자신이 영국인들을 구하리라 예언된 멧돼지의 화신이라고 주장했다. 이런 미약한 연결 고리는 1603년에도 발견됐는데, 제임스 1세가 엘리자베스 1세의 뒤를 이은 걸 두고 이 역시 멀린의 예언 중 하나라는 식으로 나타났다.

그렇다고 『브리타니아 열왕사』의 모든 부분이 새빨간 거짓말인 건 아니다. 역사학자이자 고고학자인 마일즈 러셀이 이 책을 재조사한 결과, 마법사와 거인 이야기를 제외하면 제프리의 책에는 영국 남동부와 관련해 기원전 1세기까지 거슬러 올라가는 신뢰할 만한 자료가 많이 포함된 것으로 드러났다. 러셀의 말에 따르면 이건 고대 영국인들의 삶과 생각을 이해하는 새로운 방법을 제공한다. 브리튼 부족(브리튼 섬 남부에 살았던 켈트족의 일파-옮긴이)이 서기 60년에 로마인을 도와 부디카의 반란⁺을 진압했다든가 로마인들이 자기들이 만든 돌을 추가해 스톤헨지를 조작했다든가 하는 식으로 여러 가지 역사적 사건을 새롭게 해석하도록 도와준다는 것이다.

⁺ 서기 60년경, 로마제국 총독들의 학정에 분노한 브리타니아 켈트 부족들이 이케니족의 여왕 부디카를 중심으로 대대적으로 봉기하면서 벌어진 반란.

그러나 학자들이 이 책의 내용을 액면 그대로 받아들이려면
얼마나 많은 논리적 비약이 필요한지를 깨닫게 되면서, 『브리타
니아 열왕사』는 인기를 잃기 시작했다. 비록 수 세기나 늦긴 했
지만 이제 뉴버그의 윌리엄이나 웨일즈의 제럴드 같은 이들의
의견을 진지하게 받아들이게 된 것이다. 1718년, 애런 톰슨Aaron
Thompson이 『브리타니아 열왕사』의 첫 번째 영문 번역본을 출판할
때도 제프리의 글을 다시 인쇄함으로써 잘못된 정보가 담긴 판도
라의 상자를 열까 봐 걱정이 이만저만이 아니었다. 이를 방지하
고자 번역본에 장황한 서문을 집어넣었고 독자들에게 『브리타니
아 열왕사』는 "야만적인 동시에 많은 부분이 모호하다"는 사실
을 상기시키기 위해 각고의 노력을 기울였다.

몬머스의 제프리가 영국 역사 이야기에 그토록 조작된 내용

을 많이 포함시킨 이유는 영영 알 수 없을 것이다. 그러나 그 거짓말은 역사상 가장 인상적인 거짓말 중 하나로 남았고 오늘날에도 우리 삶에 영향을 미치고 있다. 아서왕이 진짜 존재했는지에 대한 논쟁은 그가 실존 인물이었다는 구체적인 증거가 거의 없는데도 불구하고 계속되었다. 다만 공교롭게도 아서라는 이름을 가진 9세기의 장군과 10세기의 웨일스 지도자에 대한 이야기가 있는데, 제프리는 아마 거기서 소설 버전에 대한 영감을 얻었을 것이다. 다시 한번 말하지만 『브리타니아 열왕사』의 문화적 유산은 셰익스피어의 희곡 두 편(『리어 왕』, 『심벨린』)뿐만 아니라 아서왕 전설을 바탕으로 한 수많은 책과 영화, TV 프로그램에 나오는 원천 자료만큼이나 믿을 수 없다. 제프리의 거짓말은 그를 사이비 역사가로 보이게 했지만, 동시에 그를 역사상 가장 위대한 소설가 중 한 명으로 만들고 말았다.

≋ 거짓 9 ≋
비잔티움 제국에 중흥과 쇠퇴를
가져온 콤네노스 왕조

1118년에 사망한 비잔티움 제국의 황제 알렉시오스 1세 콤네노스는 불가능해 보이는 일을 해낸 인물로 널리 알려져 있다. 이는 다름 아닌 제국의 몰락을 막는 것이었다. 불과 100년 전까지만 해도 비잔티움 제국은 바실리오 2세의 통치 아래 발트해 연안과 중동 지역을 지배하는 무시할 수 없는 세력을 자랑하고 있었지만, 1025년에 바실리오가 죽으면서 왕위 계승 싸움이 일어났다. 내분, 쿠데타, 반란으로 권력이 계속 다른 사람에게 넘어가는 바람에 몇 년 이상 자리를 지킨 통치자가 없을 정도였다. 그렇게 1081년, 알렉시오스 1세가 왕위에 올랐을 무렵에는 제국 국경의 상당 부분이 허물어져 있었다. 터키 유목민들이 아나톨리아에 정착했고, 노르만인들은 제국의 이탈리아 영토 부분을 신나게 약탈했다. 알렉시오스는 즉위 후 수십 년 동안 주저앉아 있던 비잔티움 제국을 기적적으로 일으켜 세우고 상황을 뒤집었다. 그는 제국의 경제력과 군사력을 크게 향상시킨 것은 물론, 콤네노스 왕조의 세습을 강화했다. 더 이상 왕위 계승 전쟁 때문에 제국이 성장 경로에서 탈선하는 일은 없을 것이다. 이제 다시 강대국이 된 제국은 계속해서 콤네노스 왕가의 통치하에 꾸준히 성장할 것이다. 적어도 계획상으로는 그랬다.

새로 건국된 왕조의 시작은 순조로워 보였고, 알렉시오스 통치하에 시작된 성장은 요안니스 2세 콤니노스와 마누엘 1세 콤니노스의 통치 기간에도 계속되었다. 다만 마누엘의 치세 때 몇 가지 문제가 두드러지긴 했다. 차근차근 짚어 보면, 그가 왕위에 오를 무렵 비잔티움 제국은 지중해에서 가장 큰 세력이었지만 '압도적인' 세력은 아니었다. 그러므로 콤네노스 왕조를 공고히 하고, 지중해의 압도적인 세력이 되기 위해서는 동맹군이 필요했다. 그래서 마누엘은 신성 로마 황제 산하에 있는 강대국들을 찾아가 독일의 콘라트 3세, 헝가리의 벨러 3세와 동맹을 맺었다. 그러나 콘라트가 1152년에 사망하자 독일은 다른 마음을 품기 시작했다. 마누엘은 콘라트와 함께 비잔티움 제국과 독일 사이에 있던 이탈리아 땅을 분할하고 시칠리아를 다시 제국이 통치할 작전을 세우고 있었다. 그러나 독일의 새로운 왕 프리드리히 바르바로사는 재빨리 동맹에 대한 지지를 철회했고, 1155년에 프리드리히가 신성로마제국 황제로 즉위하자 상황은 더 악화되었다. 프리드리히는 이탈리아를 원했고 마누엘은 이탈리아와 시칠리아를 바랐던 반면 시칠리아 왕인 윌리엄 2세는 모든 자들이 자기 땅에서 물러나기를 원했다.

그 재앙이 해결되는 것과 동시에, 마누엘은 사촌 안드로니코스 콤니노스와의 사이에서 벌어진 가족의 위기와도 씨름하고 있었다. 두 사람은 함께 자란 사이였지만, 마누엘은 1153년에 안드로니코스가 자신을 전복시키려는 음모에 연루되었음을 알게 된다. 그 즉시 안드로니코스를 감옥에 가둬 보지만, 그는 1165년에 그곳을 탈출해 십자군 영토인 안티오키아로 도망쳤다. 수년간의 싸움 끝에 마누엘이 안티오키아의 마리아와 결혼하고, 비잔티움과 안티오키아가 동맹을 맺는 것으로 그간의 분쟁은 일단락되는 듯 보였다. 그러나 안드로니코스가 안티오키아 왕의 막내딸 필리파와 동침하고 그녀를 정부로 삼자 미약한 평화에 금이 가기 시작했다. 사촌의 분노를 두려워한 안드로니코스는 예루살렘으로 도망쳤고, 1167년 미망인이 된 예루살렘의 전 왕후 테오도라 콤네네와 또 다른 불륜을 시작했다. 그런데 여기서 문제는 이 테오도라가 마누엘의 조카이기도 했다는 점이다. 연인은 탈출해 비잔티움 제국 국경에 도둑 왕국을 세웠고, 안드로니코스가 왕관을 차지했다. 이에 대한 대응으로 마누엘은 테오도라와 그 부부의 아이들을 포로로 붙잡았고, 안드로니코스에게 이들을 석방하는 대가로 충성을 맹세할 것을 강요했다. 그러나 마누엘은 결국 안드로니코스를 제국에서 추방하기에 이른다.

왕조의 혈통은 안전했지만 제국은 그렇지 못했다. 비잔티움 제국은 신성로마제국 황제, 시칠리아의 빌헬름 2세와의 긴장에 더해 셀주크튀르크와의 동맹까지 깨지는 바람에 전후방에서 전쟁이 발생하는 중이었다. 이는 완전한 실패까지는 아니어도 튀르크인들이 소아시아에 얼마나 굳건히 자리 잡고 있는지 보여 주었다. 1180년, 마누엘이 죽었을 때도 비잔티움 제국은 여전히 강했지만 현재의 위기를 헤쳐 나가려면 흔들림 없는 지도자가 필요했다. 그러나 불행히도 그 흔들림 없는 지도자 역할을 짊어질 인물은 11살짜리 소년이었는데, 바로 마누엘과 마리아의 아들 알렉시오스 2세였다. 어린 그가 나라를 이끌 수 없다는 건 분명했다. 알렉시오스 2세가 스포츠와 사냥으로 시간을 보내는 동안, 그의 어머니와 어머니의 새로운 연인인 알렉시오스 콤네노스—알렉시오스 프로토세바스토스로 알려진—가 사실상 섭정으로 나라를 통치했다. 알렉시오스는 제국의 운영보다 자기 주머니를 채우는 데 더 관심이 많았기 때문에 그 자리에 적합한 인물은 아니었다. 두 사람은 피사와 제노바 공화국에서 이주해 온 이들에게 훨씬 많은 호의를 베풀기 시작했고, 이들은 이후 라틴계 소수민족으로 제국 내에 자리를 잡았다. 부패가 뿌리내리고 프로토세바스토스가 알렉시오스를 암살하려 한다는 소문이 퍼지자 안드로니코스 콤니노스가 다시 등장했다. 1182년, 안드로니코스는 군대를 결성해 콘스탄티노플로 진군했다. 그가 도착하자 도시는 재빨리 안드로니코스의 편으로 돌아섰다. 이 과정에서 눈이 먼 알렉시오스 프로토세바스토스는 수도원에 들어갈 수밖에 없었고, 마리아는 수녀원에 갇혔다. 안드로니코스는 자신을 도우러 온 도시민들의 충성심을 높이기 위해 콘스탄티노플의 라틴 거주 구역에서 학살을 허용하기까지 했다. 수천 명이 목숨을 잃었고 여성과 어린이, 환자도 예외는 아니었다. 심지어 정교회 성직자가 폭도들에게 희생자를 전달하기도 했다. 안드로니코스가 벌인 유혈 사태는 다른 국가들로서도 도저히 눈감아 줄 수 없는 것이었으므로 결국 비잔티움 제국과 서유럽 국가들 사이에 체결된 동맹 중 상당수가 와해되고 말았다.

거짓 속 진실

눈먼 별명

12세기 비잔티움의 역사가 니키타스 호니아티스Nicetas Choniata는 안드로니코스가 적들의 눈을 멀게 하는 벌을 자주 내리는 것을 보고 '햇빛 증오자'라는 별명을 붙였다.

이 같은 소용돌이의 중심에 알렉시오스 2세가 있었는데, 엄밀히 말하면 그는 여전히 비잔티움 제국의 통치자였다. 안드로니코스는 그를 폐위시키는 대신, 1182년 5월에 소년을 다시 왕위에 앉히고 그에 대한 충성과 보호를 맹세했다. 젊은 황제를 통제하게 된 안드로니코스는 이에 위협이 되는 자들을 제거하기 시작했다. 황제의 모친인 마리아를 무너뜨리기 위해 음모를 꾸미고는 알렉시오스로 하여금 자기 어머니의 사형 영장에 서명하라고 강요했다. 그 후 안드로니코스는 귀족들에 대한 공포 통치를 시작했고, 종종 날조된 혐의와 모함을 빌미로 그들의 눈을 멀게 하거나 추방하거나 죽였다. 1183년 9월, 마침내 안드로니코스는 또다른 대관식을 발표했는데 이번에는 자기가 제국의 공동 황제가 되기 위한 대관식이었다. 같은 달, 새로 즉위한 공동 황제는 자기가 유일한 진짜 통치자라고 선언하면서 친구들에게 젊은 알렉시오스를 목 졸라 죽이게 했다. 그렇게 안드로니코스의 단독 통치가 공식적으로 시작되었다.

안드로니코스의 통치는 첩자 군단, 밤에 실종되는 정적들, 역사상 가장 잔인한 공개 처형으로 요약될 수 있을 것이다. 압제적인 국내 통치에 집중한 안드로니코스는 국경으로 다가오는 위협을 막지 못했다. 1185년, 시칠리아의 윌리엄 2세가 비잔티움 제국을 침공하기 시작했지만 안드로니코스는 귀족들을 몰살시킬 계획을 세우느라 바빴다. 8월에 윌리엄의 군대가 테살로니키를 약탈하고 수천 명을 학살했을 때도 안드로니코스는 상황을 가볍게 여기려고 애썼다. 도시들은 전에도 무너진 적이 있었으나 결국 회복됐으니 큰 문제가 아닐 거라고 말이다. 당연한 이야기지만 이런 경솔한 태도는 백성들로 하여금 그에게 등을 돌리게 만들었다. 그러자 이번엔 그가 반역자들을 처형하라고 명령했다. 그중에 주목할 만한 인물은 이사키오스 앙겔로스라는 귀족을 들 수 있는데, 1185년 9월 초, 안드로니코스는 그를 잡아들이기 위해 콘스탄티노플에 있는 이사키오스의 집으로 관리들을 보냈다. 그러나 집주인은 이미 탈출해서 근처의 신전으로 피신한 상태였다. 다음 날 아침 안드로니코스의 최근 체포 계획에 대한 소문이 도시 전체에 퍼지기 시작했고, 그의 통치에 완전히 질려 버린 군중들은 이사키오스에게 왕위를 차지하라고 요구했다. 하지만 그는 주저했다. 딱히 황제가 되고 싶지는 않았지만 군중들의 성화로 반강제적인 대관식이 열렸다.

이사키오스가 왕위에 올라 이사키오스 2세 앙겔로스가 되자 콤네노스 왕조의 마지막 후손은 러시아 쪽으로 도망쳐 그곳에서 피난처를 찾으려고 했다. 하지만 도피는 실패로 돌아갔고, 체포된 안드로니코스는 야만적인 처형을 선고받았다. 먼저 살아남은 귀족들에게 구타를 당한 뒤 콘스탄티노플 거리를 이리저리 끌려다녔다. 그러다가 히포드롬 광장에서 거꾸로 매달렸고, 성난 폭도들이 그에게 달려들었다. 한때 제국의 구원자로 알려졌던 콤네노스 왕조는 결국 이렇게 막을 내렸다. 안드로니코스는 여러 가지 면에서 비잔티움 제국의 멸망을 막고 안정된 왕조를 확립할 기회가 있었지만 그걸 자기 손으로 모두 파괴했다. 비잔티움 제국은 이사키오스의 단명短命한 혈통인 앙겔로스 왕조 아래에서

1204년의 제국 분할을 비롯한 강력한 타격들을 견뎌 냈다. 같은 해에 안드로니코스의 손자인 트레비존드의 알렉시오스와 다비드가 트레비존드 제국✝을 세우면서 콤네노스 왕조가 다시 통치권을 잡기도 하지만 영광스럽던 날들을 되찾지는 못했고, 그들도 콤네노스 왕조도 다시는 콘스탄티노플을 지배하지 못했다. 안드로니코스가 통치의 씨앗으로 뿌린 거짓말과 부패 때문에 제국은 결코 완전히 회복되지 못했다.

✝ 동로마제국의 후계 국가로 튀르키에 흑해 연안에 위치한 도시 트라브존을 중심으로 13~15세기에 번영했다. 트라페준타 혹은 트라페주스 제국이라고 불리기도 한다.

≈ 거짓 10 ≈
성전 기사단의
이단 혐의에 관하여

오늘날 가톨릭의 정예 군사 조직으로 알려진 성전 기사단Knights Templar은 사실 순례자를 위한 일종의 긴급 출동 서비스로 시작되었다. 1096년부터 1099년 사이에 진행된 제1차 십자군 원정은 서유럽의 기독교 세력이 이슬람의 통치를 받고 있던 예루살렘, 그리고 '성지'를 되찾기 위해 벌인 전쟁이었다. 실제로 서유럽 기독교인들이 그곳을 점령하자, 순례자들이 예루살렘과 그 주변 성지로 몰려들었다. 그러나 이 지역은 여전히 매우 위험했다. 제1차 십자군 원정은 믿을 수 없을 정도로 유혈이 낭자했고, 십자군이 사용한 전술 또한 대체적으로 잔인한 수준을 넘어서는 것이었기 때문에 기독교 순례자들은 적들의 표적이 되었다. 이윽고 예루살렘으로 향하는 길목에 순례자들의 시체가 쌓이기 시작했다.

　1118년경, 프랑스 기사 위그 드 파앵Hugues de Payens이 해결책
을 마련했다. 친구와 가족들을 모아 순례자들의 여행길을 보호
할 작은 기사단을 만든 것이다. 이 기사단은 거의 전적으로 기부
금에 의존해 운영됐지만 다행히 그들의 목표 덕분에 기사단은 곧
사람들이 선호하는 종교 자선단체가 되었다. 덕분에 불과 몇 년
만에 본래 소규모였던 기사단에 현금이 넘쳐 나게 되었을 뿐만
아니라 열성적인 신입 기사들도 몰려들었다. 1139년, 이들은 마
침내 교황에게서 세금 면제, 자유로운 국경 이동, 그리고 교황 외
에는 누구도 그들을 통치할 수 없다는 선언을 등에 업고선 아무
도 막을 수 없는 세력으로 부상하기에 이른다.

　성전 기사단은 1200년대 내내 기독교 십자군의 생생한 상징
이었다. 신이 그들 편에 서 있었으므로 기사단은 결코 패배할 수
없는 군대였다. 하지만 상승세를 탄 것은 그들의 명성만이 아니
었다. 성전 기사단에 있어 전쟁은 매우 좋은 돈벌이였다. 엄밀히

따지면 기사단원들은 가난한 수도원 생활을 했지만 수도회 자체
는 엄청나게 부유해졌다. 기부금이 눈덩이처럼 불어나 이제 성
전 기사단은 자신들의 토지와 영지, 부의 제국을 소유하게 되었
으며 심지어 영토 간에 막대한 현금 이동을 허용하는 경제체제
까지 갖추게 되었다. 여러 가지 면에서 그들은 일종의 중세 은행
같은 역할을 하게 되었고, 프랑스 같은 국가들은 십자군 전쟁 때
자국 군대를 강화하기 위해 여기서 돈을 빌렸다. 이제 유럽의 금
융 강국 중 하나가 된 성전 기사단. 조직은 본래의 설립 취지에서
상당히 벗어났지만, 십자군 전쟁에서 승리하고 기부자와 채무자
를 모두 행복하게 하는 이상 그런 건 별로 중요하지 않았다. 그러
나 그런 연승 행진은 언젠가 끝나게 마련이다.

성전 기사단이 받은 타격 중 가장 심각했던 것을 꼽아 보자면,
맘루크 술탄국이 예루살렘 왕국에 마지막으로 남은 위대한 십자
군의 거점을 성공적으로 포위·공격한 사건일 것이다. 이는 훗날
아크레 함락이라고 불리게 되는데, 성전 기사단은 방대한 규모
의 침략군을 막을 수 없었고, 기사단 단장인 보주Beaujeu의 윌리엄
도 수많은 사망자 명단에 포함되었다. 아크레 함락으로 성전 기
사단의 전성기는 사실상 끝났고 그들은 연이은 패배를 겪으며 성
지에서 쫓겨났다. 물론 한때 '신의 군대'를 둘러싸고 있던 미신적
인 신비도 깨졌다. 그들은 천하무적이 아니었고, 인간적 약점에
더없이 취약했다. 이미 수십 년 전부터 성전 기사단이 저지른 비
행에 대한 소문이 파다하게 퍼졌고, 연대기 작가인 티레Tyre의 윌

리엄과 매튜 패리스Matthew Paris도 기사단의 부패와 탐욕을 비난했다. 패리스는 심지어 기사들이 돈 때문에 전쟁 기간을 늘리려고 일부러 대충 전쟁에 임했음을 암시했다.

이렇듯 심각하게 불안정한 상황에서, 성전 기사단은 그들이 본래 누리던 호의를 되찾기 위해 또 다른 십자군 원정을 계획하기 시작했다. 1306년, 기사단 단장 자크 드 몰레Jacques de Molay는 교황 클레멘스 5세와 함께 새로운 십자군 원정에 대해 논의하기 위해 프랑스로 소환되었다. 하지만 이번 만남은 시기가 좋지 않았다. 프랑스의 왕 필리프 4세는 성전 기사단에 불만을 느끼고 있었다. 우선 그는 기사단에 많은 빚을 지고 있었고, 또 다른 한편으론 성전 기사단을 다른 기사단과 통합해 프랑스 왕의 통제를 따르는 '슈퍼 십자군'으로 만들고 싶어 했다. 그런데 몰레가 그 희망을 뒤엎었으니 심기가 오죽 불편했겠는가. 1306년 말쯤 몰레가 프랑스에 도착한 뒤, 성전 기사단에서 쫓겨난 기사 하나가 기사단을 이단으로 고발하면서 상황은 더욱 악화되었다. 이단 혐의는 심각한 문제였고 설상가상으로 클레멘스 5세가 병이 나는 바람에 십자군 회담까지 보류되었다. 1307년 6월 말, 이단 주장이 매우 설득력을 얻은 탓에 몰레는 기사단의 무죄를 주장하기 위해 필리프 4세를 만났다. 하지만 필리프는 그 주장을 받아들이지 않았다. 그가 실제로 이단 혐의를 믿었든 안 믿었든, 어쨌든 그게 최후의 결정타였다. 기사단은 본래의 목적대로 활동하지 않았고 프랑스에 협조적이지도 않았으며 필리프 4세는 그들에게 갚아야 할 빚도 많았다. 그러니 이 기회에 어떻게든 처리해야만 했다.

1307년 10월 13일, 필리프 4세는 프랑스에 있는 모든 기사단원을 체포하라고 명령했다. 이단 혐의가 주요 쟁점이었지만 기사단 전체를 무너뜨리려면 더 많은 죄목이 필요했기 때문에 서둘러 다른 혐의들을 꾸며 냈다. 이를테면 당시 기사단원들은 서로의 입술에 '평화의 키스'를 한다고 알려져 있었는데, 바로 이 사실로부터 소문을 날조해 기사단이 의례적으로 남색을 한다고 비난했다. 필리프는 원하는 자백을 받아 내려고 기사단원들을 심문하고 심지어 고문까지 했다. 결국 수많은 거짓 자백이 쏟아져 나왔다. 심지어 몰레조차도 십자가를 훼손하고 그리스도를 부정했다는 거짓 자백을 했다. 혐의를 인정하지 않고 고문을 당해 사망한 기사단원 수는 총 36명으로 추정된다. 나머지 138명의 기사단원 중에서는 4명을 제외한 전원이 자백했다.

공식적으로는 교황이 성전 기사단의 유일한 권위자임에도 불구하고 클레멘스 5세는 필리프 4세를 막을 수 없었고 때로는 그의 손에 놀아났다. 1307년 11월, 클레멘스는 모든 기독교 왕국에 성전 기사단을 체포해서 자체적으로 조사할 것을 명령하는 내용의 칙서를 발표했다. 필리프는 이때다 싶어 1308년에 고발 목록을 발표했고, 기사단에 앞서 언급한 남색, 이단, 악마 숭배와 같은 반기독교 행위에 대한 죄를 물었다. 물론 교황은 (약간의 의심스러운 구석이 있을지는 몰라도) 이 같은 이단 혐의와 관련해 기사단이 무죄임을 알고 있었으므로 필리프에게 편지를 보내 그가 성전 기사단의 평판을 훼손했다고 비난했다. 물론 이는 사실이었다. 그게 바로 필리프가 원하던 것이었으니까. 심지어 그는 사람들이 성전 기사단에 완전히 등을 돌리게 하려고 병사들을 시켜 도시와 마을 광장에서 고발 목록을 낭독하도록 했다.

그즈음 프랑스에서 체포된 많은 기사단원이 자백을 철회했고, 클레멘스 5세는 그들을 위한 재판을 추진했다. 필리프는 이에 대응하여 1310년 5월에 기사단원 54명을 화형시켰다. 나머지 기사들에게는 기존 자백을 유지하면 목숨을 살려 주겠다고 했고, 결국 많은 이들이 이 길을 택했다. 이제 성전 기사단은 구제 불능 상태가 되었다. 결국 클레멘스 5세는 1312년 공식적으로 기사단 해산을 선언했다. 그로부터 2년 뒤인 1314년 3월, 자크 드 몰레는 자백을 철회하고 무려 70세의 나이로 화형당했다. 몰레가 죽어 가면서 자기 기사단을 무너뜨린 이들을 저주했다는 이야기는 오랫동안 전설로 남았는데, 클레멘스 5세와 필리프 4세 모두 그로부터 1년 안에 사망했다.

거짓 속 진실

미신과 저주의 숫자 13

성전 기사단은 다양한 역사적 신화의 모티프가 된 것

으로도 유명한데, 그중 하나가 그들이 1307년에 체포된 날짜(10월 13일)에서 비롯된 '13일의 금요일은 불운하다'는 미신이다. 하지만 이건 사실이 아니다. 그런 믿음의 기원은 훨씬 이전으로 거슬러 올라가야 한다. 이를테면 예수와 함께한 최후의 만찬에서 유다가 13번째 손님이었다는 성경 이야기와 파티에 13번째 손님으로 초대된 로키가 세상을 어둠에 빠뜨려 파티를 망쳤다는 북유럽 신화 등이 여기 포함될 수 있을 것이다.

하지만 이들의 이야기는 여기서 끝이 아니다. 거의 700년 뒤인 2001년, 바티칸 기록 보관소에서 잃어버린 문서가 발견되었는데, 이는 프로코피우스의 『비밀의 역사』처럼 역사 해석의 판도를 바꾸었다. 고문서학자인 바바라 프레일Barbara Frale은 예전부터 존재하는 것으로 추정되었지만 오랫동안 그 행방을 알 수 없었던 시농 양피지Chinon Parchment를 발견했다. 기록 보관소가 실수로 목록을 잘못 작성하는 바람에 그동안 잊혀져 있었던 것이다. 이 양피지는 1308년 클레멘스 교황이 진상을 조사한 뒤, 기사단의 이단 혐의는 무고하지만 개혁이 필요하다는 사실을 확인하고 그들의 죄를 사면해 줬음을 암시한다. 그러나 필리프 4세는 이를 무시하고 자기 이익을 위해 거짓을 꾸며 무고한 사람들을 고문하고 죽이는 일을 계속했다.

귀족 출신의
여자 해적 선장이 있었다?!

잔 드 클리송과 검은 함대

몰레의 저주가 통한 것일까? 필리프 4세가 사망한 직후 프랑스는 실제로 위기를 맞게 된다. 필리프의 아들 샤를 4세가 왕위를 물려받았으나 1328년, 그마저도 남자 후계자를 남기지 않은 채 사망하고 만 것이다. 자연스런 수순으로 왕위 쟁탈전 벌어졌고, 왕위를 차지할 가장 유력한 후보 두 명이 남게 되었다. 바로 샤를의 사촌인 필리프와 조카인 에드워드였다. 이 에드워드는 다름아닌 당시 영국을 통치하던 에드워드 3세였는데, 에드워드 쪽이 샤를 4세와 보다 직접적인 혈연관계가 있었으므로 왕위 계승 순위도 당연히 더 높았다. 그러나 필리프로서는 다행스럽게도 당시 에드워드는 프랑스의 왕좌를 놓고 다툴 수 있는 상황이 아니었다. 영국을 통치한 지 1년밖에 안 된 16세의 왕은 그가 어리다는 핑계로 스스로 권력을 장악하려고 드는 어머니의 연인 로저 모티머Roger Mortimer와 갈등을 빚고 있었기 때문이다. 에드워드가 경쟁 구도에서 사라진 덕분에 필리프는 프랑스 왕으로 즉위할 수 있었다.

그러나 왕관을 차지하기 위한 싸움은 아직 끝나지 않았다. 영국과 프랑스는 수 세기 동안 누구에게 어떤 땅의 소유권이 있는지를 놓고 싸워 왔다. 이 싸움은 1066년 정복자 윌리엄(윌리엄 1세. 노르만왕조의 창시자로, 유럽 대륙에서 바다를 건너 잉글랜드를 정복한 것으로 유명하다−옮긴이)이 이끄는 노르망디 군대가 영국을 점령하면서 시작되었는데, 이 새로운 영국-프랑스 왕조가 발전함에 따라 영국은 프랑스 영토를 더 많이 차지하게 되었다. 헨리 2세(1154~89)의 통치 기간에는 영국이 프랑스 영토의 거의 절반에 대한 권리를 주장했다. 그러나 에드워드가 왕위에 올랐을 무렵 프랑스는 남서쪽에 있는 가스코뉴Gascogne를 제외한 모든 땅을 되찾은 상태였다. 그리고 1337년, 필리프는 가스코뉴도 되찾기로 결정했다. 하지만 에드워드는 더 이상 예전처럼 남들에게 휘둘리는 소년 왕이 아니었다. 1330년 그는 모티머를 체포해 처형했고 이제 강력한 군사 통치자로 이름을 떨치고 있었다. 당연히 필리프가 가스코뉴를 차지하도록 내버려 두지도 않았다. 에드워드는 비록 10년 전에 프랑스 왕위를 놓치기는 했지만 엄밀히 말하면 그의 권리는 여전히 유효했다. 다만 이번엔 단순히 가스코뉴를 지키는 게 아니라 프랑스를 통째로 차지하고 싶다는 부분이 다를

뿐이었다. 그렇게 해서 오늘날 백년전쟁으로 알려진 사건이 시작되었다.

거짓 속 진실

100+a 전쟁

백년전쟁은 1337년부터 1453년까지 계속됐다. 이름은 백년전쟁이지만 유럽 역사상 가장 오래 진행된 이 전쟁은 사실 112년 동안 지속되었다. 잔 드 클리송 외에도 이 전쟁에는 아쟁쿠르 전투나 잔다르크의 흥망성쇠 등 수많은 유명한 얼굴과 사건이 등장했다.

초기 전투는 브르타뉴 공국을 장악하기 위한 싸움으로 시작되었다. 프랑스는 블루아의 샤를을 지지한 반면 영국은 몽포르의 존을 지원했다. 샤를을 위해 싸웠던 프랑스 귀족 올리비에 드 클리송Olivier de Clisson은 브르타뉴에 땅을 소유하고 있었다. 1342년 영국인들이 클리송을 붙잡아 몸값을 요구한 일이 있었는데, 클리송의 땅을 차지하고 싶었던 샤를이 연극을 꾸며 냈다. 영국인들의 요구대로 클리송의 몸값을 지불하긴 했지만, 이후 그들이 의심스러울 정도로 적은 몸값을 요구했다는 이유로 클리송을 반역

자로 고발한 것이다. 프랑스 귀족들은 클리송에게 제기된 주장에 충격을 받았다. 어쨌든 그는 샤를에게 가장 충성스러운 사람 중 한 명이었고 그의 혐의를 입증할 구체적인 증거도 없었으니까. 그런데도 클리송은 1343년 8월에 반역죄로 참수형을 당했고 그의 토지와 재산 대부분이 블루아의 샤를과 필리프 6세에게 돌아갔다. 누명을 쓰고 죽어 간 클리송으로서는 억울한 일이었겠지만, 권력과 부를 위해 혐의를 날조하는 건 그다지 새로운 일은 아니었다. 다만 그들은 이 일이 야기할 결과를 예상하지 못했다. 클리송에게는 아내가 있었고, 프랑스는 뜻하지 않게 자신들에게 대적할 슈퍼 악당을 만들어 내고 만 것이다.

잔 드 클리송Jeanne de Clisson은 남편이 죽기 전까진 전형적인 프랑스 귀족 여성의 삶을 살았다. 1300년에 태어난 잔은 12살에

처음 결혼한 이래로 1330년에 올리비에와 결혼하기 전까지 두 차례의 애정 없는 결혼 생활을 견뎌 냈다. 하지만 올리비에와의 만남은 특별했다. 두 사람은 실제로 사랑에 빠져서 결혼했고 이들 가족은 브르타뉴 국경에서 행복하게 살았는데, 부부의 이 같은 결혼 생활은 당시로서는 보기 드문 모습이었다. 올리비에와 남다른 금슬을 자랑하던 잔은 남편이 처형됐을 때 남들의 예상대로 행동하지 않았다. 얼마 안 되는 돈을 챙겨 멀리 떠나 조용히 살기보다 블루아의 샤를과 필리프 6세에게 복수를 맹세한 것이다. 잔은 남은 재산을 모두 팔아 그 돈으로 작은 군대를 조직하고 키웠다. 그의 첫 번째 목표물은 샤를의 친구인 갈루아 드 라 우즈 Galois de la Heuse가 관리하는 성이었다. 전하는 바에 따르면, 한밤중에 잔이 자기 아이들을 데리고 성문 앞에 나타나 들여보내 달라 간청했다고 한다. 성 안쪽에서는 당연히 곤경에 처한 이 불쌍한 여인을 위해 문을 열어 줬는데, 그때 잔의 군대가 뒤에서 나타나 성문 안으로 밀고 들어갔다. 성에 살던 거주자들은 학살당했고, 물건은 도둑맞았다. 그리고 그 이야기를 전할 생존자를 한 명 살려 뒀는데, 이후 이런 식으로 한두 사람씩 살려 소문을 내게 하는 것은 잔의 표식이 된다.

잔은 브르타뉴 전역에서 광란의 복수를 계속하면서 샤를의 적인 몽포르의 존과 동맹을 맺었다. 존을 지원하던 영국군이 잔에게도 지원을 하게 되면서 그는 훨씬 더 큰 위협이 되었고, 잔을 처리하기 위해 프랑스 군대가 파견되었다. 프랑스의 추격과 공격이 거세지자 잔은 해협을 건너 영국으로 발길을 돌렸다. 에드워드 3세는 잔과 그의 피비린내 나는 복수극을 잘 알고 있었기에 어떻게든 돕고 싶어 했다. 필리프 6세의 적이라면 그에게는 동지 아니겠는가. 어쨌든 잔이 프랑스로 돌아가면 남편과 같은 운명을 맞을 가능성이 높았다. 그렇게 플랜 B가 시작되었다. 잔은 전함 세 척을 구입해 검은색으로 칠하고 돛은 특별히 피처럼 붉게 물들였다. 검은 함대라는 새로운 이름을 얻은 그 전함을 타고 그는 이제 공해에서 복수의 여정을 계속 이어 나갈 것이다. 잔의 선박은 대부분 영국해협 안에 머물면서 그곳에서 프랑스 상선을 기다렸다. 상선이 시야에 들어오면 신속하게 공격을 감행해 선원들을 학살했는데, 갈루아의 성에서처럼 항상 프랑스로 돌아가 이야기를 전할 몇 명은 살려 뒀다. 상선과 보급선을 목표로 삼은 잔의 전술은 무역, 물류, 원조를 차단해서 적을 굴복시키는 해군 전술의 초기 형태라고 할 수 있다. 잔과 검은 함대는 이런 활동을 13년 정도 지속했다.

잔은 1350년 필리프 6세가 사망한 뒤에도 이 행위를 멈추지 않았다. 유럽에 흑사병이 대유행하면서 백년전쟁이 막을 내린 것처럼 1356년 즈음이 되자 잔의 활동도 잠잠해지는 듯 보였다. 이 광란의 복수에 마침표를 찍은 것은 아이러니하게도 사랑이었다. 잔은 1356년, 영국의 기사 월터 벤틀리Walter Bentley와 결혼해 복수의 돛을 접고 브르타뉴로 돌아갔다. 아내로서의 삶으로 돌아가기로 한 것이다. 이들 부부는 엔봉Hennebont이라는 해안 마을에 정착해서 살다가 1359년, 서로 몇 주 차이로 숨을 거뒀다. 한때 브르타뉴의 암사자로 알려진 여성의 조용한 최후였다.

거짓 12
근거 없는 소설이 시대를 풍미한
경전으로 둔갑하기까지 ②

『맨더빌 여행기』편

오늘날 누군가 중세 시대의 세계 여행 안내서인 『맨더빌 여행기 The Travels of Sir John Mandeville』를 집어 든다면 적잖이 당황할 것이다. 책을 열자마자 아시아와 아프리카 같은 머나먼 지역에 대한 정보와 함께 그리핀이 날고 사이클롭스가 배회하며 사람들 발에 발굽이 있고 머리가 몸통에 붙어 있는 환상적인 세계에 대한 이야기가 펼쳐질 테니까. 분명 그 가운데 어느 것도 사실인 것은 없다. 그 책은 본질적으로 엉터리 거짓이었고 심지어 책의 작가로 추정되는 존 맨더빌 경이라는 사람도 실제로 존재한 인물이 아니었다. 하지만 그 당시 사람들은 책의 내용이 전부 사실이라고 여겼고, 『맨더빌 여행기』는 몬머스의 제프리가 쓴 작품처럼 국제적인 베스트셀러가 되었다. 실제로 크리스토퍼 콜럼버스는 신세계로 항해를 떠나기 전에 이 책을 참고 자료로 사용했다고 한다. 하지만 이 책이 그토록 흥미로운 이유는 여행 중에 그리핀을 찾지 못한 콜럼버스의 당혹감 때문이 아니라 다른 문화에 대한 생각을 형성한 방식 때문이다.

『맨더빌 여행기』는 크게 두 부분으로 구성되었다고 할 수 있다. 전반부 대부분은 맨더빌—이라고 주장하는 신원 미상의 저자—이 예루살렘과 성지로 향하는 도중에 유럽을 순회하며 잠깐씩 둘러보는 여행기다. 여기에는 마법이나 신화라고 할 만한 내용이 별로 없다. 아마 그 역시 중세의 다른 순례자가 남긴 가이드를 통해 대부분의 정보를 얻었기 때문일 것이다. 맨더빌은 그 나라에 가 본 적 없을지 몰라도 그가 이용한 작품의 저자들은 가 봤기 때문에 사실에 기반한 내용이 많다(그래도 맨더빌은 맨더빌인지라, 노아의 방주를 중세의 관광지로 묘사하는 등 이상한 부분도 포함되어 있다). 짐작하겠지만, 이 순례 섹션은 성경에 대한 언급과 은유로 가득한, 서구 기독교에 보내는 러브레터다. 맨더빌은 이런 종교적 관점을 통해 중세 유럽인들의 마음속에 '타자성'이라는 개념을 싹트게 했다. 그는 자신처럼 백인이고 서양인이지만 무엇이 옳은지에 대해서는 자기와 놀랍도록 다른 관념을 가진 사람들에 대해 이야기한다. 이런 모습은 맨더빌이 그리스정교회 신도들을 만난 '그리스 여행 편'에서 가장 두드러지는데, 그는 "그리스 사람들은 기독교인이지만 우리와 믿는 바가 다르다"고 말한다. 이런 차이에 매료된 맨더빌은 그들의 기독교가 자신이 믿는 기독교와 어떻게 다른지 길고 자세하게 분석하지만, 어쨌든 그들이 틀렸다는 생각을 명확히 밝힌다. "하느님이 자비롭게 그들을 고쳐 주시기를!"

이런 식의 종교적 차이가 이 책의 전반부에서 가장 눈에 띄는 문화적 표지다. 맨더빌은 만나는 모든 사람에게 백인 서구 기독교에 대한 자신의 이상을 내세웠다. 그가 다른 이들의 삶을 '이상하다'고 생각했음은 분명해 보이지만, 아이러니하게도 그런 한편으로 종교를 통해 문화적 차이를 메울 수 있을 거라고 보기도 했다. 다만 완벽하게 관용적이고 포괄적인 방식으로는 아니었다. 맨더빌의 눈에는 이상하게 보일지 몰라도 그리스 정교회 같은 기독교의 다른 계파는 어쨌든 종교 개념 안에 예수 그리스도가 포함된다. 이는 예수를 예언자로 생각하는 무슬림의 경우도 마찬가지다. 맨더빌에게 이는 그들이 '구원받을' 수 있고, 그가 올바르다고 여기는 기독교 버전으로 개종할 수 있으며, 그들 문화의 '이상한 부분'을 서구 기독교 문화로 바꿀 수 있다는 신호였다. 여기에 십자군 전쟁 등의 도움을 살짝 받는다면 그들도 언젠가 '올바른' 문화로 바뀔 수 있을 것이다. 맨더빌은 그렇게 생각하고 자신의 독자들에게 이 낯선 문화를 용인하라고 촉구했다.

거짓말을 묘사한 삽화

오늘날 『맨더빌 여행기』는 맨더빌이 만났다고 주장하는 환상적인 사람과 생물을 묘사한 놀라운 목판 삽화로 유명하다. 이 삽화는 원래 원고에는 존재하지 않았다가 1400년대에 추가되었고, 프랑스와 독일어판에서 유명해져 영어판이 그걸 그대로 따랐다.

하지만 이런 식의 관용적인 불관용이 모든 사람에게 적용된 건 아니다. 맨더빌은 유대교를 믿는 이들에게서는 아무런 공통점도 찾을 수 없다고 적었다. 유대인 악마화는 책의 첫 단락에서부터 시작해 마지막까지 계속된다. 이런 반유대주의적 수사학은 새로운 게 아니다. 한 종교가 인기를 끌면 다른 종교는 박해의 대상이 되기 마련이니까. 기독교가 부상하면서 유대교와 대립하게 되었고, 그 결과 1215년에는 교황의 칙령에 따라 유대인은 남들과 구별이 되도록 배지를 착용해야 했다. 1290년, 에드워드 1세는 영국에서 유대인들을 추방하라고 명령했고, 유럽에서 흑사병이 유행하던 시기에는 유대인이 전염병의 원인으로 지목되어 대륙 전체에서 대규모 학살이 자행되었다. 맨더빌은 이미 존재하는 일련의 믿음에 맞장구를 친 것이지만 이 생각을 더 완강하게 밀어붙이기로 작정하고 여행 중에 유대교가 최고의 위협이라는 사실을 알게 됐다고 주장했다. "그들은 반그리스도 시대가 되면 밖으로 몰려나와 기독교인을 대량 학살할 것이다."

책의 후반부는 예루살렘과 순례자의 길 너머에 존재하는 세계에 초점을 맞추고 있는데, 유대교와 유대교도들에 대한 비난은 여기서도 계속 이어진다. 거인과 어깨에 눈이 달린 사람들이 등장하는 게 바로 이 부분이다. 물론 이는 터무니없는 거짓말이다. 맨더빌의 독자들은 대부분 자기 나라 밖으로 나가 본 적이 없었으므로 그는 이런 거짓말을 하고도 쉽게 빠져나갈 수 있었다. 그의 엉터리 거짓말 중 일부를 소개하자면, 에티오피아 사람들의 하체가 거대한 하나의 발로 이루어져 있다든지, 그곳 아이들이 노란 피부로 태어난다든지 (그러나 나이가 들면서 그 피부가 점차 검게 변한다든지) 등을 들 수 있다. 지금 들으면 말도 안 되는 이야기지만 중세의 일반 독자들은 이를 별 의심 없이 믿었다. 그들은 에티오피아에 가 본 적이 없고 에티오피아 출신을 본 적도 없을 테니 이게 사실처럼 보일 수도 있지 않겠는가? 하지만 이런 터무니없는 묘사에도 불구하고 맨더빌은 에티오피아인을 '구원 가능한' 이들로 분류한다. 성경에 따르면, 예수의 탄생 당시 찾아온 세 명의 왕 중 한 명이 바로 에티오피아 출신이기 때문이다.

그러나 이 같은 위선적 관용 정신도 오래가지는 못 했다. 에티오피아를 떠나 여러 섬을 지나며 만난 그곳 주민들을 두고 맨더빌은 유대인처럼 자기와 너무 달라서 도저히 용납이 안 된다고 언급하기에 이른다. 하지만 이번에는 종교적 차이 때문이 아니었다. 단지 그들이 생경한 '괴물'이었기 때문이다. 외눈박이 사이클롭스와 발굽 달린 자들의 땅. 물론 전부 지어낸 말이었지만, 우스꽝스러울 정도로 유치한 그 이면에는 훨씬 음흉한 의도가 도사리고 있었다. 이 이상하고 야만적인 섬들을 돌아본 맨더빌은 이후 '백인'들이 사는 비옥하고 안전한 왕국을 발견했다. 그렇게 맨더빌은 책 전반부의 주제로 돌아가서, 자기와 다르지만 기독교를 알고 있기에 구원받을 수 있는 사람들을 만난다.

『맨더빌 여행기』는 문화적 동질성의 이상을 제시한다. 이 책은 세상 사람들을 네 가지 유형으로 분류하고 있는데, 첫 번째는 맨더빌과 그의 독자들 같은 선량한 서구 기독교인이다. 두 번째는 '이상하고' 어딘가 좀 다르지만 마음을 바꿔서 첫 번째 문화에 참여할 수도 있는 사람들이다. 세 번째는 유대인인데, 그들은 너무나도 이상한 나머지 서구에 위협이 되므로 제거해야 하는 존재들이다. 마지막으로 네 번째는 외관 자체가 인간과 너무 달라서 인간 이하의 존재로 간주할 수밖에 없는, 다른 부류들 밑에서 괴물 같은 경계를 형성하는 이들이다. 이는 오늘날 디스토피아 소설의 오프닝 같은 느낌을 주는 문화적 개념이지만, 그럼에도 당시 인기가 높았다. 이 책을 계속 읽다 보면 맨더빌이 구분한 세상이 현실이 되었을 때 우리가 어떤 대가를 치러야 하는지 알게 될 것이다.

12세기 중반부터 13세기까지

유대인에 대한 피의 비방이 유럽 전역에 퍼져 있었다.

유대인들이 기독교인, 특히 기독교도 어린이를 붙잡아서

살해하고 그 피를 유대교 종교의식에 사용한다는 내용이었다.

증거나 목격자는 필요 없었다.

시체가 발견되거나 실종된 아이만 있으면

그것으로 충분했다.

_〈사고인가 살해인가, 시몬의 죽음과 피의 숭배〉에서

Part. III

⟶ 근대 초기 ⟵
The Early Modern Age

사고인가 살해인가, 시몬의 죽음과 피의 숭배

『맨더빌 여행기』가 출판되고 난 다음 세기에도 중세 유럽 유대인들의 상황은 나아지지 않았다. 아니, 사실 더 나빠질 전망이었다. 어떻게? 여러 끔찍한 일들이 시작된 것과 같은 방식, 다시 말해 음모론이 등장했다. 12세기 중반부터 13세기까지 유대인에 대한 피의 비방이 유럽 전역에 퍼져 있었다. 유대인들이 기독교인, 특히 기독교도 어린이를 붙잡아서 살해하고 그 피를 유대교 종교의식에 사용한다는 내용이었다. 증거나 목격자는 필요 없었다. 시체가 발견되거나 실종된 아이만 있으면 그것으로 충분했다. 1235년, 독일 풀다 마을에서 화재가 발생해 아이 다섯이 사망하자 유대인 서른네 명이 살해당했고, 1243년 베를린 인근의 벨리츠에서도 비슷한 사건이 발생해 마을에 살던 유대인이 전부 살해됐다. 이는 별개의 사건이 아니다. 거짓과 그것이 만들어 낸 두려움 때문에 유럽 전역에서 유대인 수천 명이 죽임을 당한 것이다. 1246년, 교황 인노첸시오 4세는 교황 칙서 〈유대인들과 같이Sicut Judaeis〉에 수정안을 추가해 기독교인들의 피를 부르는 비방을 금지했다. 덕분에 한동안은 상황이 좀 잦아들었지만 머지않아 그 어느 때보다 거대하고 잔인한 음모가 들이닥쳤다.

　1475년 부활절 일요일에 현재 이탈리아 북부 도시인 트렌트에서 시몬이라는 두 살짜리 남자아이의 시신이 발견된다. 시몬은 며칠 동안 실종 상태였기 때문에 성 금요일에 이 도시의 요하네스 힌더바흐Johannes Hinderbach 주교가 아이를 찾는 대규모 수색을 지휘했다. 중점적인 수색 대상은 당연히 그 도시에 사는 소수의 유대인들이었다. 일요일에 새뮤얼이라는 유대인 대부업자가 시몬의 시신이 자기 집 아래쪽 강으로 떠밀려 온 것을 발견했다. 아이가 길을 잃고 헤매다가 안타깝게도 발을 헛디뎌 익사한 것처럼 보였다. 새뮤얼과 그의 가족은 그 즉시 당국과 수색조에 알렸는데, 이 시점에서 힌더바흐가 다시금 개입했다. 1475년에는 유월절(이스라엘 민족이 이집트에서 탈출한 일을 기념하는 유대교의 축제일-옮긴이)과 부활절 날짜가 매우 비슷했는데, 힌더바흐는 이를 들먹이며 시몬이 익사한 게 아니라 유월절 의식 때문에 희생된 거라고 주장했다. 유대인들이 유월절 종교의식에 제물로 쓰기 위해 아이를 납치해 살해한 것이라고 말이다. 결국 트렌트에 사는 모든 유대인이 범죄 혐의로 체포되었다.

그 후에 일어난 일은 재판이 아니라 정의를 고의로 회피하려는 노력에 가까웠다. 트렌트의 유대인들이 살인을 자백하지 않자 힌더바흐는 더 과격하게 심문하라고 명령했고, 이윽고 고문을 동반한 심문이 이루어졌다. 유대인들은 결국 자백하기 시작했다. 그러나 고문으로 인한 자백이 으레 그런 것처럼 자백 내용에 일관성이 없었다. 살해 방법도 다양했고 살해 동기나 사건에 연루된 사람도 각기 달랐다. 물론 힌더바흐에게는 그 어느 것도 중요하지 않았다. 거짓이든 아니든 그는 원하는 증거를 얻었다. 1475년 6월, 새뮤얼과 다른 몇몇 사람들은 살인죄로 화형을 당했다. 힌더바흐는 여기서 멈추지 않았다. 그는 시몬을 순교자라고 주장하면서 그 시신을 성 베드로 교회에 전시하도록 했다. 아이의 몸에 성령이 깃들어 기적을 행할 수 있다고 주장하면서. 시몬은 곧 수익성 좋은 관광 명소가 되었다.

1475년 8월, 결국 교황 식스토의 명령으로 사절단이 파견되었다. 트렌트에 도착한 사절단은 즉시 힌더바흐에게 의혹을 품었다. 그가 사절단을 필사적으로 방해했기 때문이다. 힌더바흐는 사절단이 유대인 포로를 인터뷰하고, 재판 문서를 읽고, 심지어 시몬의 시신을 제대로 검사하는 것까지 필사적으로 막았다. 그럼에도 사절단은 끝내 믿을 수 없을 정도로 암울한 사실들을 찾아냈다. 힌더바흐는 유대인을 고문했을 뿐만 아니라, 유죄판결과 사형 집행을 신속히 진행하기 위해 재판 문서도 위조했다. 시몬의 시신에는 보존 처리 흔적과 사망 원인을 위조한 흔적이 있었다. 또한 힌더바흐가 이익을 얻고 있던 기적도 거짓말에 불과하다는 사실이 밝혀졌다. 아니나 다를까 힌더바흐는 교황 사절단이 유대인들에게 돈을 받고 범죄를 은폐하려고 한다면서 교황과 사절단에 반격을 가했다. 그리고 자기 입장을 계속 고수하면서 시몬을 성인으로 추대해 달라고 요구했다.

1478년까지 이런 공방은 몇 년간 계속되었다. 교황 식스토는 트렌트에 남아 있는 유대인 수감자들에게 기독교로 개종하는 대가로 사면과 자유를 제공해 그들 대부분을 석방시켰다. 물론 이는 유대인 입장에선 절망적인 제안이었지만, 감옥에서 고통스럽게 몇 년을 보내면서 친구와 가족이 죽어 가는 모습을 지켜본 이들은 대부분 이 제안을 받아들였다. 힌더바흐에 대해서는 트렌트 재판이 불법은 아니지만 교회는 재판의 결론에 동의하지 않는다는 내용으로 교황의 칙서가 발표되었다. 마찬가지로 시몬을 성인으로 공표해 달라는 요구 역시 거부되었다. 이것으로 이야기가 끝났으면 좋았으련만, 힌더바흐는 그의 돈줄을 놓아주지 않았다. 시몬이 죽은 뒤 3년 동안 일어난 수백 개의 기적을 그의 덕으로 돌렸다. 이 아이에 관한 시와 편지, 조각상은 트렌트를 넘어 오스트리아와 이탈리아까지 퍼져 나갔다. 힌더바흐는 그 모든 걸 기꺼운 마음으로 받아들이고는 더 많은 문학과 예술 작품 제작을 의뢰했고, 장차 성인이 될 트렌트의 시몬을 중심으로 컬트적인 추종 세력을 구축했다.

이 광신적인 종교 집단이 자신들의 대의를 추진하면서 역사에 미친 영향은 더할 나위 없이 재앙적이었다. 1493년, 시몬의 순교 이야기가 국제적인 베스트셀러 『뉘른베르크 연대기Nuremberg Chronicle』에 실렸고, 여기에는 유대인 집단에 의해 살해되는 시몬의 삽화까지 포함되어 있었다. 이 그림은 유럽 전역에 판화와 팸플릿 형태로 들불처럼 퍼져 나갔다. 곧 유럽 땅에서 피의 비방의 다시 생명력을 얻기 시작했다. 특히 폴란드와 리투아니아 같은 동유럽 국가들에서 극심했던 것으로 보인다. 이후로도 한동안 시몬에 대한 숭배와 그에 수반되는 음모가 끊임없이 이어졌는데, 가장 유명한 사건으로는 1934년 5월 나치에 의해 독일 타블로이드 신문《데르 슈튀르머Der Stürmer》에 시몬의 죽음을 묘사한 삽화가 실린 일일 것이다. 이로써 사람들 사이에 공포와 증오를 일으키는 데 성공하자 나치와 이탈리아 파시스트의 여러 간행물과 책에 이 이미지가 자주 등장하게 된다. 나치의 '최종 해결책'을 정당화하는 헬무트 슈람Hellmut Schramm의〈유대교 살인 의식〉은 이를 가장 교활하게 사용한 예이다.

거짓 속 진실

시몬 숭배

시몬에 대한 숭배는 오늘날에도 계속되고 있으며, 신나치주의자와 백인 우월주의 집단 안에서 찾아볼 수 있다. 2019년 유월절 마지막 날, 총기를 소지한 남자가 샌디에이고 유대교회당에 들어가 신도들에게 총격을 가했다. 그는 이후 시몬에 대한 복수 때문에 이 같은 증오 범죄를 저질렀다고 밝혔다.

⁓ 거짓 14 ⁓
종교재판소는
화형을 선호하지 않았다?!

이 책에 스페인 종교재판이 등장하리라고 예상한 사람이 없다면 그건 거짓말일 것이다. 앞서 보았듯이 종교적, 문화적 동질성에 대한 이상이 인기를 얻고 있었고, 유대교인들에 대한 박해도 여전히 유행 중이었다. 어떤 권력자가 주도하는 광범위한 테러가 발생해도 이상할 것 하나 없는 상황이었다. 그리고 실제로 1478년에 스페인 군주 두 명이 행동에 나섰다. 아라곤의 페르난도 2세와 카스티야의 이사벨 1세가 종교재판을 위한 이단 심문소를 설립한 것이다. 두 사람은 1469년에 결혼했는데, 이 과정에서 분리되어 있던 스페인 영토가 효과적으로 통합되었다. 이것만으로도 충분한 성취일 수 있었지만, 두 사람은 여기에 만족하지 않았다. 이들은 교황 식스토 4세에게 이단 근절을 위한 심문을 할 수 있도록 교황 칙서를 내려 달라고 요청했다. 이런 식의 종교재판은 새로운 게 아니었고 1184년 이래로 교황의 인가를 받아 때때로 운영되었지만, 지금부터 소개할 스페인 종교재판 같은 수준으로 진행된 적은 없었다.

1391년에 아라곤, 세비야, 발렌시아 같은 지역에서 유대인들이 대량으로 살해되는 등 폭력적인 집단 학살이 발생하면서 스페인의 반유대주의 정서가 폭발 일보 직전에 도달했다. 생명의 위협을 느낀 스페인의 많은 유대인들은 공개적으로 가톨릭으로 개종했다. 그러나 이 같은 상황은 페르난도와 이사벨에게 문제가 되었다. 스페인을 통일하기 위한 노력의 일환으로 이들 부부는 모든 사람이 가톨릭이라는 하나의 종교 아래에 있기를 바랐다. 그러나 콘베르소converso라고 불리던 새로운 개종자들의 경우, 누가 실제로 개종했고 누가 비밀리에 유대교를 믿으면서 개종했다고 거짓말을 하는지 파악하기가 어려웠다. 결국 자신의 종교에 대해 거짓말을 한 자들을 처벌하고 사람들을 '진실로' 개종시키기 위해 종교재판소가 설립되었다.

그렇다면 이들은 무슨 벌을 받았을까? 모두의 예상과는 달리, 사형 집행률은 의외로 낮은 편이었다. 여기에는 그럴 수밖에 없는 이유가 있는데, 이교도들을 화형시키는 것보다 그들의 부와 재산을 몰수하는 편이 더 효율적이기 때문이다. 모든 재산을 빼앗긴 사람들은 사실상 노숙자가 될 가능성이 높았고, 그에 따라 기아나 위험한 환경에 노출돼 질병 등으로 사망할 위험도 높았다. 그러나 이 같은 무분별한 사유재산의 몰수는 스페인의 부정부패를 더 심각하게 만들었다.

1482년 초, 종교재판소가 수입을 올리기 위해 일부러 허위 혐의를 제기한다는 불만이 교황청 측에 전달되었다. 이 같은 사태를 수습하기 위해 교황 식스토 4세는 스페인 주교들에게 편지를 썼는데, 내용은 다음과 같았다. "아라곤, 발렌시아, 마요르카, 카탈로니아의 종교재판소는 한동안 신앙과 영혼의 구원에 대한 열정이 아니라 부에 대한 욕망에 의해 움직였습니다. 진실하고 신의 있는 많은 기독교인들이 적, 경쟁자, 노예, 기타 하등하고 올바르지 않은 자들의 증언에 따라 합법적인 증거도 없이 감옥에 갇히고 고문을 당하고 타락한 이단자로 비난을 받고 물건과 재산을 빼앗겼습니다. 그리고 세속 재판에 넘겨져 처형당하거나 영혼이 위험에 처했습니다. 이런 모습은 해로운 본보기가 되어 많은 사람에게 혐오감을 줍니다." 식스토는 주교들이 나서서 종교재판에서 이런 일을 멈추길 바랐지만 페르난도 2세는 별로 그럴 생각이 없었다. 대신 1483년에 토마스 데 토르케마다Tomás de Torquemada를 고등심문관으로 임명해 부패를 방지하고 더 나은 결과를 제공할 수 있도록 통제된 심문 체계를 만들게 했다.

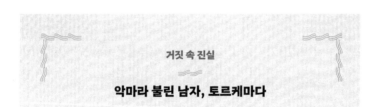

거짓 속 진실

악마라 불린 남자, 토르케마다

토마스 데 토르케마다는 1420년 종교적인 집안에서 태어났는데, 그의 어머니는 그가 태어나기 전에 유대교에서 가톨릭교로 개종했다고 한다. 그는 도미니크회 수도사가 되었고 카스티야의 이사벨 공주와 친해졌다. 이런 인맥을 통해 종교재판을 감독하는 자리에 임명되기 전부터 재판에 대해 조언하는 등 왕실 내에서 확고한 위치를 차지하게 되었다.

불행히도 토르케마다는 종교재판 체계의 부패를 줄인 게 아니라 오히려 더 악화시켰다. 그가 감독하는 재판부는 마을이나 도시에 찾아가 30일간 누구나 처벌받을 위험 없이 죄를 고백할 수 있는 기회—은혜의 칙령—를 제공했다. 또한 다른 사람을 고발할 수 있는 기회도 줬는데, 재판소는 이 고발을 진지하게 받아들였다. 당연하게도 이로 인해 진짜 자백과 거짓 자백이 쏟아져 나왔다. 억울한 누명을 쓰고 더 큰 벌을 받는 것보다는 하지도 않은 일을 고백하고 속죄하는 편이 훨씬 낫다고 본 것이다. 자백하지 않았지만 기소된 (혹은 자백했지만 재판관이 원하는 자백이 아니었던) 이들은 심문 과정에서 더 심하게 고문당했고, 결국 이는 더 많은 거짓 자백으로 이어졌다. 자백이 늘어날수록 몰수하는 재산도 많아졌다. 그런데 이 돈은 다 어디로 갔을까? 어떻게 보면 종교재판은 다단계 기업과 비슷한 방식으로 작동했다. 군주들과 종교재판소가 최상위에 있고 지역 종교재판소 네트워크는 부가 위쪽을 향하도록 지원했다. 안타깝게도 현재 초기 종교재판과 관련된 재정 문서는 대부분 사라진 상태다. 하지만 페르난도와 이사벨은 압수한 재산을 통해 상상을 초월하는 부를 긁어모은 것으로 보인다.

종교재판이 확대되면서 표면상 유대교를 믿는 이들과 개종한 것으로 알려진 이들에 대한 두려움과 불신이 커졌고, 덩달아 음모론도 늘어났다. 유대인들이 분노를 이용해서 개종자들을 다시 유대교로 유인하고 있다는 등의 유언비어가 생겨났고, 다시 한번 피의 비방이 발생했다. 그중에서도 라 과르디아의 성스러운 아이라고 불리는 사건은 비극의 중요한 전환점이 되었다. 1491년 말에 9명의 유대인 남성과 콘베르소가 어린아이를 납치해서 살해하고 그 유해를 종교의식에 사용한 혐의로 화형을 당했다. 시신도 없고 그런 아이가 실제로 존재했다는 기록도 없었으나 남자들은 고문을 받고 죄를 인정했다. 그들의 자백은 결국 스페인에서 유대인을 추방할 빌미를 만들고 말았다. 1492년 초, 마침내 유대교 신자는 스페인을 떠나거나 가톨릭으로 개종해야 한다는 알함브라 칙령이 발표된 것이다. 강제로 추방된 사람들의 숫자는 논란의 여지가 있지만 대개 10~40만 명 사이로 추정된다. 슬프게도 그들은 박해받는 유일한 종교 집단이 아니었다. 유대인들이 떠나자 화살은 이슬람교도에게로 옮겨 갔다. 1492년 스페인이 그라나다를 정복하자, 페르난도와 이사벨은 곧 강제 개종 프로그램을 시행했다. 이로 인해 1499년과 1500년에 여러 차례 폭동이 일어났고, 이슬람교도들은 결국 가톨릭으로 개종하거나 자기가 살던 집과 땅에서 추방당하는 것 중 하나를 선택해야 했다. 하지만 박해는 여기서 끝나지 않았다. 스페인은 1609년부터 1614년 사이에 개종한 이슬람의 후예인 모리스코스Moriscos의 단계적인 강제 추방을 실시해서 약 30만 명을 그라나다에서 추방시켰다. 이러한 추방은 대개 기아나 위험한 환경으로의 노출, 살인의 위험을 불러왔고, 결국 죽음으로 막을 내렸다.

스페인 종교재판은 1834년까지 다양한 형태로 지속되었다. 박해의 대가는 매우 컸다. 페르난도와 이사벨이 비기독교인들의 재산을 몰수해 모은 부는 새발의 피였다. 나중에 작성된 재무 문서를 보면 몰수한 돈 액수가 계속 달라지기는 하지만 대체적으로 모두 엄청난 액수가 기록되어 있다. 이를테면 1678년 마요르카에서 대량 체포가 잇따르면서 몰수품을 통해 무려 250만 두카트를 확보했다는 기록이 있다. 종교재판의 결과로 진행된 공식 처형 건수가 놀랍도록 적었던 이유도 바로 이 때문이 아니었을까? 현대 역사학자들은 이렇게 국가가 주관한 죽음이 절정에 이르렀던 1480~1530년 사이에는 약 1000~2000명이, 1530~1826년 사이에는 약 1000명이 처형되었다고 추정한다. 부패와 탐욕이 더 나은, 혹은 덜 비극적인 선택권을 제공했다는 점은 아이러니하다.

≋ 거짓 15 ≋
근거 없는 소설이 시대를 풍미한
경전으로 둔갑하기까지 ③

『말레우스 말레피카룸』편

세상에 절대 나와서는 안 되는 책 목록에 세 번째이자 마지막으로 추가된 『말레우스 말레피카룸Malleus Maleficarum』은 아마 모든 책 중에서 가장 파괴적이고 기괴한 영향력을 가진 책이라 할 수 있을 것이다. '마녀를 심판하는 망치'라는 뜻을 가진 이 책은 수만 명의 무고한 사람들을 죽음으로 내몰았다.

마법과 주술에 대한 생각은 전 세계 대부분의 문화권에서 오래전부터 존재해 왔다. 본래 주술이란 게 반드시 이단 범죄나 악마와 관련되는 개념은 아니었다. 그런데 1300년대에 들어서면서 마법을 '배운다'는 개념이 서유럽을 강타하기 시작했다. 성직자들은 연금술, 점성술, 영적 행위 등이 포함된 그리스와 아랍의 텍스트를 탐구하기 시작했고, 그러자 상황이 바뀌고 말았다. 가톨릭교회는 마법에 대한 새로운 관심을 탐탁지 않게 여겼고, 결국 1324년경 마법을 이단으로 분류하기 시작했다. 흥미롭게도 교황이 임명한 종교재판관 베르나르 구이Bernard Gui가 작성한 〈명청이를 위한 심문Inquisition for Dummies〉 매뉴얼에 이 내용이 등장한다. 물론 그는 실제로 마법을 써 본 적이 없었으므로 재판관들이 찾아야 할 증거를 지어내야만 했다.

1430년대가 되자 이런 두려움과 매혹이 한 단계 상승했다. 구이가 마법사 판별 체크리스트를 즉석에서 꾸며 내야 했던 상황과는 반대로, 이제 유럽 전역의 많은 학자들은 주술과 마법의 위험성에 관한 책을 쓰고 있었다. 그중 가장 주목할 만한 것이 『포미카리우스Formicarius』다. 이 책은 도미니크 수도회 소속의 독일인 요하네스 니더Johannes Nider가 쓴 것으로, 마법에 대한 개념을 보다 현대적인 방식으로 설명한 최초의 책이라 할 수 있다. 이 책에서 니더는 '주술sorcery'이라는 용어 대신 '마법witchcraft'이라는 용어를 선택해 이를 악마적인 관행과 직접적으로 연결시켰다. 사실 15세기 이전까지, 주술은 고등교육을 받은 남성들이 주관하는 복잡한 의식으로 인식되었다. 그러다 니더의 책에 접어들어서 주술은 마녀들에 의해 행해지는 '마법'으로 탈바꿈되었고, 그 마녀는 대개 제대로 교육받지 못한 여성으로 묘사되었다. 그리고 이는 여러모로 충격적인 발상의 전환이었다. 이에 따르면 마법이란 악마에게 몸을 바치기만 하면 '누구나' 부릴 수 있는 것과 다름없었고, 이 같은 생각은 사람들을 두려움에 떨게 했다. 어쨌든 간에

니더는 자신의 연구 결과를 사실적으로 보이게 하기 위해『포미카리우스』에 스위스 출신의 마녀로 추정되는 인물과 나눈 인터뷰까지 집어넣었다. 이렇게 재미있는 읽을거리를 사람들이 가만놔둘 리 없었고, 책은 폭발적인 인기를 누렸다.

하지만 이런 관심과 열정에도 불구하고 여전히 마녀가 무엇이고 어떻게 그들을 막을 것인지에 대해서는 명확하게 합의되지않은 상황이었다. 그 덕분에 마녀재판이 가끔 열리기는 했어도유행처럼 퍼지진 않았다. 그러나 하인리히 크래머Heinrich Kramer의등장으로 이 모든 게 바뀌게 된다.

크래머를 두고 다소 불완전한 인물이었다고 소개하는 건 지나치게 절제된 표현일 것이다. 독일 성직자이자 교황의 심문관이었던 크래머는 1475년의 절도 혐의와 1482년의 전쟁 자금 횡령혐의를 포함해 거짓말과 절도로 명성이 높았는데, 교황청에서는친절하게도 두 가지 죄를 모두 숨겨 줬다. 그의 주요 임무는 종교적 이단자를 찾는 것이었지만, 1480년경부터 마법에 대한 생각에 사로잡히면서 크래머는 독자적으로 행동하게 되었다. 1484년 가을, 독일 남부 라벤스부르크를 찾은 그는 즉시 악마적 마법의 위험성에 대해 열정적으로 설교했다. 그리고 며칠 만에 마녀로 판명된 여성 여덟 명의 재판을 주재하게 되었다. 재판의 결과로 여성들이 화형에 처해지자 크래머는 비로소 자기가 맡은 일의 중요성을 깨달았다. 그렇다고 해서 이 재판이 순조롭게 진행된 것은 아니다. 크래머는 기소된 마녀 여덟 명을 죽여야 한다고 주장했지만, 실제로 이런 문제와 관련된 법적 선례가 없었고 라벤스부르크의 지역 관리들까지 나서서 마구 불평을 늘어놓는 등 나름의 험난한 과정을 거쳐야만 했다. 크래머는 이 난관을 해결하기 위해 1484년 겨울에 로마로 가서 교황의 권한으로 마녀들을 기소할 수 있게 해 달라고 요청했다. 교황 인노첸시오 8세는 크래머의 탄원을 받아들여 〈지고의 것을 추구하는 이들에게Summis desiderantes affectibus〉라는 교황 칙서를 발표했다. 교황청은 이 칙서를 통해 공식적으로 마녀의 존재를 인정하고, 심문관들에게 마녀를 기소할 수 있는 권리를 주었다.

1485년, 크래머는 오스트리아 인스부르크에서 또 다른 대규모 마녀재판을 준비했다. 열네 명이 마법 혐의로 기소되었는데, 그중에는 헬레나 슈베린Helena Scheuberin이라는 여성도 포함되어 있었다. 크래머와 슈베린은 이미 사이가 틀어진 상태였다. 크래머가 인스브루크에 도착했을 때 슈베린은 지역 사람들에게 크래머의 설교에 참석하지 말라고 촉구했고, 심지어 세상에 마법사가 존재한다면 그건 바로 크래머일 거라고 주장하기까지 했다. 어쨌든 마법에 집착하는 건 슈베린이 아닌 크래머 본인이었으니 말이다. 크래머는 슈베린이 마법을 사용해서 살인을 저질렀다는 혐의를 제기했는데, 그 증거로 슈베린의 성생활을 파헤쳐 그가 성적으로 부도덕하다는 식으로 몰고 갔다. 그러나 이 작전은 재판에서 잘 먹혀들지 않았다. 인스브루크 관계자들은 크래머가 마법을 증명하기 위한 수단으로 여성의 성적 과거를 이용한 것에 격분했다. 여성의 성적 권리가 매우 낮은 시대에 이게 어찌 된 일인지 의아할 수도 있겠으나, 관리들에게 이는 양성평등의 문제가 아니라 무엇을 이단으로 간주하느냐 마느냐의 문제였다. 크래머가 할 일은 마녀를 찾아내는 것이지 여성의 바람직한 성적 규범을 정의 내리거나 이를 바탕으로 여성들을 처벌하는 게 아니었다. 결과적으로 슈베린은 무죄를 선고받았다. 크래머는 격분하며 판결을 받아들이려 하지 않았다. 대신 그는 인스브루크를 돌아다니면서 직접 증거를 수집하고(때로는 조작하고), 목격자들에게 접근해 용의자를 체포하려다가 실패하고, 그러다 결국 1486년에 도시에서 쫓겨났다. 크래머로서는 이런 실패를 그냥 놔둘 수 없었다. 결국 그는 자신의 대표작을 쓰기 위해 쾰른으로 떠났다.

마녀재판의 희생자 수

오늘날 가장 유명한 마녀재판으로는 세일럼 마녀재판을 들 수 있다. 하지만 이때의 실제 사형 집행률은 의외로 가장 낮은 편이어서 1692~1693년 사이에 열아홉 명이 유죄 판결을 받고 교수형에 처해진 게 다일 뿐이다. 하지만 이후 현재의 독일 지역에서 대규모 마녀재판이 연달아 벌어져 풀다에서 250명 정도가 사망하고 뷔르츠부르크에서는 157명의 처형이 확정되었으며, 주교령 전체에서 900명 정도가 죽었다. 이와 별개로 1626~1632년 사이에 밤베르크에서는 마녀재판으로 900명이 목숨을 잃었다.

1487년에 출간된 『말레우스 말레피카룸』은 다음의 세 부분으로 나뉘어 있다.

1. 마녀가 실재하는 이유와 그들이 악마와 결탁한 이유
2. 마녀가 위험한 마법을 부리는 방법
3. 심문관이 마녀를 잡아서 자백을 받아 내고 결정적으로 처형하기 위해 할 수 있는 일

크래머는 1430년대에 일어난 마녀 전문가 붐을 통해 이 책에 들어갈 정보들을 확보할 수 있었고, 심지어 니더의『포미카리우스』중 상당 부분을 그대로 옮겨 오기도 했다. 이 밖에도 그는 신화와 민속 세계를 탐구해서 전통적인 이야기를 찾아낸 뒤, 이를 마녀 분류에 적용했다. 그것의 일례로 13세기에 등장한〈보나에 레스Bonae Res〉를 들 수 있는데, 이 이야기에 등장하는 여성들은 하늘을 날거나 잠긴 문을 통과할 수 있고, 종종 친절하게도 식탁에 음식 선물을 놓고 간다. 이제 크래머의 마녀들은 날 수 있고 잠긴 문을 통과할 수 있게 될 것이다(하지만 선물을 두고 가지는 않는다. 그런 행동은 별로 악마적이지 않기 때문이다). 이런 주장을 뒷받침하는 근거랄 것은 크래머가 개인적으로 경험한 마법에 대한 설명이다였다. 하지만 그가 마녀재판에 관여하게 된 것은 1484년 이후였으므로, 이 같은 주장들은 대부분 조작된 것일 가능성이 높다. 크래머가 인스브루크에서 겪은 굴욕을 감안할 때『말레우스 말레피카룸』에서 남성보다 (물리적으로도 사회적으로도 약한 성별인) 여성이 마녀가 될 가능성이 훨씬 높다고 설명한 건 어쩌면 당연한 일일지도 모른다. 그가 주장한 가장 일반적인 마녀 후보로는 거리낌없고 솔직한 여성, 평판이 나쁘거나 성욕이 강하거나 혼외정사를 한다는 소문이 도는 여성이었다. 혐의를 제기하는 데 구체적인 증거는 필요하지 않았다. 소문만으로도 충분했고 크래머는 기소된 자가 자백하지 않을 때는 억지로 자백을 이끌어내기 위해 고문하거나 거짓말을 해도 괜찮다고 주장했다.

안타깝게도 이 책은 '대히트'를 기록했다. 마녀에 대한 책이야 이전에도 있었지만 표지에 금인칙서(교황의 칙서)가 부착된 책은 없었다. 크래머는 마법이 교회와 종교, 모든 선량한 기독교인에게 매우 큰 위협이 될 수 있다는 사실을 분명히 했다. 유럽 전역에서 이 주장이 받아들여졌고, 책이 출간된 때부터 17세기 후반까지 광란의 마녀사냥이 벌어졌다. 마녀사냥꾼들의 경전『말레우스 말레피카룸』에는 시간이 지나면서 크래머의 마녀 분류 기준에 새로운 사항이 추가되어 마녀의 표식 같은 내용도 포함되었다. 대략 5만 명 정도의 사람들이 마녀로 몰려 죽었는데, 이들 대부분은 여성이었다.

거짓 16
로마를 통치한
여교황이 있었다?!

중세 시대에 로마를 통치했다고 전해지는 교황 요안나는 '가톨릭교의 은폐'에서부터 잊혀진 페미니스트 순교자에 이르기까지 온갖 이름으로 불린 바 있다. 855년부터 857년까지, 짧은 기간 교황으로 군림한 이 인물의 이야기는 중세 청중들을 매료시켰고 종교개혁기에 가톨릭교회를 굴복시키는 데도 분명 중대한 영향을 미쳤다. 그런데 이 교황 요안나는 정말 실존했던 인물일까?

그와 관련된 최초의 이야기들은 역사적 위험 신호로 가득 차 있다. 요안나가 존재했으리라고 추정되는 생애기로부터 수 세기 뒤인 1255년, 도미니크회 수사 장 드 메일리Jean de Mailly는 거리에서 아기를 낳는 바람에 여자임이 들통난 교황이 있음을 암시하는 기록을 남겼다. 그의 이야기에 따르면 군중들은 곧장 태세를 바꿔 여교황을 돌로 쳐 죽였다고 한다. 이후 20년 동안 이와 관련된 중요한 이야기가 두 개 더 등장했는데, 서로 내용이 달랐다. 첫 번째는 도미니크회 수사인 에티엔 드 부르봉Étienne de Bourbon이 쓴 것으로, 그는 1100년에 "놀랍도록 뻔뻔한 혹은 정신 나간 사건"이 벌어졌다고 했다. 다른 하나는 1265~1277년에 도미니크회 수사 마르티누스 폴로누스Martinus Polonus의 기록으로, 로마 교황과 황제에 대한 연대기를 쓰면서 그 사건이 벌어진 시기를 855년경으로 되돌렸다. 마인츠에서 태어난 영국 여성 요안나가 연인과 함께 아테네로 가서 존이라는 남자 행세를 하며 살았다는 게 폴로누스 버전의 이야기였다. 실제로 이 버전이 요안나와 관련된 이야기 중 가장 인기가 많았고, 이후 등장할 이야기들의 토대가 되기도 했다. 비길 데 없는 지성으로 유명했던 요안나는 만장일치로 교황으로 선출되었고, '2년 7개월 4일' 동안 교황직을 수행했다. 그런데 하필이면 미사 행렬 도중에 진통이 시작되는 바람에 요안나는 콜로세움과 산 클레멘트 사이의 좁은 골목에서 아기를 낳았고, 얼마 지나지 않아 사망했다. 폴로누스는 '여성이라는 기형적인 상황 때문에' 요안나가 교황직을 수행했다는 기록이 없는 것이라고 덧붙였다.

앞서 살펴보았듯이 역사적인 이야기가 그 일이 발생한 때로부터 수 세기 뒤에 갑자기 다시 나타나는 경우, 우리는 그 타당성을 의심해 봐야 한다. 이런 종류의 이야기는 다시 말할 때마다 내용이 판이하게 달라지기 때문에 역사적 사실에 기반했다기보다 학자들 사이의 소문을 실험적으로 제기한 것에 가까워 보일 때가 많다. 교황 요안나의 이야기가 바로 그런 경우다. 이 인물이 실제로 존재했다는 증거는 이 같은 초기 기록 외에는 거의 없다시피 하고 메일리, 부르봉, 폴로누스가 제공하는 증거도 조잡하기만 하다. 하지만 가끔 역사에서는 이야기가 재미있기만 하면 그게 거짓말인지는 중요하지 않은 경우도 있다. 그래서 교황 요안나의 전설은 사실이 되었다.

몬머스의 제프리가 지어낸 아서왕 전설이 역사의 테이블 앞에 자리를 얻었을 때와 마찬가지로 요안나의 이야기 역시 처음에는 파급효과가 크지 않았다. 논란의 여지가 있긴 하겠지만 가톨릭교회로서 주목할 만한 유일한 타격은 다음과 같은 중세의 소문뿐이었다. 새로 선출된 교황은 모두 열쇠 모양 구멍이 나 있는 특별한 의자에 앉아 성기를 확인할 수 있도록 해야 한다는 것. 놀랍게도 이런 의자는 실제로 존재했는데, 다만 그 용도가 달랐다 (화장실을 상징할 뿐이었다). 새로 임명된 교황이 그 의자에서 일어나는 건 겸손한 시작에 대한 은유이자 교황도 인간임을 보여 주는 일종의 장치였다. 그러나 시간이 지남에 따라 요안나의 전설은 학생들끼리 은밀하게 수군거리는 소문의 차원을 넘어 가톨릭교회에 실질적인 위협이 되었다.

14세기 종교개혁가 얀 후스Jan Hus는 교황의 패권에 반대하는 운동을 벌이기 위해 요안나를 이용하기로 마음먹었다. 그는 요안나가 교황으로 재직한 것은 하느님이 모든 교황을 임명하는 게 아니거나 교회가 한때 신의 명을 받은 지도자 없이 운영되었음을 증명한다고 주장했다. 하지만 그로서도 이런 주장을 오래 펼칠 수는 없었는데, 얼마 안 가 결국 처형당했기 때문이다. 다만 그가 심어 놓은 생각까지 사그라든 건 아니었다. 당시 그 누구도 여성이 교황이 되어 합법적으로 통치할 수 있다고 생각하지 않았다. 하물며 애인이 있고 혼외자를 낳고 남장을 한 것으로 유명한 여성의 경우에는 말할 것도 없었다. 만약 교황 요안나가 실제 인물일 경우, 이는 그 사실 자체만으로 가톨릭교회의 치명적 결함을 의미했다. 요안나는 가톨릭교회를 때리기에 더없이 완벽한 몽둥이였다.

16세기에 가톨릭교회는 종교개혁가들로부터 많은 비판을 받았다. 비판의 대상은 교회의 부패와 권력 남용, 심지어는 종교적 가르침 그 자체에 대해서까지 다양했다. 요안나는 개혁가들이 교회에서 발견한 모든 잘못의 화신이 되었고, 그들은 얀 후스의 주장에 더욱더 초점을 맞췄다. 하지만 요안나와 관련된 모든 것이 다 그렇듯, 사람들은 그녀의 이야기를 꾸며 낼 수밖에 없었다. 요안나의 지적 탁월함에 대한 언급은 사라지고 대신 그녀가 성적으로 부도덕했을 것이라는 이야기와 교회의 부도덕성에 관한 이야기가 아주 많이 만들어졌다. 이를테면 극작가 존 베일John Bale은 요안나가 낳은 아기가 사제의 아이라고 주장했고, 1560년 솔즈베리 주교는 근친상간을 저질렀다고 알려진 교황 요한 13세처럼 요안나 역시 성적으로 타락한 인물일 거라고 주장했다. 상황은 계속 악화되었다. 피에르 파올로 베르제리오Pier Paolo Vergerio 같은 몇몇 개혁가들은 요안나가 실은 주술사이자 마녀이며 악마가 그녀를 교황 자리에 앉힌 것이라고 주장하기에 이르렀다.

종교개혁가들이 만든 소문이 걷잡을 수 없이 퍼지자, 로마 가톨릭 측에서는 요안나가 실존 인물이 아니었음을 증명하기 위해 다방면으로 노력하기 시작했다. 마침내 1601년, 교황 클레멘스 8세는 요안나가 실제로 존재한 인물이 아니었음을 선언했다. 그러나 전혀 효과가 없었다. 종교개혁가들은 여전히 가톨릭교회에 대항하는 싸움에 요안나를 이용했다. 결국 종교개혁은 성공할 것이고 기독교는 오늘날의 로마 가톨릭교회와 개신교로 분리될 것이다. 아이러니하게도 요안나가 전설 속의 인물이라는 사실이 증명된 것은 17세기 프로테스탄트 역사가 데이비드 블론델David Blondel에 의해서였다.

가짜 교황을 위한 가짜 공예품

꾸며 낸 신화가 많은 사람에게 알려지자 요안나의 존재를 증명한다고 주장하는 동전, 흉상, 기타 유물 등 많은 위조 공예품이 등장하기 시작했다. 이런 물건들 때문에 전설은 생생하게 유지되었고, 오늘날에도 일부 역사가와 고고학자들은 여성 교황이 실재했음을 증명하기 위해 계속 노력하고 있다. 다만 아직 성공한 사람은 없다.

≋ 거짓 17 ≋
튜더를
막아라!

헨리 7세에게 도전한 왕위 요구자들

1455년부터 1485년 사이, 영국은 장미전쟁으로 알려진 피비린
내 나는 내전을 치르는 중이었다. 당시 영국은 헨리 6세의 무능
한 통치 때문에 영토와 부를 잃었고, 궁정 안에서는 부패가 만연
한 상태였다. 이 시기의 헨리는 외할아버지 샤를 6세로부터 물
려받은 정신 질환의 발병과 백년전쟁에서의 패배, 한때 자신을
괴롭혔던 잔 다르크의 명예회복 등 일련의 사건들을 겪으며 정
신적으로도 육체적으로도 거의 불구가 된 상태였다. 이를 틈타
왕 대신 잉글랜드를 섭정할 호국경Lord Protector 자리를 놓고 권력
투쟁이 벌어졌고, 플랜태저넷왕가의 경쟁 파벌들끼리 끊임없이
계획과 음모를 꾸미면서 이 자리를 주거니 받거니 하게 되었다.
그러다 결국 플랜태저넷왕가의 분파 중 가장 막강한 세력인 요

크 가문(흰 장미)과 랭커스터 가문(붉은 장미) 사이에 전면전이 벌어졌다.

수십 년간 이어진, 그러나 결국 잉글랜드에 절대왕정 시대를 열어 줄 이 전쟁은 에드워드 4세가 사망한 1483년이 되어서야 끝이 보이기 시작했다. 왕위는 그의 아들인 에드워드 5세에게 돌아갔지만, 당시 그는 겨우 열두 살이었고 나라를 다스리기엔 너무 어렸다. 결국 소년 왕이 성년이 될 때까지, 에드워드 4세의 동생인 리처드가 호국경 역할을 맡기로 했다. 하지만 호국경에 만족할 수 없었던 리처드는 스스로 왕이 되기 위해 에드워드와 당시 여덟 살이던 에드워드의 동생 요크 공작 슈루즈베리의 리처드를 런던탑에 가뒀다. 그가 리처드 3세가 되어 대관식을 치른 1483년 7월, 탑에 갇힌 어린 왕자들이 불가사의하게 사라졌는데 살해된 게 거의 확실하다. 당시 대부분의 사람들은 리처드가 왕위를 차지하기 위해 벌인 일들을 탐탁지 않게 여겼고, 그의 통치권은 매우 미약했다. 이후 헨리 7세로 즉위하게 되는 랭커스터가의 헨리 튜더는 이 상황이 본인에게 유리하게 작용할 것이라 보았다. 1485년 8월, 두 장미 가문은 보즈워스 전투에서 다시 만났다. 그리고 전투에서 승리한 헨리 튜더는 마침내 영국의 새로운 왕이 되었다. 하지만 그로부터 불과 10년 뒤 그의 통치에 의문을 제기하는 자가 나타났다. 퍼킨 워벡Perkin Warbeck이라는 이름의 사내가 왕위 계승권을 주장하고 나선 것이다.

워벡의 젊은 시절에 대해서, 그리고 그가 스스로를 영국 왕위 계승자라고 주장한 이유에 대해서는 그다지 알려진 바가 없다. 그는 1474년경 플랑드르의 가난한 집안에서 태어났고, 조금 더 커서는 앤트워프(오늘날 벨기에에서 두 번째로 큰 도시이자 대서양과 인접한 항구도시-옮긴이)로 가서 하인과 견습생으로 일했다. 그러다 1491년경 일 때문에 아일랜드 코크에 가게 되었는데, 그곳 사람들 눈에 퍼킨 워벡이 플랜태저넷 가문 사람과 닮아 보였던 것 같다. 이에 용기를 얻었을까. 맨 처음 그는 자신을 에드워드 4세와 리처드 3세의 형제인 조지 플랜태저넷의 아들이자 17대 워릭 백작인 에드워드 플랜태저넷이라고 주장했다. 하지만 안타깝게도 에드워드는 1485년부터 계속 런던탑에 수감되어 있었기 때문에 워벡으로서도 이 주장을 계속 펼치기는 어려웠다. 그래서 워벡은 다시 말을 바꿔 자기가 사라진 막내 왕자인 요크의 리처드라고 했다. 그의 말에 따르면 형 에드워드는 실제로 살해당했지만 자기는 어린 나이와 순수함 덕분에 목숨을 건졌다는 것이다. 그 이후로 지금까지 유럽에 몰래 숨어 살았지만, 이제는 때가 됐다. 그는 자신이 영국의 왕위를 차지할 준비가 되었음을 선언했다.

워벡의 이야기는 아무리 좋게 보려 해도 어처구니가 없는 것이었다. 자신의 정체에 대해 초반과 말이 달라진 걸 제외하더라도, 결정적으로 그는 요크의 리처드일 수가 없었다. 아직 영어를 배우는 중이었으니까. 그가 한 모든 말이 사실이라고 해도 아홉 살에 영국을 떠났다면 여태 영어를 배우고 있는 상황은 의심스러울 수밖에 없었다. 그럼에도 튜더 가문을 무너뜨리려는 사람들에게 워벡과 워벡의 이야기는 매우 유용했다. 이후 몇 년 동안 그는

유럽의 여러 궁정을 돌면서 프랑스의 샤를 8세와 신성 로마 제국 황제 막시밀리안 1세에게 요크의 리처드로 인정받았다. 심지어 에드워드 4세의 여동생인 부르고뉴의 마거릿도 워벡이 자기 조카라고 주장했는데, 사실 이는 그를 믿어서가 아니라 자기 가문이 왕위를 되찾기를 바랐기 때문이다. 게다가 헨리 튜더는 그녀의 남편을 죽인 사람이 아니던가.

1495년 7월, 워벡은 마거릿의 지원을 등에 업고 왕관을 차지하기 위해 길을 나섰다. 하지만 잉글랜드 딜에 상륙했을 때 헨리 7세에게 충성하는 그 지역 군대의 강력한 저항에 부딪혔다. 워벡은 재빨리 아일랜드로 도망쳤고 그곳에서 워터퍼드를 침공하려고 시도했지만 또다시 실패하고 만다. 기가 꺾인 워벡은 스코틀랜드로 달려가 제임스 4세에게 피난처를 제공받았다. 프랑스 왕과 마찬가지로 제임스 4세 역시 워벡의 이야기를 믿지 않았을 가능성이 높지만, 그로서도 튜더왕조를 약화시키고 잉글랜드 땅을 차지하려는 시도에 앞장서 줄 졸개로 이보다 훌륭한 예는 없었다. 1496년 9월, 워벡은 스코틀랜드의 지원을 받아 또 한 차례 잉글랜드를 침공했지만 이번에도 실패로 끝났다. 스코틀랜드 군대는 그 상황을 국경 침공에 이용했을 뿐이고, 워벡이 자신을 위해 봉기하리라고 믿었던 요크 가문의 지지자들은 나타나지 않았다. 하지만 기회는 한 번 더 찾아왔다. 1497년 6월, 콘월이 헨리 7세의 세금 인상에 반발해 반란을 일으킨 것이다. 퍼킨 워벡이라는 실패작을 제거하고, 한편으론 그를 다른 사람의 골칫거리로 만들고 싶었던 제임스 4세는 워벡에게 콘월 봉기에 참여해 자기 군대를 조직하라고 조언했다. 워벡은 그 말을 충실히 따랐다. 9월, 콘월 해안에 도착한 그는 수천 명의 병력을 모았다. 하지만 워벡의 군대에 합류한 이들 대부분이 무기가 없었고, 그 상태로 왕의 군대와 맞닥뜨리자 모든 게 끝났다.

헨리 7세는 반란군의 지도자들을 가차 없이 전부 처형했지만, 퍼킨 워벡만은 살려 주기로 마음먹는다. 그렇게 헨리 7세의 궁정에 사로잡힌 워벡. 이제 그는 자기가 요크의 리처드가 아니라 플랑드르 출신 사람임을 인정했고, 그 덕에 감방에 가지도, 죽음에 직면하지도 않을 수 있었다. 사실 그는 궁정에 있는 동안 비교적 자유로운 삶을 누렸다고 한다. 하지만 1498년 워벡이 탈출을 시도하자 헨리 7세는 그를 즉시 런던탑에 가두었고, 워벡은 이곳에서 자기가 맨 처음 가짜 행세를 한 워릭을 만나게 된다. 그리고 워릭의 운명은 이때부터 비극적으로 추락하기 시작한다. 사실 이는 워릭에게 좋을 게 없는 상황이었다. 그는 플랜태저넷왕가에서 유일하게 살아남은 최후의 남성 후계자였고, 그런 까닭에 10살 때부터 런던탑에 수감되어 13년간 그 어떤 풍파도 일으키지 않고 아주 조용히 살고 있었다. 그런데 이 둘의 만남 이후 1499년 초 또 다른 워릭 사칭자가 나타난 것이다. 이 무리는 재빨리 진압되었지만, 이로써 진짜든 가짜든 플랜태저넷 가문의 후계자는 억누를 수 없는 위협이라는 사실이 증명되고 말았다. 이 정도면 충분히 참았다고 판단한 헨리 7세가 드디어 결단을 내렸다. 공교롭게도 때마침 워벡과 워릭이 런던탑을 탈출할 가능성이 있다는 조작된 소문이 퍼지기 시작했다. 헨리 튜더는 이를 구실로 두 사람을 죽이라고 명령했고, 그들은 1499년 11월에 처형되었다. 플랜태저넷의 위협은 사라졌고 튜더왕조의 통지권은 굳건해졌다.

≋ 거짓 18 ≋
세기의 위조문서
〈콘스탄티누스의 기증〉과 종교개혁

지금까지 살펴보았듯 15세기는 스페인 종교재판, 유럽의 마녀 (사냥) 열풍, 피의 비방 등 이후 수세기 동안 지속될 움직임을 촉발시킨 순간들로 가득하다. 하지만 이것 외에도 또 다른 순간, 또 다른 거짓말이 존재했는데, 이것들은 처음에는 조용했지만 결국 다른 사건들만큼 엄청난 소용돌이를 몰고 왔다.

1406년에 태어난 이탈리아 학자 로렌초 발라Lorenzo Valla는 우리가 지금까지 만나 본 사람들과는 그 결이 상당히 다르다. 발라는 진리라는 개념과 우리가 사실과 허구를 이해하는 방식에서 수사학이 하는 역할에 매료되었다. 1493년, 그는 『변증법 논쟁 Dialectical Disputations』이라는 책을 쓰면서 다음과 같이 주장했다. "진리란 반드시 실제 발생한 사건이나 사실에서만 비롯되는 건 아니다. 진리는 우리에게 제시된 것, 우리가 까다롭게 고를 수 있는 것, 다시 말해 우리가 진실이라고 제안할 수 있는 것으로부터 비롯된다." 일례로 우리는 『말레우스 말레피카룸』이 사실—혹은 진리—이 아니라는 걸 알고 있다. 이는 민간전승, 중세 학계에서 유행하던 연구 주제, 하인리히 크래머의 무작위적인 생각을 담은 책이 우연히 인기를 끈 것뿐이다. 그러나 한편으로 우리는 그게 사실이라고 믿을 수도 있다. 우리를 둘러싼 세계는 미지의 것들로 가득하고, 크래머가 제공한 논리는 그런 공백을 메운다. 그리고 만약 우리가 그걸 사실로 받아들인다면 적어도 우리에게는 사실이다. 이 같은 생각은 지나치게 전위적이고 시대를 앞서 나가는 개념이었고, 예상할 수 있다시피 발라는 동지를 얻지 못했다. 특히 교회 안에서는 더 그랬다. 사실 이런 생각 때문에 발라는 직업적 이단자라는 평판을 얻었고 오늘날 우리가 트롤troll(부정적이거나 선동적인 글을 인터넷에 게재하는 사람-옮긴이)이라고 부르는 존재가 되었다. 그의 책이 그토록 선동적이고 교회에 너무나 많은 의문을 제기한 까닭은, 분명 어느 정도는 세간의 이목을 끌기 위해서인 부분도 있었을 것이다. 하지만 분명 그게 다는 아니었다.

1440년, 발라는 나폴리 왕인 알폰소 5세를 위해 일했다. 알폰소는 자기 왕국, 특히 나폴리에 대한 교황령의 주장을 놓고 당시 교황 에우제니오 4세와 격렬한 논쟁을 벌였다. 에우제니오는 〈콘스탄티누스의 기증Donatio Constantini〉으로 알려진 4세기 칙령 때문에 교황이 알폰소의 땅에 대해 권리를 주장할 수 있다고 했다.

교황청에 따르면 고대 로마의 황제 콘스탄티누스는 교황 실베스테르 1세에게 제국의 서부 지역 전체에 대한 권리를 넘겨줬다고한다. 자신의 한센병을 기적적으로 낫게 해 준 데 대한 감사의 표시로써 말이다. 흥미롭게도 교회는 수 세기 동안 콘스탄티누스가줬다는 선물에 특별히 관심을 보이지 않았지만, 한번 소유권을 주장하기 시작하면서부터는 이를 차지하기 위해 전력을 다했다. 이칙령은 교회가 권력을 공고히 하고 여러 국가의 엘리트 성직자들을 통제함과 동시에 토지를 점유하고 유지하는 데 매우 유용했다. 〈콘스탄티누스의 기증〉은 어떻게 봐도 교회 쪽에 너무 유리한 내용이었다. 그래서 알폰소는 발라에게 진상을 조사하라고 명했다.

조사를 시작하고 얼마 지나지 않아 발라는 이 칙령이 8세기에 위조된 가짜라는 걸 밝혀냈다. 심지어 교황청이 직접 나서서위조했을 가능성도 있다고 주장했다. 문서에 사용된 언어가 4세기 방언과 일치하지 않는 데다가 애초에 부정확한 부분이 너무많아서 교황청에서도 틀림없이 가짜라는 걸 알았을 거라고 말이다. 발라는 자기가 발견한 내용을 정리해 〈콘스탄티누스의 기증주장에 대한 담론Discourse on the Alleged Donation of Constantine〉이라는 원고로 발표했다. 교황청의 혐의를 설명할 때도 그는 결코 미묘한표현을 쓰는 법이 없었다. "그들은 지금까지 몇 세기 동안 〈콘스탄티누스의 기증〉이 가짜이고 위조된 문서라는 사실을 몰랐거나, 혹은 그들 자신이 직접 문서를 위조했다. 그리고 그 후계자들은 원로들이 진실이라고 변호한 것과 같은 속임수의 길을 걸으면서 (…) 살인, 재난, 범죄로 모든 걸 혼란스럽게 만들고 있다. 그들은 로마가 자기네 것이고 시칠리아 왕국과 나폴리, 이탈리아 전체, 갈리아, 스페인, 독일, 영국, 그리고 사실상 서방 전체가 자기네 것이라고 말한다. 이에 대한 근거는 아주 단순하다. 이 모든 내용이 기증 문서에 포함되어 있기 때문에." 하지만 발라의 글이 널리 알려지기도 전에 교회가 이를 반박했다. 어쨌든 이 사람은 로렌조 발라이고 또다시 관심을 끌려고 하는 것뿐이라면서 말이다.

이로부터 77년 뒤인 1517년, 발라의 원고가 마침내 출판되었고 그 후 몇 년 동안 당대 유럽에서 가장 중요한 인물들이 이 원고를 읽었다. 그중 가장 영향력 있는 독자를 꼽자면, 틀림없이 독일 신부 겸 신학자 마르틴 루터일 것이다. 그는 1520년에 발라의 글을 읽었고, 그로부터 3년 전에 그 유명한 〈95개조 반박문〉을 발표하면서 프로테스탄트 종교개혁(또는 유럽 종교개혁)으로 알려진 일을 시작했다. 이 반박문은 가톨릭교회가 안고 있는 문제들, 이를테면 면죄부(교회에 돈을 내면 사후 형벌을 피할 수 있게 해 준다는 일종의 증서) 판매 같은 것들을 쭉 나열한 목록이다. 루터에게 발라의 글은 가톨릭교회가 제대로 운영될 수 없음을 증명하는 또 하나의 징후로 보였다. "〈콘스탄티누스의 기증〉은 위조된 문서다. 맙소사! 로마에는 얼마나 큰 어둠과 사악함이 존재한단 말인가! 그런 진실하지 않은 천박하고 뻔뻔스러운 거짓말이 수 세기 동안 존속되었을 뿐만 아니라 널리 퍼지기까지 했다는 사실에 신이 어떤 심판을 내릴지 궁금하다." 1521년 가톨릭교회는 루터를 파문하고 그를 이단자로 선언했지만, 그의 시대는 발라 때와는 달랐다. 인쇄기가 발명된 덕분에 전에 없이 많은 사람들이 교회의 부패와 기만을 알리는 루터의 글을 읽을 수 있게 되었다. 유럽 전역의 마을과 도시에서 그의 팸플릿과 책을 찾아볼 수 있었고, 그러자 사람들 사이에 종교에 대한 새로운 생각이 움트기 시작했다. 한때 전능했던 가톨릭교회에 대한 비판의 수문이 열린 것이다. 그렇게 유럽의 종교개혁이 시작됐다.

거짓 속 진실

종교개혁의 아버지

16세기를 대표하는 가장 영향력 있는 인물 중 한 명인 마르틴 루터는 번개에 맞을 뻔한 이후 1505년에 수도사가 되었다. 가톨릭교회에 대한 그의 비판은 종교개혁과 개신교 발전을 촉진하게 된다. 하지만 그가 말년에 쓴 유대인들을 비판하는 글은 반유대주의 이데올로기에 꾸준히 양분을 제공했고, 이는 제3제국(나치 정권)도 예외는 아니었다.

아즈텍인들은 스페인 침략에 맞서 저항하지 않았다?!

16세기에 벌어진 종교개혁은 스페인을 잔인함, 잔혹함, 억압의 대명사로 만들었다. 그들은 유럽과 세계의 악당이었다. 종교재판 기간에 입증된 그들의 잔인성, 그들이 종교적 광신자라는 생각은 1567년에 출간된 『스페인 종교재판 미술 전시회Sanctae Inquisitionis Hispanicae Artes』라는 책을 통해 처음으로 대중화되었다. 이 책에는 종교재판 기간에 수천 명의 사람들이 어떻게 고문당하고 처형되었는지를 묘사한 삽화가 포함되어 있다. 하지만 여기에는 오류가 있다. 우리는 앞선 글들을 통해 종교재판 당시 실제로 처형된 사람의 수가 그리 많지 않다—역사적으로 과장된 것과는 달리—는 사실을 알고 있다. 게다가 극적으로 묘사된 대량 화형에 지나치게 주목하는 바람에 스페인이 그들 땅에 살고 있는 유대인과 이슬람교도들을 추방했다는 사실을 잊고 말았다. 이교도들을 조직적으로 억압하고 추방한 사실이 무고한 사람들을 도륙한 피비린내 나는 처형 이야기에 가려진 것이다. 그리고 이는 결국 스페인 종교재판의 고정적인 내러티브가 되었다. 독자들은 부패와 탐욕, 인종차별이라는 복잡한 문제를 파고들 필요 없이 그 본능적인 사악함에 두려워하기만 하면 되었으니 말이다.

그렇게 20세기가 되자, 스페인 역사의 어두운 면을 위조한 '흑색 전설'이라는 것이 탄생했다. 역사적 사실에 대한 이런 조작에는 종교재판과 종교개혁에 관련된 것뿐만 아니라 식민지에서 벌인 잔학 행위, 특히 스페인이 아즈텍 제국을 정복하는 과정에서 저지른 잔학 행위도 포함된다. 수많은 역사 교과서에 단골 주제로 나오는 스페인의 아즈텍 제국 정복 이야기. 이에 대해 대개의 교과서는 이렇게 설명한다. 1519년 에르난 코르테스Hernán Cortés가 이끄는 수백 명의 스페인 정복자들이 아즈텍의 수도 테노치티틀란에 도착했다. 코르테스는 11월에 목테주마 황제를 만났는데, 정복자들을 신이라고 믿은 황제는 자기 제국을 넘겨주었고 곧 가택 연금 상태가 되었다. 이에 반발해 아즈텍인들이 반란을 일으켰지만 그들은 빠르게 진압되었고, 칼 그리고 유럽인들이 의도치 않게 들여온 바이러스(천연두)로 인해 죽어 갔다. 그렇게 1521년 8월 13일, 테노치티틀란은 스페인 손에 넘어갔고 정복은 성공했다.

거짓 속 진실

테노치티틀란

아즈텍 제국의 수도인 테노치티틀란은 1325년경에 세워졌다. 중심에서부터 대칭을 띠고 사분면으로 갈라진 이 도시는 세계에서 가장 웅장한 도시 중 하나였다. 정복자들이 그곳의 건축물과 문화적 경이가 얼마나 대단한지 말로 표현하는 데 애를 먹을 정도였다. 당시 도시에는 20~40만 명 정도가 거주했던 것으로 추정된다.

역사학자 매튜 레스톨Matthew Restall과 카밀라 타운센드Camilla Townsend가 지적한 것처럼 이 설명은 사실이라기보다는 신화 쪽에 더 가깝다. 15세기와 16세기의 흑색 전설에 대한 집착과 스페인은 항상 끔찍한 일을 저지른다는 생각은 역사를 사실과는 아주 다르게, 혹은 부분적으로 왜곡시켰다. 물론 유럽인 스스로도 역사적 진실을 변색시키는 데 한몫 거들었다. 그들은 자기들의 가치와 너무 달라서 이해하기 어려운 아즈텍의 문화는 서슴없이 누락시키거나 자의적으로 해석했다. 종교재판과 마찬가지로 더 단순하고 더 무시무시한 이야기가 만들어졌다. '악당인 스페인은 아즈텍 제국 전체를 학살했고, 희생자인 아즈텍은 유럽 강대국에 맞서 싸우기에는 너무 원시적이고 장비 또한 부족했다.' 그러나 이 같은 이야기는 우리가 공유하는 역사적 지식에 상당한 피해를 입혔다.

진짜 역사를 탐구하기 전에 이 잘못된 정보의 구멍이 얼마나 깊은지 알아보는 게 좋겠다. 이를 위해서는 먼저 아즈텍 사람들의 인신 공양 관행에 대해서 알아 둘 필요가 있다. 물론 이와 관련해 대중적으로 잘 알려진 이야기 역시 사실과는 다소 다르게 설명된다. 아즈텍의 인신 공양에 관한 첫 번째 보고서는 스페인에서 나왔다. 다만 그 시기가 스페인의 아즈텍 정복 작업이 끝난 즈음이었으므로, 많은 역사가들은 이를 스페인이 자신들의 행동을 정당화하기 위해 고안한 과장 정도로 여겼다. 그러는 한편으론 이 보고서를 사실로 받아들이면서도 아즈텍 문화에서 종교와 공물의 중요성을 무시하고 그 대신 부풀려지고 조작된 야만적인 관행에 대한 개념을 만들었다. 다행히 최근 멕시코시티에서 테노치티틀란의 유적이 발굴되고 있는 덕분으로 그 같은 왜곡된 개념도 어느 정도 교정이 돼 가고 있다. 1521년에 정복자 안드레스 데 타피아Andrés de Tapia는 이 도시의 주요 사원 중 하나인 템플로 마요르Templo Mayor 근처에서 두개골로 만든 탑을 보았다고 설명했는데, 이 탑은 적들에게 공포심을 유발하기 위해 만든 것이었다. 물론 당시 이 이야기는 스페인의 선동으로 치부되었다. 그러나 2017년, 그 주변에서 약 650개의 두개골로 이루어진 탑이 발굴되었고, 테노치티틀란에 대한 고고학적 연구가 추가로 진행된 덕분에 다른 희생의 전시물들이 여러 개 모습을 드러냈다. 여기에는 희생된 남성과 포로로 잡힌 전사들뿐만 아니라 여성과 어린이의 유해까지 포함되어 있어 연구자들의 주목을 모았다. 역사적으로 여성과 어린이는 그런 군사적 목적의 희생 대상에서 제외돼 왔기 때문이다. 그렇다면 스페인 사람들은 거짓말을 한 게 아닐지도 모른다. 아즈텍 정복의 신화와 진실 사이에는 아직 밝혀내야 할 것이 많이 남았고, 최근 밝혀진 정확에 가까운 사실은 그 대부분이 대중적으로 알려진 이야기와 사뭇 다르다.

코르테스가 목테주마를 만난 1519년 11월 초, 우리가 익히 알고 있던 것과는 달리 아즈텍 제국의 황제는 타국의 침입자에게 통치권을 넘겨주지 않았다. 실제로 그는 몇 달까지는 아니더라도 적어도 몇 주 정도 더 제국을 통치했다. 목테주마는 코르테스와 정복자들에 대해 잘 알고 있었다. 그들이 멕시코에 상륙했을 때부터 계속 주시해 왔기 때문이다. 코르테스와 그의 부하들은 테노치티틀란에 도착하기 전 몇 달 동안 사람들을 공격하고 동맹을 맺고 개종을 강요하고 그들을 노예로 삼으며 이상한 학살을 저질렀다. 스페인 사람들이 마주친 토착 무리 중 누구도 그들을 신으로 착각하지 않았다(아마 미치광이라고 여기면 여겼지 결코 신으로 여기진 않았을 것이다). 1519년 9월, 코르테스는 아즈텍 제국과 수십 년 동안 간헐적인 '꽃 전쟁'을 벌인 나우아족Nahua의 국가 틀락스칼라Tlaxcala와 동맹을 맺었다. 사실 코르테스가 목테주마를 만난 11월 당시, 그는 틀락스칼라 사람들과 함께 있었다. 그리고 이때 목테주마는 몇 달 동안의 고민을 마치고 최선의 행동 방침을 정한 상태였다. 그는 전쟁을 원치 않았고, 그런 까닭으로 스페인 사람들에 대한 정보를 더 얻기 위해 그들을 환영했다. 1520년 4월에 스페인 함대가 테노치티틀란을 향해 다가오고 있다는 소식을 들을 때까지 양측은 긴장된 관계를 유지했다. 하지만 그 배들은 제국을 침략하러 온 게 아니라 코르테스를 찾으러 온 것이었다.

1518년, 쿠바의 스페인 총독 디에고 벨라스케스Diego Velázquez는 코르테스에게 멕시코 원정을 허락했지만 얼마 안 가 이를 철회한다. 이는 다시 말해 코르테스가 멕시코에 상륙한 시점에서 이미 스페인 허가 없이 독단적으로 일을 진행하고 있던 셈이 된다. 1520년 4월, 벨라스케스는 자신의 명령을 어긴 코르테스를 찾아내 저지하기 위해 판필로 데 나르바에스Pánfilo de Narváez가 지휘하는 함대를 멕시코에 파견했다. 함대가 오고 있다는 소식을 들은 목테주마는 전쟁을 준비하려 했지만 코르테스는 이제 자신의 운이 다했고 스페인의 두 경쟁 그룹이 곧 충돌하리라는 걸 알고는 충동적으로 목테주마를 인질로 잡아 자기 포로로 삼았다. 이로써 나르바에스에게 자기가 아즈텍 제국을 지배하고 있다는 걸 보여 주고 그의 충성심을 얻기를 바랐다. 같은 해 5월, 코르테스는 테노치티틀란을 떠나 나르바에스와 그의 부하들이 있는 셈포알라Cempoala로 이동했고, 그곳에서 나르바에스를 신속하게 물리쳤다. 그러자 경쟁 세력들은 코르테스에게 합류하거나 그의 포로가 되었다. 하지만 그가 자리를 비운 틈을 타서 부지휘관인 페드로 데 알바라도Pedro de Alvarado가 테노치티틀란에서 반란을 일으켰다. 토시카틀Tōxcatl 축제†를 위한 기념행사가 벌어지는 동안 이들 일파는 도시의 대사원 안에서 아즈텍의 귀족과 전사들을 학살했다. 이제 도시 전체가 자신들에게 등을 돌렸다는 사실을 깨달은 스페인인과 남은 틀락스칼라인들은 요새에 틀어박혔고, 멕시코 사람들은 밖에서 그들을 포위했다.

한편 감옥에 갇혀 있던 목테주마는 더 많은 외국 군대가 제국으로 오고 있고 그 수도 엄청났기에 맞서려고 하다가는 인명 손실이 크게 발생하리라는 걸 알았다. 결국 그는 싸우려는 사람들을 막아서며 "우리는 그들의 적수가 되지 못한다"라고 선언했다.

---

† 아즈텍 창세 신화에 나오는 신인 '테스카틀리포카Tezcatlipoca'를 기리는 축제이자 제사. 한편으론 인신 공양, 식인 등의 행위를 포함하는 잔인한 행사로 악명이 높기도 하다.

바로 이걸 두고 후대 사람들이 맥락에 안 맞게 해석하고 자의적으로 스토리까지 만들어 목테주마가 제국을 포기했다는 식으로 주장하게 된 것이다. 하지만 전투는 계속되었고 목테주마는 사망했으며 결국 스페인인들도 도망쳤다. 테노치티틀란은 위기를 벗어난 것처럼 보였지만, 이때 코르테스는 틀락스칼라에서 군대를 재정비하는 중이었다. 그는 틀락스칼라 사람들에게 했던 것처럼 보상을 약속하거나 스페인 편을 들지 않으면 그들 땅을 습격해다 죽이겠다고 위협하면서 아즈텍 제국의 지배하에 있는 지역들과 동맹을 맺으려고 했다. 이렇게 연합 전선을 구축하는 동안 아마 나르바에스의 부하 중 한 명이 이 나라로 옮겨 온 듯한 천연두가 멕시코 계곡과 테노치티틀란을 휩쓸었다. 멕시코 땅은 그 병을 겪어 본 적이 없었고 맞서 싸울 방법도 없었다. 곧 천연두 때문에 많은 사람이 죽었다.

1521년 5월, 코르테스는 다시 싸울 준비를 마쳤다. 멕시코는 천연두 때문에 만신창이가 되었고 인구의 30~50퍼센트를 잃었다. 하지만 스페인 군대는 동맹 덕분에 크게 성장했다. 매튜 레스톨은 코스테스의 군대 구성이 이전과 완전히 달라졌을 거라고 보았는데, 테노치티틀란 포위전 당시 침략군 중 실제 스페인군은 1퍼센트도 안 됐을 가능성이 높다고 주장했다. 포위전은 5월부터 8월까지 지속되었고 계속해서 승패가 갈렸다. 아즈텍인들이 아직 천연두에서 회복 중이었고 식량 공급도 끊긴 데 더해 이질과도 싸우고 있었다는 걸 고려하면 놀랍도록 오래 버틴 셈이다. 하지만 8월 13일, 더 이상 싸울 수 없게 된 그들은 항복했다. 이제 테노치티틀란은 코르테스의 손에 넘어갔다.

이쯤 되면 아즈텍 정복의 진짜 이야기가 어느 정도 그려질 것이다. 아즈텍 사람들을 무찔렀고 그들이 자신를 신으로 여겼으며 아무도 자기 호적수가 되지 못했다는 신화를 퍼뜨린 건 다름 아닌 코르테스 본인이었다. 하지만 이건 사실과 완전히 다른 이야기다. 코르테스의 정복은 대중화된 이야기가 묘사하듯 압도적이거나 인상적인 성질의 것이 아니었고, 다만 운이 좋아서 모든 게 잘 풀렸을 뿐이다. 하지만 흑색 전설의 신화와 뒤섞인 그의 거짓말은 역사적 서사를 돌이키기 힘들 만큼 바꿔 놓고 말았다.

헨리 8세가 종교개혁을
추진한 진짜 이유

교회 개혁에 대한 루터의 생각이 퍼져 나가면서 유럽의 상황은 한 치 앞을 알 수 없을 정도로 위태로워졌다. 1524년, 독일어를 사용하는 유럽 국가에서 여러 차례 반란이 일어났는데, 이는 훗날 독일 농민전쟁으로 알려지게 된다. 폭력이 정점에 달한 1525년, 반란 지도자들이 공개한 요구 사항에는 설교자 선출 권한, 이해할 수 있는 방식으로 설교할 것, 지역사회로부터 불필요한 자금을 수탈해 가톨릭교회로 가져가는 걸 막기 위한 장벽 설치 등 다양한 종교 개혁안이 포함되어 있었다. 물론 농노의 신분 해방, 강제 노동 감소, 귀족에게 압류된 토지 반환 등 다른 요구도 있었지만 교회의 두려움과 분노를 불러일으킨 것은 주로 가톨릭교회의 행동을 비난하는 내용이었다. 그렇게 종교개혁의 물결은 걷잡을 수 없이 커졌고, 급기야 최하층에 속하는 소작농들까지 깃발을 들기 시작했다. 그러나 마르틴 루터는 재빨리 이들 무리에서 이탈해 〈살인과 도적질을 일삼는 농민 폭도들에 반대한다Against the Murderous, Thieving Hordes of Peasants〉라는 글을 발표했다. 여기서 그는 반란군을 '악마'에 비유하면서 신속하고 피비린내 나는 처벌을 촉구했다. 사태는 물 흘러가듯 처리되어 농민반란은 진압되었고 그들은 권리를 빼앗겼으며 반란이 끝날 때까지 약 10만 명이 목숨을 잃었다. 그러나 패배한 건 농민들만이 아니었다. 종교개혁의 바퀴도 거의 멈추다시피 할 정도로 느려졌다. 루터가 (독일) 농민반란군을 배신하자 귀족 계급이 아닌 사람들은 씁쓸함을 느끼며 개혁의 궤도를 이탈했다. 유럽의 엘리트들은 자기 입장을 고수하면서도 또 다른 폭력 사태가 발생할지도 모른다는 생각에 두려움에 떨었다. 종교개혁은 이미 실패했거나 최소 장기간의 재활이 필요해 보였다. 적어도 영국이 중요한 역할을 차지하기 전까지는 그랬다.

영국의 헨리 8세는 독실한 카톨릭 신자였고 1522년, 마르틴 루터에 반대하는 발언을 한 후 교황으로부터 '신앙의 수호자'라는 칭호도 받았다. 하지만 그가 아내인 아라곤의 캐서린과 이혼하기로 결심하면서 모든 게 바뀌었다. 캐서린은 후계자가 될 아들을 낳지 못했고 더욱 절박한 문제는 헨리가 캐서린의 시녀인 앤 불린Anne Boleyn과 함께하고 싶었다는 것이다. 앤 불린은 헨리 8세에게 자신은 그의 정부가 아니라 아내 자리를 원한다는 사실을 분명히 했다. 1527년, 헨리는 교황 클레멘스 7세에게 이혼을 요청하는 편지를 썼다. 그러나 이 요청은 거절당했고 클레멘스는 헨리에게 이혼은 불가하며 만일 이를 어기고 재혼할 시 그를 파문할 거라고 경고했다.

다행히 헨리의 오른팔인 토머스 크롬웰Thomas Cromwell에게 플랜 B가 있었다. 크롬웰은 마르틴 루터의 모든 이념에 전적으로 동의하지는 않았지만 발라의 책 같은 걸 읽으면서 종교개혁 성향을 품게 되었다. 그래서 기독교가 제대로 기능하려면 가톨릭교회가 제공할 수 없고 제공하지도 않을 개혁이 필요하다고 믿었다. 크롬웰은 그의 주군에게 가톨릭교회에서 탈퇴할 것을 제안했다. 그러면 헨리가 그토록 원했던 이혼도 할 수 있고 영국은 개혁의 길을 걷게 될 것이다. 크롬웰의 제안대로 헨리 8세는 가톨릭교회를 탈퇴했고, 이로 인해 헨리와 캐서린과의 결혼 또한 자연스럽게 무효가 되었다. 물론 앤 불린과도 무사히 결혼할 수 있었다. 1534년, 헨리 8세는 그렇게 잉글랜드 교회의 최고 수장이 되었다.

가톨릭교회와의 관계를 끊는 데는 많은 서류 작업이 필요했다. 우선 영국은 한때 교황을 거쳐서 해결했던 문제를 대처할 새로운 규칙과 법을 제정해야 했고 지금까지 교회 법정에서 재판받았던 범죄를 주 법원과 민사 법원으로 옮겨서 처리해야 했다. 그런 범죄 중 하나가 비역이었는데 이는 남성, 여성, 동물과의 항문 성교를 의미한다. 그리고 1533년 비역법이 통과되는데, 이는 비역 행위를 한 자를 사형에 처할 수 있는 법이었다. 흥미롭게도 이 법을 제정한 토머스 크롬웰의 목표는 동성애를 소탕하는 게 아니었다. 비역법은 그 자체의 시행을 목표로 했다기보다 가톨릭교회의 권력을 약화시키고 성직자들에게 위협을 가하기 위한 것이었다. 그 작업이 완료되면 실질적으로 활용되지 않는 잊혀진 법이 될 터였다. 적어도 계획상으로는 그랬다.

지루한 서류 작업은 차치하더라도 가톨릭교회와의 단절로 생긴 가장 큰 골칫거리는 다름 아닌 헨리 8세 본인이었다. 헨리는 자기가 바라는 걸 얻기 위해서는 무엇이든 할 수 있는 사람이라는 평판을 얻고 있었다. 이제 이 폭군은 전보다 많은 자율성, 그리고 자기 행동에 따르는 결과를 거의 책임지지 않아도 되는 능력을 얻었다. 모든 게 순조로웠다.

1536년, 헨리는 두 번째 부인인 앤 불린의 사형 집행 영장에

서명했다. 한때 자신의 모든 것을 걸고서라도 얻고 싶어 했던 여성에게 싫증이 났는지, 그는 새로운 열정의 대상(앤의 시녀인 제인 시모어Jane Seymour)에게 눈을 돌렸다. 앤이 이 그림에서 완전히 사라지기를 바랐던 헨리는 간통, 근친상간, 마법 등 일련의 범죄를 조작했고 앤은 '적절한' 절차에 따라 참수되었다. 시간을 더 빨리 돌려 보겠다. 1540년, 헨리는 네 번째 아내 클레페의 앤과 결혼한 상태였지만 이쯤 되면 다들 예측할 수 있듯 그는 앤의 시녀인 캐서린 하워드Catherine Howard와 결혼하기 위해 앤이 눈앞에서 사라지길 바라고 있었다. 문제는 클레페의 앤과의 결혼은 영국의 종교개혁을 돕기 위해 토머스 크롬웰이 추진한 전략적이고 정치적인 조치였다는 것이다. 독일 클레페 가문과의 결혼은 유럽의 가톨릭 강대국인 스페인과 프랑스를 막는 데 도움이 될 뿐만 아니라 가톨릭교회와의 단절로 생긴 외교적 고립 상태를 타파하고 독일 개신교 제후들과의 동맹까지 이끌어 낼 수도 있는 이벤트였다. 그런데도 헨리는 앤이 결혼 무효화에 동의하도록 조치했다.

이로 인해 크롬웰은 불안정한 상태가 되었다. 헨리는 애초에 앤과 결혼하는 게 마음에 들지 않았고, 1536년에 발생한 '은총의 순례' 같은 몇몇 봉기는 과대망상에 빠진 군주로 하여금 크롬웰의 종교개혁 경로가 완전히 순탄한 길은 아닐 수 있겠다는 생각을 갖게끔 했다. 크롬웰의 적들은 이 상황을 이용해서 크롬웰이 왕에 대한 반역을 꾀하고 있다는 소문을 퍼뜨렸고, 얼마 안가 그의 운명은 결정되었다. 1540년 6월, 크롬웰은 사형을 선고받았다.

하지만 헨리 8세는 한때 총애했던 크롬웰을 참수하는 것에 만족하지 않고 그의 이름을 더럽히려고 했다. 이를 위해 왕은 가장 비열한 귀족인 월터 헝거포드Walter Hungerford를 크롬웰과 함께 처형할 계획을 세웠다. 헝거포드는 아내 엘리자베스를 감금하고 고문하고 굶기고 죽이려 했던 자다. 사실 크롬웰은 이혼을 탄원하는 엘리자베스의 청을 무시한 적이 있고, 헨리와 그의 의회도 크롬웰과 마찬가지로 헝거포드에 대한 혐의를 제기할 때 엘리자베스의 곤경은 간과한 채 그가 '은총의 순례' 지지자를 고용한 것을 꼬투리 잡아 반역죄로 기소했다. 반역 혐의가 성립되자 헨리는 두 가지 추가 혐의를 자유롭게 조작할 수 있었다. 첫 번째는 마법 사용과 관련한 것이었고 두 번째는 비역이었다. 헨리는 비역법이 제정된 본래의 의도와는 전혀 관계없이 오직 크롬웰에게 굴욕감을 주기 위해 그 법을 활용했다.

거짓 속 진실

종교 반란군

'은총의 순례'는 헨리 8세의 권력을 위협한 중요한 반란이었다. 로버트 애스크Robert Aske가 이끈 이 단체는 가톨릭교회와의 단절과 수도원 해체에 항의했다. 한동안 그들은 튜더왕조의 통치를 위태롭게 할 것처럼 보였으나 이내 외교적 합의를 약속받고 시위를 끝냈는데, 얼마 안 가 이 합의는 거짓인 것으로 판명된다. 애스크와 그가 이끈 무리가 200명 가까이 처형되었고 헨리 8세는 로마와의 단절을 지속했다.

1540년 7월 28일, 월터 헝거포드는 비역법에 따라 유죄판결을 받고 처형된 최초의 인물이 되었다. 사형 집행을 확실히 하기 위해 1533년에 제정된 이 법을 '영원히 지키도록' 하는 개정안이 통과되었다. 흥미롭게도 이들이 말한 '영원'은 극도로 미미한 시간으로 판명되었는데, 이 법은 1553년 일시적으로 폐지되었다가 10년이 채 못 된 1562년에 다시 돌아왔다. 헨리 8세가 1540년에 크고 또렷하게 추가한 문구 "이번에 말하는 영원은 진짜 '영원'이다"와 함께.

그리고 이 말은 사실이 되었다. 영국에서는 1828년에 비역법이 '신체상해법령'으로 대체될 때까지 이 법에 따라 수천 명이 기소되고 수백 명이 처형당했다. 그러나 비역법은 그 이후로도 계속 살아남았다. 영국이 다른 국가들을 식민지화하는 과정에서 이 법이 여러 국가의 법률에 포함되었고, 일부 지역에서는 아직도 남아 있는 상황이다. 아마 비역법은 역사상 가장 끔찍한 파급효과를 일으킨 사례 중 하나로 남을 것이다.

≈≈ 거짓 21 ≈≈
노스트라다무스의
유산

출간된 지 450년이 넘은 책이 뉴스 헤드라인을 장식하는 건 드
문 일이지만, 노스트라다무스Nostradamus의 마법과 신비주의는 그
놀라운 일을 해냈다. 2020년, 미셸 드 노트르담Michel de Nostredame
(노스트라다무스의 본명-옮긴이)이 그가 1555년에 쓴『레 프로페티
스Les Prophéties』를 통해 코로나19가 세계적으로 유행하리라는 걸
예측했다는 기사가 전 세계 신문에 널리 보도되었다. 그리고 이
는 그다지 새삼스러운 현상이 아니다.

　최근 몇 년 동안 몇몇 음모론자들 사이에서 노트르담―또는 노
스트라다무스―이 911 테러부터 (결국 일어나지 않았지만) 2012년
세계 종말까지 모든 걸 예언했다는 식의 이야기가 돌고 있는 듯
하다. 노스트라다무스는 그 이전에도 런던 대화재(1666년), 하마

단 조약(1727년)✝, 프랑스혁명 등과 관련이 있었다. 이 모든 걸 수백 년 된 사기로 치부하는 건 매우 손쉬운 일이다. 물론 2020년 코로나 예측은 『레 프로페티스』에서 나온 게 아니라 어느 날 인터넷을 하다가 지루함을 느낀 익명의 유저가 재미 삼아 만들어 낸 이야기이다. 하지만 이런 것들이 노스트라다무스를 매우 매혹적인 존재로 만들었다. 그의 예언은 상당히 모호해서 뭐든지 다 의미할 수 있고 누구나 모방할 수 있다. 바로 그 덕분에 수 세기 동안 살아남았고, 그래서 매우 위험하기도 하다.

1503년에 태어난 노스트라다무스는 1550년경부터 예언자로 경력을 쌓기 시작했다. 수년간 프랑스를 여행한 노스트라다무스는 프랑스 남부에 위치한 살롱드프로방스에 정착했고 그곳에서 주로 의사로 일했는데, 특히 전염병 환자들을 치료한 것으로 유명하다. 이는 분명 수익성이 높은 일이었지만 동시에 질병의 파고에 크게 의존할 수밖에 없는 일이었으므로, 노스트라다무스는 수입을 보충하기 위해 다른 분야에 손을 대기 시작했다. 먼저 환자들을 위한 일련의 '레시피'(오늘날로 따지면 자기 관리 용품 정도가 되겠다)가 나왔는데, 여기에는 치아를 하얗게 만드는 가루, 머리 염색약, 심지어 사랑의 묘약도 포함되어 있었다. 이런 것들이 성공

✝ 하마단은 이란 서북부에 존재했던 옛 도시로, 1727년 10월 이곳에서 오스만제국과 호타키 왕조 사이에 조약이 체결되었다. 내용인즉슨, 오스만 황제가 이란의 정통 지배자로서 호타키 왕조를 인정하고, 그 대가로 이란 서북부 지역의 일부를 제공받는 것이었다.

하자, 그는 점성술로 분야를 옮겨서 마음과 미래에 대한 통찰력을 발휘해 고객에게 단순한 신체 관리 수준을 넘어서는 치료를 약속하고 개개인이 저마다 참고할 수 있는 상세한 별점을 만들었다. 이런 별자리 운세는 고객에게 실제보다 더 유리한 미래를 말해 주곤 했지만, (혹시라도 앞으로 만날) 어두운 길을 예측하는 경우 인생이 잘 되려면 봉우리와 계곡 모두가 필요한 법임을 상기시켰다.

그러던 1550년, 노스트라다무스는 출판이라는 새로운 아이디어를 떠올리게 된다. 당시 책 거래가 활발했고, 출판업자들은 특히 연감年鑑 인쇄에 열을 올렸다. 연감 내용은 의사가 1년 중 피를 흘리기에 가장 좋은 시기를 나열한 것에서부터 농작물 수확 매뉴얼까지 무엇이든 될 수 있었다. 노스트라다무스도 여기에 편승해서 개인별 별자리 운세를 활용해 매해 미래에 대한 이야기를 들려주는 방식으로 확장했다. 무엇보다 노스트라다무스는 자신을 시인으로 여겼기 때문에 예언 대부분을 4행 연구라고하는 4행시 형식으로 썼다. 이는 그의 예언을 신비롭게 보이게하는 동시에 애매모호하게 만들었다. 예언은 누구에게나 의미가 있을 수 있었고, 그러므로 해석은 전적으로 독자들에게 달리게 되었다. 이 연감은 즉시 인기를 끌었고 곧 노스트라다무스의 추종자가 급증했다. 1555년에는 프랑스 왕비 카트린 드 메디치 Catherine de' Medici까지 그의 고객이 되었다. 그는 왕비의 후원을 받으면서 그의 남편 앙리 2세에게도 예언을 해 주기 시작했다. 같은 해, 노스트라다무스는 마침내 자기 예언의 개요서인 『레 프로페티스』를 출간했다. 하지만 그의 명성을 굳히려면 이보다 훨씬 큰 뭔가가 필요했다.

페스트 치료와 역병 의사

흑사병의 유행이 시작되자 정부 또는 도시에서는 '역병 의사Plague doctor'를 고용했는데, 이들은 가난하고 경력 없는 의사이거나 돌팔이 의사, 심지어는 의사 행세를 하는 사기꾼이 대부분이었다고 한다. 그도 그럴 게 유명한 의사들은 이런 일을 하기를 꺼려했고, 애초에 흑사병 환자를 치료하다 너무 많은 의사가 사망한 까닭도 있다. 이 역병 의사로 유명한 인물 중 하나가 바로 노스트라다무스다. 위생이라는 개념이 거의 전무하다시피 했던 이 시대에 그는 역병으로 사망한 이들의 시체를 수습해 매장하고, 물을 끓여서 마시기를 권장하는 등의 감염 예방법을 퍼뜨리고 다녔다고 한다. 당시 페스트 치료법으로 가장 많이 활용된 게 사혈(침으로 피를 뽑아내는 치료 방법)과 '신의 형벌'이라는 이름으로 자행된 '매질'임을 감안하면, 그가 상당히 시대를 앞서 나간 치료를 했음을 알 수 있다.

앙리 2세는 1559년에 마상 창 시합에 참가했다가 가브리엘 몽고메리Gabriel Montgomery가 들고 있던 창에 눈 주위를 찔려 뇌가 손상되었고 결국 패혈증을 일으켜 사망했다. 그의 죽음으로 프랑스는 충격에 빠졌다. 그 누구도 마흔 살의 왕이 그런 기이한 사고로 죽으리라고는 예상하지 못했기 때문이다. 그때 사람들은 "위대한 자가 더 이상 존재하지 않으리"라고 했던 노스트라다무스의 1559년 연감 내용을 떠올렸다. 그 후 "젊은 사자는 늙은 사자를 이길 것이다. 단 한 번의 결투가 벌어질 전장에서 그는 자신의 눈을 금으로 된 우리에 넣는다. 승자는 모든 걸 차지한 다음, 가장 잔인한 죽음을 맞이할 것이다"라는 또 다른 예언을 중심으로 노스트라다무스의 인기가 치솟았다. 눈을 찔릴 당시, 앙리는 금박을 입힌 투구를 쓰고 있었고, 늙은 사자는 젊은 몽고메리에게 함락되었다. '노스트라다무스는 이런 일이 일어나리란 걸 알고 있었다'라는 식의 열광적인 흥분이 시작되었고, 사람들은 혹시라도 놓쳤을지 모르는 경고와 징후를 찾기 위해『레 프로페티스』를 낱낱이 해부했다. 그러나 이들 모두 1558년에 노스트라다무스가 앙리 2세를 "천하무적"이라고 선언한 건 무시했다.

노스트라다무스는 1566년에 죽었지만 그의 예언은 가짜 혹은 위조 예언으로 변형돼 계속해서 역사에 등장했다. 어떤 점성가들은 판매량을 늘리기 위해 자기 책에 '노스트라다무스'라는 이름을 맥락 없이 포함시켰고, 출판사들은 독자를 유인하기 위해 새로운 예언 내용이 담겼다고 주장하는『레 프로페티스』위조판을 인쇄했다. 곧 노스트라다무스의 가짜 친척까지 줄지어 등장했고, 그중 노스트라다무스의 아들이라고 주장한 사람은 실제로 노스트라다무스와 일했던 출판사와 출판 계약을 맺기도 했다. 1605년, 프랑스 의사이자 밀가루 상인인 뱅상 세브Vincent Seve는 더 이상한 이야기를 꾸며 냈다. 그는 역사와 점성술을 공부하기 위해 버려진 채석장 지하실에 살고 있다고 고백한 특이한 인물이었다. 세브는 자신이 노스트라다무스의 조카 앙리의 임종을 지켜보았고, 그때 노스트라다무스의 공개되지 않은 예언을 들었노라고 주장했다. 같은 해에 완전히 새로워진『레 프로페티스』가 출판되었고, 여기에 '식상Sixains'(프랑스어로 여섯 행으로 구성된 시를 의미한다-옮긴이)이라는 제목을 단 완전히 새로워진 예언이 포함되었다. 다만 이 새로운『레 프로페티스』는 노스트라다무스가 쓴 시적이고 애매모호한 다른 글들과 완전히 달랐고, 훨씬 명확한 언어로 당시의 프랑스 왕 앙리 4세를 찬양하는 데 중점을 두고 있었다. 그도 그럴 게, 이는 세브가 위조한 예언이었기 때문이다(아직까지 노스트라다무스에게 앙리라는 조카가 존재했다는 공식적인 기록은 나오지 않았다).

17세기 말이 되자 노스트라다무스에 대한 관심도 줄어들기 시작했다. 이때는 계몽 시대, 이성과 과학의 시대였기 때문에 점술이 설 자리가 많지 않았다. 그러나 노스트라다무스의 근대적인 사용법이 탄생한 덕분에 이제 그는 심각한 위기 때마다 등장해서 진짜든 아니든 사람들에게 의미와 두려움을 안겨 준다. 이와 관련된 첫 번째 주요 사례는 언론과 팸플릿을 통해 특정한 예언이 널리 알려진 프랑스혁명기에 발생했다. "머지않아 모든 것이 정해질 것이다. 우리는 불길한 시대가 다가오고 있음을 감지했다. 표식과 봉인 상태는 많이 달라질 것이며 자기 지위에 만족하는 사람은 거의 없을 것이다." 불분명한 표현 때문에 처음에는 혁명으로 분열된 양측 모두 이 예언을 자신들에게 유리한 방향으로 해석했다. '혁명이 힘들겠지만 어쨌든 결국엔 혁명가들이 승리할 것이다'라거나 '혁명가들이 처음에는 성공하겠지만 오래가지 못할 것이다'라는 식으로 말이다. 또 새롭게 출간된 『레 프로페티스』는 수녀와 사제들이 혁명의 목표가 되리라는 새로운 예언을 만들어 냈고, 1790년에는 다른 나라에서 이 위조된 구절이 사실인 양 보도되었다. 그뿐만이 아니다. 얼마 안 가 개인적인 거짓말도 등장했다. 1792년, 프랑스 언론은 한 남자가 노스트라다무스의 무덤에 침입해서 앞으로의 한 해를 예언한 많은 예언문을 발견했다고 보도했다. 이게 다가 아니다. 1794년에는 국가 방위군 지원병들이 노스트라다무스의 무덤에 침입해서 그가 프랑스의 해방을 예언한 친필 쪽지를 발견했다고 주장한 일도 있었다. 그 자신은 죽은 지 오래됐지만 앞날을 내다보는 그의 해골은 여전히 미래를 내다볼 수 있는 것 같았다.

현대에 와서도 노스트라다무스의 예언서는 제2차 세계대전을 앞두고 수없이 재판되었고, 세계 각지에서 이를 변형한 '새로운' 예언서가 등장함에 따라 또다시 엄청난 주목을 받게 되었다. 전쟁 동안 독일 나치를 대표하는 정치가 요제프 괴벨스Joseph Goebbels는 날조된 노스트라다무스의 예언을 연합국에 대한 나치 선전의 일부로 사용하기 시작했다. 이 모든 것들은 결국 노스트라다무스의 유산이 되었다. 그의 이름은 대규모 위기가 발생한 때마다 목발 겸 무기로 사용되었다. 그가 쓴 본래의 책의 진실 여부와 관계없이 오늘날 우리는 수 세기에 걸친 날조의 수렁에 빠져 있다. 그런 까닭으로 미셸 드 노트르담이 진정으로 보았다고 주장한 게 뭔지 파악하기란 점점 더 어려워지고 있다.

임진왜란과 역사상
최악의 평화 협상

1536년, 일본 소작농의 아들로 태어난 도요토미 히데요시는 하층민 신분에서 벗어나기 위해 필요한 일은 다 했고, 보병 계급에서 시작해 사무라이를 거쳐 끝내 군사 지도자 자리를 꿰찼다. 대략 1460년부터 한 세기 이상 정치적으로 분열되어 있었던 일본을 통일한 히데요시는 1591년에 일본의 실질적인 지도자가 된 데에 이어 '위대한 통일자'라는 별명을 얻었다. 하지만 그는 여전히 더 많은 걸 원했고 그중에서도 명나라 정복이라는 꿈에 사로잡혀 있었다. 새로운 일본의 힘을 증명하는 데에 아시아의 강국을 무너뜨리는 것만큼 유효한 건 없었으니까. 그리고 그 명나라를 공격하는 가장 좋은 방법은 조선을 통해 중국 국경 너머로 군대를 보내는 것이었다.

히데요시는 조선에 사절을 보내 통행 허가를 받아 오라고 했다. 하지만 조선은 결코 그 요청을 받아들이지 않았다. 당시 조선은 명나라에 조공을 바치며 사대하는 상황이었기 때문이다. 조선의 14대 왕인 선조는 일본에 사절을 보내 히데요시의 계획을 조사하게 했지만 그들이 얻어 온 정보는 정확하지 않았다. 어떤 보고서에서는 군대 통과를 허락하지 않을 경우 히데요시가 조선을 공격할 것이며 실제로 그런 규모의 대군을 보유하고 있다고 했고, 다른 보고서에서는 일본은 말뿐이며 조선을 공격하는 일은 절대 없을 것이라고 했다. 선조는 후자의 보고를 믿기로 했다. 그러나 이건 큰 실수였다. 1592년 4월, 일본군은 부산에 상륙했고, 불과 몇 주 만에 수도인 한양—지금의 서울—을 함락했다. 침략이 본격화되자 명나라가 개입할 준비를 했고, 1593년 중반에 조선과 명나라 군대가 일본을 성공적으로 물리쳤다. 그리고 한 편의 익살극 같은 평화 협상이 시작되었다.

거짓 속 진실

불멸의 장군

이순신 장군은 세계 해군 역사상 가장 위대한 인물 중 한 명으로 간주되며 거북선 등의 혁신적인 발명품으로 아시아 지역 해전에 혁명을 일으켰다. 1592~1598년 사

> 이에 그가 이끈 조선의 함대는 일본과 벌인 23번의 전
> 투에서 한 번도 패배하지 않고 맞서 싸웠다.

일본과 조선, 명나라 각국의 의견이 서로 다르다는 게 문제가 되었다. 우선 명나라와 조선은 히데요시의 군대가 조선에서 철수하고 명나라 국경에서 멀어지기를 원했다. 이 두 나라로선 불필요한 유혈 사태가 벌어지거나 비용이 많이 드는 전쟁을 치르는 것보다 협상이 훨씬 나은 선택이었다. 그러나 히데요시로서는 꼭 그렇지만도 않았다. 그가 처한 상황은 훨씬 더 복잡했기 때문이다. 우선 그는 전쟁에서 이길 수 없었다. 조선은 기습당한 충격에서 회복되었고 일본군을 계속해서 격파하는 이순신 장군이라는 에이스 카드를 꺼내 든 상태였다. 거기에 더해 조선의 게릴라 민병대가 일본의 보급선을 차단하고 있었다. 바다에서 고립돼 식량과 탄약이 부족해진 히데요시는 누가 봐도 곧 패배할 것 같았지만 그 자신은 상황을 그렇게 바라보지 않았다. 그에게는 단지 다시 힘을 모을 시간이 필요했고, 평화 협상은 그 시간을 마련해 줄 것이다. 그는 속으로 명나라와 조선이 일본에 사과하고 그의 힘을 인정하는 것으로 평화 협상을 마무리하거나 아니면 군대를 새롭게 보충해서 다시 전쟁을 시작하면 된다고 생각했다. 그래서 히데요시는 협상을 시작할 때 명나라와 일본 사이의 휴전과 무역 개방을 비롯한 7가지 요구 사항 목록을 준비했다. 그뿐만

아니라 조선은 앞으로 어떤 상황에서도 일본에 반항하지 말아야 하고 왕자와 국가 각료를 인질로 보내야 하며, 일본 군대가 있는 몇몇 지방에 대한 통제권을 유지할 수 있도록 허용할 것을 요구했다. 그리고 마지막 과시로 자신은 '사대양'의 위대한 통치자가 될 운명이라고 선언하는 편지를 포함시켰다.

결론부터 말하자면, 히데요시의 요구 사항과 편지는 명나라에 도착하지 못했다. 그는 고니시 유키나가小西行長에게 교섭 대표단을 이끌도록 했는데, 유키나가는 임진왜란 당시 군대를 이끌어 본 적 있는 인물이었다. 그는 실제 일본의 상황이 얼마나 심각한지 알고 있었으므로 쓸데없는 환상을 품지 않았다. 유키나가는 히데요시의 요구를 명나라에 그대로 전달하면 즉시 쫓겨날 테고 일본은 결국 침략 전쟁에서 패배하리라는 것을 알고 있었다. 그래서 히데요시의 이름으로 새로운 요구안을 만들고 그가 바짝 엎드려 명나라의 자비를 비는 듯한 가짜 편지를 작성해 명나라에 보냈다. 하지만 이렇게 거짓말을 해도 명나라와 조선 쪽의 상황은 별로 나아지지 않았다. 그들의 협상은 대부분 명나라에서 파견한 심유경을 통해 이루어졌는데, 그는 유키나가가 편지를 위조했음을 알고 있었을 뿐만 아니라 그중 일부의 작성을 도운 것으로 보인다. 흥미롭게도 조선 측은 심유경의 이런 이중성을 정확히는 알지 못하면서도 그가 일본인을 위해 스파이 활동을할 수 있는 '악당'이라고 여기며 신뢰할 수 없는 상대로 보았다.

양측이 마침내 최종 협상에 이르렀다고 느낀 1595년까지 서로 간에 위조와 거짓말을 되풀이하는 상황은 계속되었다. 히데요시는 본인의 요구가 거의 다 받아들여졌다고 믿었고, 여기에 더해 명나라가 그를 일본국왕으로 인정하는 책봉까지 받게 되었다. 본래의 계획처럼 명나라를 점령하지는 못 하겠지만 이대로라면 그는 강국의 면모를 유지한 상태로 이 상황을 끝내고, 일본 역시 주변 나라로부터 강대국으로 인정받게 될 것이다. 물론 명나라의 생각은 이와는 또 달랐다. 히데요시가 보낸 편지—아마도 유키나가에 의해 바꿔치기 된—에는 그저 평화를 원하면서 반성하는 지도자의 모습이 담겨 있었고, 명나라가 보낸 책봉서에도 "이제 그대는 본인 잘못이 얼마나 심각했는지 깨닫고 후회하고 있으니"라는 말이 포함되어 있었다. 히데요시는 영토나 인질을 얻지 못한 채로 조선에서 군대를 철수시켜야 했고, 그 대가로 명나라는 일본에 왕이라는 칭호를 주겠지만 조공 무역은 받지 않을 것이며 앞으로 모든 면에서 일본은 명나라에 복종하고 그 뜻을 존중해야 했다.

1596년 10월, 히데요시는 책봉식에 참석한 중국 사절단을 환영했다. 그는 사절들이 선물한 명나라 예복을 입고 잔치를 벌였다. 이와 관련된 기록 중에는 위조한 내용대로 글을 읽기로 한 승려 사이쇼 조타이西笑承兌가 명나라의 책봉서를 있는 그대로 읽어 히데요시가 격노했고, 명나라 사절들을 죽이겠다고 위협했다는 내용이 있지만 이는 후대에 다시 쓰였을 가능성이 높다. 실제로는 히데요시가 한결같이 요구한 바 있는 '조선의 왕자가 일본에 (볼모로) 올 것'의 조건이 지켜지지 않은 데 계속해서 불만을 갖고 있었고, 명나라의 책봉사가 책봉을 빌미로 일본 측에 일방적인 철군을 요구한 데에 격노해 전쟁을 재개하겠노라 선언한 것으로 보는 게 맞다. 1597년 8월, 일본 군대와 배가 다시 부산으로 향했다. 하지만 이번에는 조선도 대비가 되어 있었고 심지어 더 강력해져 있었다. 그러나 양측의 격렬한 전투에도 불구하고 임진왜란은 그다지 흥미롭지 않은 방식으로 끝날 것이다. 1598년 9월, 히데요시의 사망으로 더 이상의 전쟁은 무의미해지고 말았다. 일본은 병사들에게 귀환을 명령했고 그렇게 끝이 났다. 두 나라엔 수십 만 명의 사상자와 빚더미만 남았다. 의도는 좋았지만 제대로 실행되지 못한 속임수만 아니었다면 이런 운명은 피할 수 있지 않았을까?

≈≈ 거짓 23 ≈≈
세 명의
가짜 드미트리

러시아 류리크왕조의 쇠퇴와 로마노프왕조의 등장

임진왜란이 멈췄다가 다시 시작되는 동안 러시아는 이반 4세가 사망한 이후 발생한 수많은 문제와 씨름하고 있었다. 그가 태어난 1530년의 러시아는 오늘날 우리가 아는 러시아와는 판이하게 달랐다. 당시 모스크바 대공국, 혹은 무스크비Muscovy라고 불리던 러시아는 1263년 몽골제국의 속국으로 설립되었고 크기도 비교적 작았다. 그러다가 이반의 할아버지 이반 3세와, 아버지 바실리 3세의 통치기에 변화가 시작되었다. 1480년, 이반 3세는 그레이트 호르드Great Horde에서 승리를 거둔 덕분에 남은 몽골 세력을 제거하고 러시아의 독립을 되찾을 수 있었다. 이를 통해 '러시아 땅 모으기'가 시작되었고, 기본적으로 인근 땅을 조금씩 합병해 훗날 러시아 건설의 토대를 마련했다. 이반 3세는 '제3의 로마'

같은 표현을 사용하면서 모스크바 대공국이 한 명의 통치자가 지배하는 거대 제국이 되길 바랐다. 이것이 1547년 일명 이반 뇌제雷帝(끔찍한 이반Ivan the terrible)로 알려진 이반 4세가 불과 16세의 나이로 러시아 초대 차르에 즉위할 당시 물려받은 유산이었다.

통치자로서의 첫 시작은 나쁘지 않았다. 이반은 전제 정권을 강화하고 러시아 영토를 확장했으며 더 엄격한 종교적 권위를 받아들였다. 이는 국가의 이익을 위해 개인의 자유와 권리를 희생시키는 막대한 대가를 초래했지만 적어도 이반과 러시아의 권력 강화 면에서는 승리라고 볼 수 있었다. 그러나 이반이 발트해를 장악하고 리보니아 전쟁을 시작한 1558년, 이 모든 것이 무너지기 시작했다.

이후 이반은 폴란드-리투아니아, 덴마크-노르웨이, 스웨덴을 상대로 25년간 전쟁을 벌이게 된다. 그러던 와중 1560년, 이반의 아내 아나스타샤 로마노브나가 이른 나이에 사망하는 일이 벌어졌는데, 그는 아내의 죽음을 놓고 '보야르boyars'로 알려진 러시아 귀족들을 비난했고 편집증적인 분노에 사로잡혀 피비린내 나는 정교한 복수를 계획했다. 러시아는 둘로 나뉘었고, 이반은 1565년 오프리치니나Oprichnina라는 별도의 국가를 세웠다. 이곳은 보야르가 많이 사는 부유한 지역이었는데, 이반은 잔인한 통치 방식을 유지하기 위해 오프리치니키Oprichniki라는 비밀경찰 조직을 설치했다. 그들은 살인, 고문, 모독을 자유롭게 이용할 수 있었다. 이 모든 게 이반의 복수 계획에는 도움이 됐을지 몰라도 러시아에는 당연히 좋지 않았다. 리보니아 전쟁 때문에 러시아는 이미 재정이 한계에 다다른 상황이었고, 오프리치니키를 유지하는 데 많은 자원이 투입되면서 나라의 경제적 기반은 한없이 취약해졌다. 크림 타타르족마저 이런 상황을 놓치지 않고 잘 활용해 1571년 모스크바를 성공적으로 습격했다. 이들은 도시의 여러 지역을 불태우고 많은 이들을 노예로 삼았으며 수천 명을 죽였다.

이반의 복수 때문에 러시아가 무릎을 꿇었으니 이 나라를 살리려면 예전처럼 단결해야만 했다. 그는 오프리치니키의 운영을 중단하고 다시 전쟁에 에너지를 쏟았지만 그 노력은 이미 너무 늦은 것이었다.

25년간의 전쟁에서 아무 이득도 얻지 못한 채 리보니아 전쟁은 1583년에 끝났고, 러시아는 평화 협상을 강요당했다. 이반은 이로부터 1년 후에 사망했는데, 이때 러시아는 정말 간신히 버티고 있는 상황이었다. 물론 이반은 일찍부터 국경을 확장했고 아직 그 땅의 많은 부분이 남아 있었지만 거기 사는 사람들, 그들의 사기, 경제는 엉망진창이었다.

지금 러시아에는 그들을 구원할 강력한 후계자가 필요했다. 문제는 그 후계자가 죽었다는 것이다. 이반 4세의 장남 이반 이바노비치는 러시아를 이끌기 위한 교육을 받았지만 1581년, 자기 아버지 손에 죽고 말았다. 이제 남은 아들은 두 명뿐이었는데, 표도르는 지적장애를 앓았을 가능성이 높은 데다가 통치에도 관심이 없었고, 드미트리는 아직 아기였다. '고난의 시간'으로 알려지게 될 시기가 막 시작되려 하고 있었다.

결국 표도르가 다음 차르가 되긴 했지만 나라를 이끌지 못했기 때문에 그의 처남이자 이반 4세의 고문이었던 보리스 고두노프가 섭정으로 임명되었다. 보리스의 통치는 실제로 꽤 효과적이었지만 그의 권력 장악력은 매우 불안정했다. 1591년까지 표도르에게는 자식이 없었고, 이는 오직 드미트리만이 진정한 왕위 계승자라는 것을 의미했다. 호시탐탐 왕위를 노리던 자들에게 이 8살짜리 소년은 중대한 위협이 되었고, 그런 까닭으로 1591년 5월 드미트리가 목이 잘린 채로 발견되었을 때 다들 암살이라고 생각했다. 공식적인 사인은 드미트리가 간질 발작 중에 스스로 목을 베거나 뒤집힌 칼날 위로 넘어졌다는 것이었지만 아무도 그 말을 믿지 않았다. 어쨌든 마지막 후계자는 죽었고 덕분에 보리스에게 왕위의 문이 열렸다. 1598년에 표도르마저 사망하자 보리스가 왕위에 올랐다.

거짓 속 진실

불운한 지도자 고두노프

어린 후계자 살해를 승인한 게 거의 확실함에도 불구하고 통치자로서의 고두노프는 사실 그렇게 나쁘지 않았다. 그는 비효율적인 통치보다는 불운 그리고 권력층과의 빈약한 유대 관계 때문에 더 큰 타격을 입었다. 게다가 그는 다른 유럽 국가들과 강력한 접촉을 형성한 최초의 차르였다. "모든 국가가 똑같이 매력적이며 모두와 우정을 나누며 살고 싶다"라고 선언한 차르. 물론 상대방 이름이 드미트리여서는 안 되겠지만 말이다.

보리스는 인기가 없었고, 새로운 차르가 즉위한 뒤로 러시아의 상황은 안 좋아질 뿐이었다. 1601년 러시아는 3년에 걸쳐 약 200만 명의 목숨을 앗아 간 기근에 휩싸였고, 이에 대한 책임은 곧장 보리스에게 돌아갔다. 그러던 1604년, 매우 이상한 일이 일어났다. 드미트리가 돌아온 것이다. 아니, 적어도 드미트리라고 주장하는 사람 말이다. 가짜 드미트리 1세로 알려진 이 청년은 암살 시도를 피해 달아나면서 자기와 비슷하게 생긴 사람을 두고 갔으며 죽은 건 그 사람이라고 주장했다. 그러나 이제 그는 돌아왔고 왕좌를 원했다. 가짜 드미트리 1세의 배후에는 폴란드-리투아니아 연방이라는 실질적인 세력이 있었기 때문에 이건 단순한 위협이 아니었다. 폴란드-리투아니아는 그가 사기꾼이라는 걸 알았지만 보리스를 끌어내리고 러시아 권력의 일부를 차지하고 싶어 했다. 1605년 3월, 가짜 드미트리 1세는 왕위를 놓고 싸울 준비를 하면서 러시아로 진군했다. 하지만 이는 이후 불필요한 행동으로 밝혀지는데, 4월 말에 보리스가 십대 아들 표도르 2세를 새 차르로 남겨 놓고 뇌졸중으로 사망했기 때문이다. 표도르는 즉시 살해되었고 6월에 차르 드미트리가 왕위에 올랐다.

가짜 드미트리는 호의적인 분위기 속에서 통치를 시작했다. 그는 국민과 보야르의 지지를 받았다. 그를 사기꾼이라고 주장했던 보야르들도 이제는 자기 군주의 신뢰성을 보증했다. 드미트리는 러시아 농민의 삶을 개선하고 주변 국가와 동맹을 맺고 오스만제국과 전쟁을 벌이면서 러시아 땅을 계속 모아 갈 생각이었다. 하지만 이 계획은 놀랍도록 짧은 시간 안에 막을 내렸다. 1606년 5월 8일, 드미트리는 가톨릭 신자인 마리나 므니제치 Marina Mniszech와 결혼했는데, 그녀가 러시아정교회로 개종할 계획이 없다고 분명히 밝히는 바람에 콧대 높은 러시아 교회의 반감을 사고 말았다. 그러자 보야르 역시 드미트리에게 등을 돌리면서 다시 한번 그를 사기꾼이라고 선언했다. 그로부터 열흘도 지나지 않아 드미트리는 살해되었고, 보야르의 수장인 바실리 슈이스키 Vasili Shuisky가 그 뒤를 이어 새 차르가 되었다.

하지만 드미트리 퍼레이드는 끝나지 않았다. 1607년에 또 다른 드미트리가 나타난 것이다(이름하여 가짜 드미트리 2세). 그는 가짜 드미트리 1세 때와 마찬가지로 암살 시도에서 어떻게든 살아남았다고 주장했다. 심지어 가짜 드미트리 1세와 전혀 닮지 않았음에도 마리나 므니제치는 그를 남편으로 공식 인정했다. 폴란드-리투아니아는 다시 한번 그를 지원했고, 1608년까지 드미트리 2세는 농민뿐 아니라 바실리를 등지고 망명한 몇몇 보야르까지 합세한 수만 명의 강력한 군대를 보유하게 되었다. 하지만 불행하게도 그는 차르가 되지 못했다. 폴란드는 이제 직접 전쟁을 선포할 수 있을 만큼 러시아의 상황이 불안정해졌다고 판단했고, 1609년 폴란드의 국왕 지그문트 3세는 실제로 러시아를 향해 직접 전쟁을 선언했다. 드미트리를 지지하던 폴란드 군대는 다른 곳으로 향했고, 그는 필사적으로 차르의 꿈에 매달리려고 했지만 1610년 술에 취해 싸움을 벌이다가 사망했다.

전쟁은 계속되었다. 1610년에 폴란드 군대가 모스크바에 입성했고 차르 바실리는 폐위되었다. 1611년, 또 다른 드미트리(이번에는 가짜 드미트리 3세)가 나타났지만 이번에는 아무도 그의 기적적인 세 번째 생존 신화를 믿어 주지 않았다. 단지 반란군의 지원을 조금 얻는 정도로, 그마저도 금세 배신당하고 처형됐다. 러시아는 1612년 모스크바 공방전을 치르고 난 뒤에야 겨우 다시 기반을 되찾았고 미하엘 로마노프Michael Romanov가 새로운 차르로 선출되었다. 이를 통해 분쟁 시대가 막을 내리고 러시아의 로마노프 통치기가 시작되었다. 하지만 드미트리 사건 자체는 아직 끝나지 않았다. 마리나 므니제치는 가짜 드미트리 2세의 운명에서 벗어나 이제 자신의 네 살배기 아들인 이반 드미트리예비치Ivan Dmitriyevich가 러시아의 진정한 차르라고 주장했다. 그건 기괴한 주장이었고, 실제로도 지지를 받지 못했지만 이제 미하엘은 가짜 드미트리가 치명적인 위협이 될 수 있음을 알고 있었다. 결국 마리나와 그의 아들은 체포되었다. 마리나는 감옥에서 죽었지만 미하엘은 이 사기꾼 혈통에 신속하고 피비린내 나는 종말을 가져오기 위해 이반을 공개 처형하라고 명령했다.

파리
독살 스캔들

1670년대 후반 프랑스에서는 비밀 지하조직의 독이 든 반지, 악마 숭배 의식, 심지어 권력을 쥐기 위해 사용된 사랑의 묘약과 관련된 소문이 퍼지면서 나라 전체가 매우 이상한 히스테리에 사로잡혔다. 공포가 확산되자 최고위층이 모인 루이 14세의 궁정에서 마녀사냥이 시작되었다. 이 광란이 특이한 이유는 다른 마녀사냥과 다르게 종교나 사회적 위기에 기반한 것이 아니라 '진짜 범죄'에 뿌리를 두고 있었기 때문이다. 그 주인공은 바로 브랑빌리에Brinvilliers 후작 부인으로, 그녀는 무려 10년에 걸쳐 자기 가족을 계획적으로 살해했다. 아버지와 두 남동생에게 몇 주 혹은 몇 달에 걸쳐 몰래 독약을 먹여서 죽인 것인데, 처음에는 다들 그들이 병명을 알 수 없는 만성질환을 앓다가 죽었다고만 생각했다. 살해 동기는 주로 유산 상속과 집안에서 반대하는 연인을 계속 만나려는 후작 부인의 탐욕 때문이었다. 사실 살해 증거가 처음 발견된 것도 후작 부인의 연인이 사망한 뒤 채무자들이 몰려와 강제로 그 집을 뒤지다가 찾아낸 것이다. 후작 부인은 해외로 도망쳤지만 이내 붙잡혀 재판을 받고 1676년에 처형되었다.

후작 부인의 독약 살인 사건은 단순한 스캔들 수준을 넘어선 것이었다. 브랑빌리에 후작 부인이 그런 극악무도한 범죄를 저지를 수 있다면 누구나 할 수 있으리라는 생각에 심각한 집단적 히스테리가 발발했다. 두려움이 만연해지자 어떤 이들은 거기서 빨리 부자가 될 기회를 찾아냈다. 그중 하나가 파리의 유명한 점쟁이였던 막들렌느 드 라그랑쥬Magdelain de La Grange였는데, 그의 전문 분야는 점을 쳐서 고객이 독을 먹었는지 여부를 알아내는 것이었다(그리고 값비싼 해독제를 제공했다). 막들렌느는 1677년, 상속권을 얻기 위해 나이 든 변호사 장 포이어Jean Fauyre와의 결혼 증명서를 위조하려다가 체포되었는데, 얼마 안 가 그 남자가 사망한 채로 발견됐다. 독살이 의심되는 상황이었다. 막들렌느는 감옥에서 벗어나기 위해 국가적으로 중요한 '잠재적' 범죄에 대한 정보가 있다고 주장했고, 그 주장을 확인하기 위해 프랑스 전쟁 장관인 루부아Louvois 후작이 불려 왔다. 막들렌느는 포이어가 독살된 건 사실이지만 자기가 독살한 건 아니라고 주장했다. 현재 왕과 왕세자를 암살하려는 비밀 음모가 진행 중이고, 포이어는 그와 관련된 희생자 중 한 명에 불과하다는 것이다. 그리고 더 이상의 정보는 없지만 감옥에서 풀어 주면 투시력을 이용해서 더 많은 걸 알아낼 수 있다고 맹세했다. 물론 루부아가 그 말을 믿고 막들렌느를 풀어 주는 일은 없었지만, 1677년 말에 한 연금술사와 그의 조수가 위조죄로 체포되었을 때 새로운 증거가 드러났다. 조수는 간수들에게 자기를 사면해 주면 왕을 노리는 음모와 관련된 정보를 제공하겠노라 말했다. 이 말을 전해 들은 루부아는 자유를 얻기 위한 막들렌느의 시도를 떠올리며 뭔가 기이한 사건이 벌어지고 있음을 깨달았다. 관련된 용의자만 무려 400명이 넘는 이 사건이 바로 '파리 독살 스캔들'이다.

　루이 14세가 이 음모의 중심에 있는 것처럼 보이는 상황이라서 연루된 자들을 체포하는 게 급선무였지만, 막들렌느와 연금술사의 조수 외에는 정보 제공자가 없었기 때문에 루부아는 벽에 부딪혔다. 그러다가 1679년 1월에 마리 보스Marie Bosse와 마리 비고뢰Marie Vigoreux라는 점쟁이들이 독살 성공과 관련한 농담을 주고받았다는 소문이 루부아의 귀에 들어갔고, 그들은 곧 체포되었다. 보스의 집에서 비소와 다른 독극물이 발견되긴 했지만 이 약물은 집 청소와 해충 관리용으로도 사용되고 있던 터라 특별히 수상하다고 볼 수도 없었다. 하지만 두 점쟁이의 상류층 고객인 풀라용Poulaillon 부인이 최근에 남편을 독살하려 했다는 의심을 받고 수녀원에 들어갔다는 사실과 결합시키자 충분히 두려울 만한 상황이 그려졌다. 루부아는 마침내 결정적 증거를 찾은 듯했고, 파리의 점쟁이들이 귀족 여성들과 협력해 남편과 라이

벌들을 제거하고 있는 모양이라고 생각하면서 조사를 시작했다.

조사가 진행됨에 따라 루부아가 처리해야 할 업무량은 점점 늘어만 갔고, 결국 3월이 되자 루이 14세는 이 일을 전적으로 담당할 특별위원회를 설치하라고 명령했다. 한편 막들렌느가 1679년 2월에 처형되자 새로 투옥된 점쟁이들도 자신의 위치가 얼마나 위태로운지 깨닫게 되었다. 그들은 자신의 결백을 증명하기 위해 필사적으로 다른 이들을 고발하기 시작했는데, 특히 점쟁이들 가운데 가장 악명 높고 유명하며 프랑스 최고위층 귀족을 고객으로 둔 카트린 몽부아쟁Catherine Montvoisin(라부아쟁La Voisin으로 알려져 있다)에게 비난이 돌아가는 경우가 많았다. 독살 방식은 단순히 음료에 독을 타는 수준을 넘어 독이 든 꽃다발이나 옷가지까지 동원됐고 곧 마법, 악마 숭배 의식, 악마의 힘까지 등장했다. 죄수들은 자유를 얻기 위해 무슨 말이든 기꺼이 했지만 대부분의 사람들은 이런 책임 전가를 통해 아무런 성과도 거두지 못했다. 그들로 하여금 더 많은 비밀을 털어놓게 하기 위해 심문자들은 고문도 마다하지 않았고, 고문을 당한 이들은 결국 더 많은 거짓 자백과 진술을 쏟아 냈다.

아마 이런 공포스러운 환경 때문에 몽부아쟁도 결국 자신에게 독약을 요구한 고객들의 이름을 대면서 그들을 고발하게 된 듯하다. 이 일과 관련해 가장 큰 추문을 불러일으킨 이름은 프랑수아즈 드 드뢰Françoise de Dreux였는데, 그는 온 가족이 왕의 궁정에 드나드는 가문 출신이었다. 몽부아쟁은 여러 방면으로 이에 가장 깊이 관여한 용의자였기 때문에 다들 그가 왕이 처한 위험에 대한 열쇠를 쥐고 있기를 바랐다. 그래서 1679년 5월에 보스, 비고뢰 등 여러 명이 처형되거나 고문으로 사망했을 때도 몽부아쟁만은 계속해서 목숨을 부지할 수 있었다. 몽부아쟁과 새로운 용의자들로 인해 왕실의 가장 명망 높은 인물들이 살인부터 악마 소환에 이르기까지 온갖 혐의로 기소되었다. 그러나 곧 몽부아쟁이 댈 수 있는 이름은 바닥났고 더 이상 쓸모가 없어진 그는 1680년 2월에 즉결 처형되었다. 그러나 몽부아쟁의 죽음은 왕실에서 번지고 있는 히스테리에 즉각적인 변화를 주지는 못 한 듯하다. 왕을 위협하고 있는 인물 혹은 세력의 실체를 알아내지 못하는 한, 이 같은 히스테리는 결코 잦아들지 않을 것으로 보였다.

거짓 속 진실

잉글랜드 왕녀 헨리에타의 의문의 죽음

루이 14세의 궁정이 독살 사건에 집착하게 된 이유 중 하나는 1670년에 짧고 갑작스러운 병을 앓다가 사망한 왕의 처제 헨리에타 앤의 죽음 때문이었다. 당시에도 여러 가지 소문이 있었지만 이제 사람들은 그가 독살 당했을 것이라고 확신했다. 세상에 안전한 곳이 없다면 권력과 야망의 전당인 궁정은 어쨌든 개중 가장 치명적인 곳이 될 수밖에 없으니 말이다.

　심문관들은 왕의 정부인 몽테스팡Montespan 후작 부인을 다음 목표로 삼았다. 그 역시 가볍게나마 수사 레이더에 포착되긴 했으나 왕의 연인이자 그 자녀들의 어머니를 기소하는 건 생각처럼 간단한 일이 아니었다. 몽테스팡을 기소하기 위해서는 아주 분명하고 확실한 증거가 필요했다. 심문관들은 모든 수단을 동원해서 이를 얻어 낼 계획이었다. 그래서 이례적인 목격자를 찾아냈는데, 바로 몽부아쟁의 딸이었다.

　마거리트 몽부아쟁Marguerite Montvoisin은 어머니인 카트린 몽부아쟁과 모녀 관계라는 단순한 이유만으로 어머니 사망 직전에 체포되었다. 그는 감옥에서 잘 지내지 못했고 적어도 한 번 이상 자살을 시도했으며 1680년 여름에는 정신적으로도 불안정해져 남의 영향을 받기 쉬운 상태였다고 한다. 심문을 위해 불려 온 마거리트는 심문관들이 요청한 내용을 기꺼이 되풀이하거나 이야기의 공백을 메우기 위해 거짓말을 꾸며 냈다. 마거리트는 자기 어머니가 언급한 탄원서에 왕을 죽이려는 정교한 음모의 일부로 독이 묻어 있었다고 주장했다. 이런 폭탄 발언을 한 뒤에도 그는 계속해서 심문을 받았다. 마거리트의 증언은 종종 매우 다양하고 모순적이었지만 심문관들은 그걸 이용해서 자기들이 생각하는 그림을 그려 냈다. 몽테스팡이 자신에 대한 왕의 사랑을 더

군건히 하려고 수년간 몽부아쟁을 통해 구한 사랑의 묘약을 왕에게 먹이고 주문과 악마 숭배 의식을 이용했다는 식으로 말이다. 그럼에도 왕의 시선이 퐁탕주Fontanges 공작 부인에게로 향하자 몽테스팡은 두 사람을 살해할 음모를 꾸몄고, 몽부아쟁은 퐁탕주를 처치하는 데 사용할 독 묻은 탄원서와 천을 전달한 것으로 이야기는 정리되었다.

조사 결과를 보고받은 루이 14세는 혼란스러워했다. 눈앞에 놓인 모든 증거에도 불구하고 아직 몽테스팡에게 감정이 남아 있었던 그는 조사 결과를 믿기 어려웠다. 그는 이 사건을 조금 더 자세히 파 보라고 명령했다. 문제는 심문과 고문이 계속될수록 죄수들의 고발 내용은 거칠어졌고 급기야 인신 공양 이야기까지 등장했다는 것이다. 이에 더해 1680년 말이 되자 한때 왕실을 사로잡았던 광란이 사그라들었다. 국왕과 심문관 외에는 아무도 몽테스팡에게 제기된 혐의에 대해 알지 못했고 마지막으로 대대적인 체포가 이루어진 지도 몇 달이 지난 상황이었다. 만약 이 시점에 루이 14세가 몽테스팡을 기소한다면 그는 자기 궁정에서 악마적 주술과 희생, 살인이 벌어졌음을 인정해야 하고 처음부터 일을 다시 시작해야만 했다. 게다가 왕의 고문들은 그런 주장들에는 확실한 증거나 근거가 없고 대부분 강제적인 방법으로 얻어 낸 자백이었다는 점을 지적했다. 히스테리는 끝났다. 그런데 왜 굳이 다시 일을 벌인단 말인가?

루이 14세는 결정을 보류하기로 했다. 적어도 1681년 3월,

퐁탕주 공작 부인이 프랑스 궁정을 떠날 때까지는 그랬다. 퐁탕주는 몇 달간 알 수 없는 병을 앓았고 곧 죽을 거라는 말을 들었다. 물론 독살설이 다시금 사람들의 입 밖에 오르내렸다. 아마 이점을 염두에 둔 듯, 루이 14세는 마침내 다시 조사를 진행할 것을 결정했지만 몽테스팡 후작 부인에 대한 언급은 모두 생략되었다. 아직 수감 중인 자들에 대한 재판이 7월부터 재개되었고 수감자들은 몽테스팡에 대한 언급 없이 기소할 수 있는 사람들과 그렇지 못한 사람으로 나뉘었다. 전자에 속하는 이들은 대부분 처형되거나 추방되었고, 이를 통해 마지막 가해자가 잡혔음을 증명하는 피비린내 나는 쇼를 벌일 수 있었다. 그리고 마거리트 몽부아쟁을 비롯한 후자는 입막음을 당한 채 종신형을 선고받았다. 1682년에 루이 14세는 위원회를 폐쇄하라고 명령했고, 한때 모든 걸 집어삼켰던 치명적인 거짓말 소동은 역사의 각주로 남게 되었다.

≋ 거짓 25 ≋
메리 토프트:
토끼를 낳은 여인

1726년 10월 10일, 영국 신문들은 매우 놀라운 이야기를 보도하기 시작했다. 메리 토프트Mary Toft라는 젊은 여성이 최근에 토끼를 낳았다고 말이다. 물론 이는 사실이 아니다. 매우 기묘한 사기극이었고 몇 주간의 정밀 조사를 버틸 수 있을 만큼 완벽하게 구성되지도 않았기 때문에 12월이 되자 사기극의 전모가 빠르게 다 드러났다. 이는 쉽게 잊어버릴 수 있는 기발한 광대극처럼 들릴지도 모르지만, 사실 메리와 그의 토끼들은 의학이 나아갈 방향을 바꿀 정도로 중요했다.

1703년에 태어난 메리는 열일곱이 되던 해 조슈아 토프트와 결혼했다. 이들 부부는 고달밍Godalming이라는 작은 마을에서 가난하게 살았다. 양모 직물 상인인 조슈아는 업계 불황으로 수입에 타격을 받았고, 부부는 그의 적은 수입과 메리가 농가에서 날품팔이를 해서 버는 돈으로 하루하루 연명했다. 메리가 왜 일용직 노동자에서 토끼 낳는 사람으로 변신했는지 그 이유는 정확히 알 수 없다. 그 당시, 그리고 이후 몇 세기 동안 메리가 남들을 속여서 쉽게 돈을 벌기 위해 그런 거짓말을 꾸며 냈다는 추정이 일반적이었지만 메리는 사실 그 속임수를 통해 이익을 얻은 적이 없었다. 최근에 이 사건을 재검토한 역사학자 카렌 하비Karen Harvey에 따르면 이 사기극은 메리가 부정한 이익을 얻기 위해서라기보다 자기가 살던 환경에 대응하기 위해 벌인 일로 보는 게 타당할 듯싶다.

사실 토끼는 사기극이 시작되기 훨씬 전부터 메리의 삶에서 중요한 부분을 차지하고 있었다. 고달밍은 가난한 이들의 일상생활을 통제하는 다양한 수준의 지배 체제가 존재하는 곳이었고, 여기에는 임대료나 범법 행위에 대한 처벌 방식은 물론이고 심지어 메리 같은 여성의 출산 관리도 포함됐다. 이 지역에 땅을 소유한 엘리트 귀족들은 토끼, 사슴, 물고기 같은 동물을 자신들의 상징으로 사용했고, 가난한 사람들이 이런 풍부한 식량 공급원에 접근하는 걸 제한했다. 여기에 또 다른 문제까지 있었으니, 토끼는 특히 가난한 사람들의 생계를 책임지는 밭을 돌아다니면서 농작물과 가축의 먹이까지 먹어 치웠던 것이다. 당시 이런 문제에 대한 항의가 흔했고, 실제로 조슈아는 1726년 여름 금지된 연못에서 물고기를 잡기 위한 집단적인 불법 침입에 동참했는데,

결국 이는 범죄로 간주되었다. 그리고 그 무렵, 메리는 비극적인 유산을 겪었다. 메리는 이전에도 두 차례 아이를 낳았지만 그중 한 명만 유아기 이후까지 살아남았을 뿐이다. 유산 과정은 몇 주 동안 지속되었지만 메리는 그 동안에도 계속 밭에 나가 일할 수밖에 없었다. 메리가 나중에 회상하길, 들판을 가로질러 뛰어가는 토끼를 발견하고는 잡아서 식량으로 써야겠다는 생각에 필사적으로 쫓아다녔다고 한다. 그리고 그때부터 토끼에 대한 생각을 멈출 수 없었다고도 했다. 메리는 유산하고 몇 주가 지난 뒤에도 여전히 임신한 것처럼 보였다. 현재 몇몇 역사가들은 당시 고달밍 공동체가 밀렵을 제한하고 여성들까지 통제하는 토지 소유층을 겨냥해 메리가 토끼를 낳은 것처럼 보이게 만들어 시위를 한 게 아닐까 추측하기도 한다.

거짓말 뒤에 숨겨진 진짜 의도가 무엇이든 간에 10월이 되자 토끼를 낳은 여성의 소식이 영국 전역에 퍼졌다. 조지 1세는 11월에 궁정 해부학자인 나다니엘 생 앙드레Nathaniel St André를 보내 그 현상을 조사하게 했다. 생 앙드레가 메리를 방문했을 때 운 좋게 도 메리는 15번째 토끼를 '출산'하는 중이었다. 이 놀라운 광경 을 본 해부학자는 당대 가장 위대한 과학자들이 이 기적적인 출 산을 연구할 수 있도록 메리를 당장 런던으로 데려가라고 명령 했다. 메리가 당시 의학계에서 유행한 이론인 '모성 인상Maternal Impression'이라는 개념의 완벽한 구현체일지도 모른다고 생각하 면서. 모성 인상은 어머니가 임신 중 경험한 일이 아이에게 영향 을 미친다는 개념이다. 1724년에 스코틀랜드 의사 존 모브레이 John Maubray는 『여성 의사The Female Physician』라는 저서에서 이 이론 을 자세히 설명했다. 그는 여성의 경우 상상력이 매우 풍부해서 임신 중에 홍합을 갈망하면 태어난 아기가 조개를 닮을 수 있다 고 주장했다. 또 우울증이나 트라우마를 앓는 여성은 기형아를 낳을 수 있고, 심지어 임신 중에 몸에 체리가 떨어지면 아기에게 모반母斑이 생길 수 있다고도 했다. 이에 따르면 메리 토프트는 토 끼만 생각했기 때문에 토끼를 낳은 것이다.

메리를 검사한 모브레이는 드디어 자기 이론이 증명되었다 고 생각했다. 생 앙드레는 메리를 만나고 한 달도 안 되어 기묘한 출산에 대한 논문을 발표해 빠르게 돈을 벌었다. 하지만 그들의 성공은 오래가지 못할 것이다. 메리가 머물렀던 런던 집의 수위 는 그녀가 남몰래 토끼를 방으로 들여오고 있다고 보고했다. 메 리는 그 주장을 부인했지만 기록을 바로잡을 유일한 방법은 수술을 받는 것뿐이라는 말을 듣자 울음을 터뜨리면서 모든 게 거짓이었다고 인정했다. 영국 언론은 메리와 그를 믿었던 의사들을 진흙탕 속으로 끌고 다니면서 신나게 헐뜯었다. 메리는 사기죄로 공개 구금되었는데, 약간의 비용만 지불하면 그녀를 감옥에서 끌어내 야유하는 군중들 앞으로 행진하게 할 수 있었다. 석방된 뒤 집으로 돌아간 메리는 건강한 여자아이를 낳고 조용히 여생을 보냈다.

한편 의료계는 계속해서 고통을 받았다. 믿을 수 없는 사실을 기꺼이 믿으려고 한 그들의 태도는 두고두고 조롱거리가 되었고, 대중은 의료인을 불신하게 되었다. 하지만 아이러니하게도 모성인상에 대한 관심과 호의는 계속되었다. 몇몇 의사가 그 이론을 반증하기 위해 메리 토프트의 사례를 담은 논문을 발표했고, 이상하게도 그 덕분에 모성 인상 이론에 대한 관심이 한동안 더 이어졌다. 이후 몇 년 동안 임신 중에 케이크를 갈망한 여성이 구운 과자처럼 생긴 아이를 낳았다든가, 몸 일부가 개구리인 아이를 낳았다든가 하는 보고서가 몇 건 제출되었다. 1890년대 말에도 《영국 의학 저널British Medical Journal》은 여전히 이런 종류의 '괴상한' 출산에 대해 보도했다. 메리 토프트의 거짓말은 금세 가짜라는 게 들통났지만, 그가 무심코 발전시킨 이상한 과학이 똑같은 판단을 받기까지는 수십 년이 걸렸다.

오해받은 모성

1826년에 태어난 조셉 메릭Joseph Merrick은 모성 인상과 관련 있는 출산으로 유명한 인물이다. 자신의 본명보다 '엘리펀트 맨Elephant Man'이라는 별명으로 알려진 그는, 어머니가 임신 중에 코끼리를 보고 놀라는 바람에 신체적 기형을 가진 채 태어나게 됐다고 한다. 물론 이는 어머니 쪽의 주장일 뿐이다. 현대 과학은 이 같은 생각이 잘못된 것임을 밝혀냈지만 메릭이 앓은 질환이 무엇인지는 여전히 알려지지 않은 상태다. 다만 일부 학계에서는 프로테우스 증후군*과 신경섬유종증**이 결합된 것으로 보고 있다.

✤ 성장호르몬의 문제로 세포 증식이 계속되는 경우, 신체 일부가 튀어나오거나 주름지는 등의 현상.

✤✤ 다발성 신경섬유종과 담갈색의 피부반점을 주 증상으로 하는 유전 질환.

미르 자파르의 배신과
동인도회사의 벵골 지배

여기 한 남자와 그의 거짓말 때문에 인도가 영국 식민지가 되었다는 유명한 이야기가 있다. 한때 존경받던 장군 미르 자파르 알리 칸Mir Jafar Ali Khan은 1757년에 벌어진 플라시 전투⁺에서 지도자와 국민을 배신하고 벵골의 지배권을 영국 동인도회사에 넘겼다. 이로 인해 수 세기에 걸친 억압적인 식민 지배가 시작되었다. 물론 이 이야기가 전적으로 사실인 건 아니다. 역사는 믿을 수 없을 정도로 복잡한 부분이 많기 때문이다. 사실 미르 자파르의 이야기는 거짓이며 그뿐만 아니라 배신의 본질과 배후에 있는 관계자들의 실체를 숨긴다. 하지만 진실에 도달하려면 먼저

⁺ 인도의 지배권을 놓고 영국과 프랑스가 격돌한 전투. 영국은 플라시에서 프랑스 군대를 물리치고 인도 무역을 독점하게 된다.

동인도회사가 어떻게 인도와의 관계를 망치고 세계적인 초강대국이 되기 위해 주변 국가들과 경쟁을 시작하게 되었는지부터 살펴봐야 한다.

1600년 12월 31일, 엘리자베스 1세는 새로 설립된 동인도회사에 왕실 인가를 부여했다. 당시 향신료, 비단, 보석 같은 이국적인 상품을 다루는 무역은 규모가 큰 사업에 속했는데, 이 왕실 인가는 동인도회사에 인도 무역을 독점할 수 있는 권리뿐만 아니라 여왕과 국가의 이름으로 영토를 점령하고 군대를 구성할 수 있는 권리까지 보증하는 것이었다. 처음 후자의 권리는 인도와 무역하려는 동인도회사의 바람에 별 도움이 되지 않는 듯 보였다. 당시 세계에서 가장 수익성 높은 시장 중 하나인 인도 아대륙은 부유하고 강력한 무굴 왕조의 통치하에 있었다. 무굴인들은 자기들의 땅을 약탈하고 그곳 주민들에게 기독교 개종을 강요하는 유럽인들의 관행을 용납하지 않았으므로 이때까지만 해도 유럽의 무역업자들은 인도를 제대로 무너뜨릴 수 없었다. 약 400만 명의 강력한 군대를 보유한 무굴제국은 별다른 수고를 들이지 않고도 나쁜 행동을 하는 무역업자들을 처단할 수 있었다. 그래서 동인도회사는 무굴 황제 자한기르Jahangir의 환심을 사기 위한 장기적인 작전을 펼치기 시작했다. 자한기르는 이미 호화로운 보석과 넘치는 부를 지닌 인물이었으므로 그가 아직 가지지 못한 인상적인 선물을 찾아내 계속 안겨 주는 건 불가능했다. 그 대신 영국은 왕실 사절을 보내 맥주나 안개 같은 영국의 신기한 이야기로 그를 즐겁게 해 줬다. 색다른 이야기에 재미를 느낀 자한기르는 동인도회사에 무역권을 부여했고, 곧 이들의 사업이 번창하면서 무굴제국 전역으로 뻗어 나갔다.

표면적으로는 이 둘의 관계는 좋아 보였다. 그러나 자신들의 의견에 따르지 않는 무굴인들 때문에 동인도회사는 내심 속이 부글부글 끓고 있었다. 1680년대에 무굴제국은 마라타 동맹⁺의 공격을 받았고, 황제의 힘 또한 약해지고 있었다. 이를 감지한 동인도회사는 신속히 제국의 지배권을 장악하려고 했다. 터무니없이 생각이 짧고 자만심만 가득했던 동인도회사는 1686년 무굴제국을 상대한답시고 겨우 전함 19척과 병사 600명을 파견했다. 이들은 즉시 진압되었고 무역은 중단되었다. 그러나 이건 역사의 레이더에 잡힌 일시적인 변화였다. 무굴인들은 필사적으로 사과하는 젊은 신생 무역업자들을 겨우 4년 만에 용서해 주고 말았다. 게다가 무역이 중단돼 있는 동안 동인도회사는 기반 시설을 재건하고 토지를 인수하는 등 지금까지의 판도를 바꿀 준비가 돼 있었다. 그들이 인수한 땅은 당시 대부분 비어 있었던 캘커타(현재는 콜카타)라는 지역이었다.

한때 강력했던 무굴제국은 1700년대가 시작될 무렵이 되자 쇠퇴의 기운을 내뿜고 있었다. 특히 아우랑제브 황제의 통치기

⁺ 18세기 마라타 왕국의 재상 페슈와를 중심으로 결성된 봉건 제후의 연합체. 무굴제국에 대항하여 인도 중부를 지배하였으나, 영국과의 충돌로 그 지배권을 잃게 된다.

를 지나자 제국은 엄청나게 약해졌다. 힌두교도들을 박해하고 샤리아법(이슬람교의 율법이자 규범 체계-옮긴이)을 확대하는 바람에 국민들 사이에 종교에 따른 분열이 생겼고, 이것이 다수의 군사적 실패와 결합해 제국을 약화시켰다. 1707년, 아우랑제브가 사망하자 결국 제국은 분열되어 이질적이고 체계적이지 못한 여러 부분으로 나뉘었다. 동인도회사로서는 환영할 만한 소식이었다. 이제 그들에겐 원하는 건 뭐든지 할 수 있는 백지 위임장이 생긴 것과도 다름없었다.

한편 캘커타는 비즈니스 중심지가 되었다. 1750년대에 접어들자 동인도회사의 아시아 수출품 중 거의 3분의 2가 이 항구도시를 통해 들어올 정도였다. 이는 1741년부터 10년간 마라타족의 침략에 시달린 벵골의 다른 지역과 극명한 대조를 이룬다. 전쟁 난민이 캘커타로 몰려오자 동인도회사는 자신들의 일을 계속하면서도 세금 내는 걸 거부했고, 벵골을 프랑스 및 그 무역상들과의 전쟁에 끌어들이기 위해 궁리하기 시작했다. 하지만 벵골을 다스리던 나와브(무굴 황제가 소속 지역을 다스리는 태수나 토후에게 수여한 직책-옮긴이) 알리바르디 칸Alivardi Khan은 이들의 술수에 넘어가지 않았고, 외려 유혈 사태를 피하고 외교적 합의를 이루기 위해 사절을 파견했다. 당연하게도 동인도회사는 이런 시도를 웃어넘겼다. 1756년 4월, 알리바르디가 사망하자 시라지 웃다울라Siraj ud-Daulah가 그 뒤를 이었다. 그는 참을 만큼 참았다고 판단했다. 같은 해 5월 말, 시라지는 수천 명의 군대를 이끌고 카딤바자르Kadimbazaar에 있는 동인도회사의 공장을 포위했다. 동인도회사가 여전히 물러서지 않자 시라지와 7만 명의 병력이 캘커타로 진군했다.

바로 이 군사작전을 선두에서 이끈 사람이 미르 자파르다. 그는 성문에 도착한 6월 16일에도 군대를 지휘했는데, 그들은 하루 만에 캘커타 성문을 통과했고 19일이 되자 동인도회사로부터 도시에 대한 지배력을 완전히 빼앗아 왔다. 동인도회사의 총독은 남은 부하들을 내버려 두고 혼자 도망쳤다. 캘커타를 잃은 건 동인도회사에 큰 타격이었다. 상품을 약탈당한 것도, 수백 명의 사상자가 발생한 것도 뼈아팠지만, 무엇보다 심각한 문제는 주가가 폭락했다는 점이었다. 여러 차례 격앙된 이사회가 열린 끝에 회사의 방침이 정해졌다. 캘커타를 되찾고 사업 손실에 대한 보상으로 벵골을 통째로 차지하기로 말이다. 그리고 동인도회사의 직원인 로버트 클라이브Robert Clive가 이끄는 기념비적인 군대가 시라지와 수만 명의 병력을 대파했다. 1757년 1월 2일, 동인 도회사는 마침내 캘커타를 되찾았지만, 로버트 클라이브에게는 아직 벵골 전체를 점령해야 하는 임무가 남아 있었다. 회사의 충실한 일꾼인 그는 시라지 웃다울라에게 전쟁을 선포했다. 이전의 전투로 인해 동인도회사의 병력이 약해진 상태였는데도 불구하고 시라지는 놀라울 정도로 빠르게 퇴각했고 야간 기습을 틈타 도망쳤다. 2월이 되자 둘 사이에 평화조약이 체결되었고, 동인도회사는 예전처럼 기본적으로 자기들이 원하는 건 뭐든지 할 수 있는 권리를 얻게 되었다. 그러나 조약서 잉크가 채 마르기도 전에 복병이 등장했다. 프랑스와 영국이 서로에게 전쟁을 선포한 것이다. 어떻게든 땅만 차지할 수 있다면 승리하는 전쟁이었기 때문에 클라이브는 지친 군대를 이끌고 프랑스 무역지를 점령하기 위해 나섰다.

거짓 속 진실

죽음의 블랙홀

시라지가 이끄는 벵골군은 일명 '캘커타 블랙홀'이라 불리는 전쟁범죄를 저지른 것으로 악명 높다. 이들은 1756년 6월 20일 새벽, 영국인 146명 정도를 가로 4.3미터, 세로 5.5미터 크기의 좁은 방에 가뒀고, 밤새 123명에 달하는 병사들이 열사병, 탈수, 질식 등으로 사망했다. 다만 이는 당시 생존자의 주장을 일방적으로 따른 설명이고(물리적으로 이 정도 공간에 146명의 인원이 들어가는 것 자체가 불가능하다), 실제로는 64명 감금에 43명 정도가 사망한 것으로 추정된다.

한편 시라지 웃다울라 주변에서는 쿠데타의 조짐이 싹트고 있었다. 미르 자파르와 그의 군대는 재빨리 항복한 시라지에게 혐오감을 느꼈고, 벵골에 금융 왕조를 구축한 자게트 세스Jaget Seths 가문은 시라지가 벵골 돈을 다 쥐어짜 낸 데에 분개했다. 양측은 시라지가 조약을 파기하고 프랑스에 지원을 제공해서 동인도회사를 완전히 끝장낼 것이라고 선언하길 기다렸다. 하지만 그런 일은 일어나지 않았고, 영국은 벵골 영토를 계속해서 차지해가며 승리를 증명했다. 시라지를 축출하려는 모든 계획이 실패로 돌아가자 음모자들은 필사적이 되었다. 어쩌면 적의 적은 친구일지도 모른다. 음모자들의 계획을 들은 동인도회사는 1757년 5월에 비밀회의를 열고 시라지를 권좌에서 몰아내는 데 도움을 주기로 했다. 물론 이는 공짜가 아니었다. 군대 파견에 대한 대가로 동인도회사는 벵골의 1년치 수입 전액을 요구했고, 음모자들은 이에 동의했다.

이들의 계획은 다음과 같았다. 로버트 클라이브와 그가 이끄는 동인도회사가 무언가 빌미를 만들어 시라지의 군대를 공격한다. 시라지가 죽으면 미르 자파르가 지도자가 된다. 동인도회사로서는 은행가(자게트 세스 가문)보다는 군인 출신이 자기들 마음대로 주무르기에 훨씬 나으리라 판단했기 때문이다. 이제 미르 자파르가 할 일은 동인도회사 군대가 도착했을 때 시라지가 맨앞에 나서서 공격을 지휘하게 하는 것이었다. 하지만 미르 자파르는 그렇게 하지 않았다. 6월 중순, 클라이브는 시라지가 자리잡고 있는 플라시를 향해 행진하면서 미르 자파르에게 그쪽의 근황을 묻는 편지를 계속 보냈지만 아무 응답도 받지 못했다. 동인도회사의 군대와 합류할 예정이었던 6월 18일에도 그는 모습을 드러내지 않았고 다만 의심을 피하기 위해 시라지 곁에 머물기로 했다는 답변만 보내올 뿐이었다. 6월 21일, 좌절한 클라이브는 도대체 계획이 진행되고는 있는 건지 알아보기 위해 전쟁 위원회를 개최했고, 미르 자파르는 여전히 공격 채비를 갖추고 있다는 메시지만 전달하고는 곧바로 연락 두절이 되었다. 6월 23일, 미르 자파르는 여전히 흔적도 보이지 않았지만 클라이브는 이제 그만 이 연극을 끝내기로 결심했다. 그렇게 플라시 전투가 시작되었다. 대포가 발사되고 나서야 미르 자파르가 어디선가 모습을 드러냈다. 그는 자기 군대를 철수시키고 동인도회사의 승리를 확정지었다. 시라지는 달아났지만 며칠 뒤에 붙잡혀서 죽었다.

미르 자파르가 막판에 의구심을 느낀 것 같긴 하지만 어쨌든 배신 작전은 효과가 있었다. 7월, 그는 벵골의 새로운 통치자가 되었고 은행가들은 동인도회사에 빚을 갚기 시작했다. 하지만 머지않아 배신자들이 역으로 배신을 당하는 상황이 벌어졌다. 동인도회사는 자신들이 돈을 받고 혁명을 일으켜 준 것을 빌미 삼아 이번엔 음모자들의 목을 졸랐다. 무역업자였던 그들이 꼭두각시 통치자의 배후에 있는 '실세'로 변신한 것이다. 또 당연한 일이지만 벵골 사람들은 미르 자파르를 좋아하지 않았다. 그는 지도자를 죽였고 그걸 위해 적과 손을 잡았으며 그 과정에서 경제를 무너뜨렸으니까. 게다가 이제는 아편에 중독된 상태이기까지 했다. 하지만 동인도회사로서는 미르 자파르의 실패한 리더십 덕분에 벵골을 더 갈취할 수 있었으므로 손해 보지 않는 장사였음에는 틀림없다. 음모자들의 계획이 벵골을 구하기는커녕 더 망쳐 놓았기 때문에 1759년에는 미르 자파르와 자게트 세스 일가 모두 어떻게든 동인도회사를 제거할 방법을 찾으려고 애썼다.

이들이 첫 번째로 의지한 대상은 네덜란드 동인도회사였다. 이들은 네덜란드에 영국 동인도회사를 제거해 주면 벵골과 무역할 수 있는 권리를 주겠다고 약속했다. 하지만 그들은 영국과 벌인 친수라Chinsurah 전투에서 패배했고, 이로 인해 미르 자파르 체제는 무너지게 된다. 그 뒤를 이어 새로운 꼭두각시 통치자인 미르 카심Mir Qasm이 그 자리를 대신하게 되는데, 다행히 이들에겐 또 하나의 희망이 있었다. 무굴 황제 샤 알람 2세가 남아 있었던 것이다. 비록 그의 제국은 거의 무너졌지만 황제에게는 여전히 지지자들이 있었다. 1759년에 북인도에 있던 마지막 프랑스 군대 중 일부는 샤 알람과 힘을 합쳐 영국 동인도회사를 무너뜨리기로 약속했다. 미르 카심도 그들의 세력에 힘입어 동인도회사에 등을 돌리고 세금 납부를 거부했다. 전투, 교전, 공성전이 벌어졌고 아이러니하게도 동인도회사는 마약에 중독되어 전보다 훨씬 고분고분해진 미르 자파르를 다시 미르 카심의 자리에 앉혔다. 이 모든 것은 1764년의 북사르Buxar 전투에서 절정에 달했다. 짧지만 피비린내 나는 전투에서 결국 영국 동인도회사가 승리를 거뒀다. 이 승리는 인도에 대한 영국의 통치를 확정 짓는 데 결정적 역할을 했다. 무굴 통치의 마지막 흔적마저 사라졌고, 마침내 동인도회사는 벵골에 대한 행정권과 과세권을 부여받아 사실상의 통치자가 되었다. 1765년에 미르 자파르가 사망하자 로버트 클라이브는 회사 이사들에게 이 소식을 전하면서 다음과 같이 적었다. "제국 전체가 우리 손에 있다고 말해도 과언이 아니다." 이제는 정말 그렇게 됐다.

거짓 27
자기 주인을 고소한
노예가 있었다?!

스스로를 해방시키기로 한 사나이, 조셉 나이트

자메이카는 1700년대 후반까지 대영제국의 무역 기함旗艦 중 하나였다. 영국군은 1655년에 카리브해에 있는 이 섬나라를 처음 정복했고 1707년 영국의 식민지로 선언했다. 사탕수수 농장의 중심지인 이곳 식민지 농장주들의 성공은 노예무역에 달려 있었다. 1655년부터 노예무역이 폐지된 1809년까지, 약 60만 명에 달하는 이들이 아프리카에서 자메이카로 이송되어 강제로노예 생활을 했다. 이 노예들 가운데 13살 소년이 있었는데, 그는 1765년 초에 자기 집에서 납치되어 가족들과 강제로 헤어진 뒤 290명의 사람들과 함께 피닉스호라는 노예선에 감금되었다. 그리고 그 피닉스호는 그해 4월 자메이카의 항구도시 몬테고베이에 상륙해 '인간 화물'을 팔기 시작했다. 배의 선장인 존

나이트John Knight는 소년을 스코틀랜드 출신 농장주인 존 웨더번 John Wedderburn 경에게 데려가 개인적으로 팔았고, 웨더번은 어린 소년에게 조셉 나이트Joseph Knight라는 새로운 이름을 지어 주었다. 나이트라는 성은 소년을 납치한 나이트 선장에게서 따온 것이었다.

한편 웨더번이 자메이카에 온 이유는 딱히 돈을 벌기 위해서만은 아니었다. 그는 도주 중이었다. 그의 아버지인 제5대 블랙니스 남작은 자코바이트의 난✝ 이후 반역죄로 처형당했는데, 아버지와 같은 운명을 맞이하고 싶지 않았던 웨더번은 1747년 스코틀랜드를 탈출했다. 그 이후 그는 자메이카에서 가장 큰 농장주 중 한 명이 되었고, 설탕 사업으로 믿을 수 없을 만큼 많은 돈을 벌었다. 웨더번은 새롭게 축적한 이 재산이 스코틀랜드로 돌아가는 것뿐만 아니라 귀족 집안이던 자기 가족의 지위를 되찾는 데도 도움이 되길 바랐다. 조셉 나이트는 이 계획을 위한 초석이 될 예정이었다. 당시 영국에서는 흑인 하인을 두는 게 부의 상징으로 통용되던 때였으므로 웨더번은 조셉을 자기 하인으로 '키웠다'. 조셉은 다양한 훈련을 받고 프랑스어와 영어로 읽고 쓰는 법도 배운 끝에 3년 뒤 또 한 번 배를 타게 된다. 이번에는 스코틀

✝ 자코바이트Jacobite란 1688년 영국에서 일어난 명예혁명의 반혁명 세력을 지칭하는 표현이다. 이들은 명예혁명으로 인해 프랑스로 추방된 제임스 2세의 복귀를 주장하며 반란을 일으켰는데, 국왕 암살 미수 사건 등 크고 작은 반란을 통칭해 자코바이트의 난이라 부른다.

랜드로 향하는 배였다.

습하고 바람이 많이 부는 스코틀랜드는 조셉이 이전에 경험한 적 없는 환경이었다. 퍼스셔에 있는 웨더번의 발린딘 사유지에서 일하던 조셉의 신분은 하인이었지만, 그 집에서 일하는 다른 하인들과는 달랐다. 그럼에도 그는 여전히 웨더번에게 묶여있는 노예 신세였다. 하지만 일명 '서머싯 사건'이라 불리는 영국의 획기적인 법률 사건 덕분에 모든 게 바뀌었다. 1771년 11월, 제임스 서머싯James Somerset이라는 노예가 사슬에 묶인 채로 런던에서 자메이카로 이송되어 그곳에서 재판매될 예정이었다. 서머싯은 인생 대부분을 미국에서 노예로 살다가 최근에야 주인인 찰스 스튜어트를 따라 런던에 오게 되었는데, 도착하고 얼마 뒤 탈출을 감행했다. 그러나 이내 붙잡혔고, 탈출한 벌로 다시 노예로 팔리게 되었다. 다행히도 한 노예제 폐지론자 단체가 개입해서 서머싯이 불법으로 수감되었다고 보고했다. 1772년 영국 법원은 서머싯을 강제로 가둘 법적 근거가 없다고 판단하여 그를 석방했다. 이건 대대적으로 보도된 중요한 뉴스였다. 일부 신문 헤드라인은 서머싯 사건이 영국 내의 노예제도를 폐지시키고 서머싯처럼 다른 나라에서 팔렸다가 나중에 영국으로 끌려온 노예들에게 주인을 떠날 수 있는 권리를 줄 것이라고 선언했다. 안타깝게도 언론에서 말한 내용은 사실이 아니었다. 제임스 서머싯에 대한 판사의 판결은 의도적으로 모호했다. 노예제도에 대한 의미있는 변화를 명시하지도 않았고 심지어 제임스 서머싯이 더 이상 노예가 아님을 암시하지도 않았다. 단지 찰스 스튜어트가 그를 구금하거나 다시 되팔 수 없다는 내용이 전부였다. 이는 신문 기사에서 말하던 것과는 본질적으로 전혀 다른 것이었다.

1772년 7월, 지역 신문을 통해 서머싯 사건을 알게 된 나이트는 이 일련의 일들이 법적으로 자기가 자유로워져야 함을 뜻한다고 해석했다. 흥미롭게도 조셉이 자유의 가능성을 조사한 건 이때가 처음이 아니었다. 스코틀랜드에 상륙한 1768년, 조셉은 웨더번에게 자기가 이제 급료를 받거나 자유를 얻을 수 있는지 물었다. 이에 대해 맨 처음 웨더번은 조셉에게 7년 안에 해방시켜 주겠다는 약속을 했고, 그로부터 1년 뒤에는 여기에 더해 조셉을 자유롭게 풀어 준 뒤 자메이카에 있는 땅과 집까지 주겠다고 맹세했다. 그러나 1772년에서 1773년으로 넘어갈 무렵, 조셉은 웨더번의 말을 의심하기 시작했다. 그는 주인이 서머싯 사건을 인정하고 자신에게 자유를 허락하기를 참을성 있게 기다렸지만 그런 일은 일어나지 않았다.

조셉이라고 분란을 일으키고 싶으란 법은 없었지만 이제 그에게는 싸워야 할 또 다른 이유가 생겼다. 웨더번의 하인인 앤 톰슨과 사랑에 빠진 것이다. (앤이 백인이었을 가능성이 높았으므로) 자신들의 관계를 비밀에 부치고 있던 두 사람이었지만, 앤이 곧 아이를 갖게 되면서 웨더번과의 대립은 피할 수 없는 문제가 되었다. 앤의 임신을 알게 된 웨더번이 조셉을 해고했고, 어떻게든 자기 가족을 돌보고 싶었던 조셉은 웨더번에게 이제 그만 자유를 허락해 달라고 호소했다. 조셉은 웨더번을 위해 일하는 걸 중단하려던 게 아니라 급여를 받고 싶었던 것뿐이었지만 웨더번은 이를 거절했다. 마침내 조셉은 웨더번이 수년 동안 자신에게 거짓말을 했고 결코 그를 풀어 줄 생각이 없음을 깨달았다. 그래서 조셉은 스스로 해방되기로 했다. 그가 생각하기에 1772년부터 자신은 법적으로 자유였고, 다만 웨더번이 이를 공식적으로 선언하기를 기다리면서 몸을 사리고 있었던 것뿐이다. 1773년 11월, 조셉 나이트는 일을 그만두겠다고 선언하고는 자기 가족을 데리고 발린딘 사유지를 떠났다. 곧바로 그에 대한 체포 영장이 발부되었다.

11월 15일, 조셉은 체포되었고 법원은 탈출한 노예는 주인에게 돌아가야 한다며 웨더번에게 유리한 판결을 내렸다. 하지만 조셉은 판결에 따르지 않았다. 웨더번은 재판이 진행되는 동안 자기는 조셉을 풀어 줄 계획이 없었고 조셉이나 자기 중 한 명이 죽을 때까지 계속 노예로 부릴 생각이었다고 인정했다. 조셉 입장에서 이건 웨더번이 그동안 자신에게 거짓말을 하고 있었음을, 그리고 그가 서머싯 사건의 판례를 무시하고 있었음을 증명하는 증거였다. 그래서 조셉은 자신이 융통할 수 있는 돈을 전부 긁어모아 1774년에 남들은 감히 상상도 못 한 일을 저질렀다. 바로 자기 주인을 고소한 것이다.

노예제 폐지, 그 험난한 역사에 대하여

1807년 3월에 상정된 노예무역 폐지법은 영국의 대서양 횡단 노예무역 참여를 금지하는 법이다. 그러나 실제로 이 법이 통과된 것은 1833년이 되어서였다. 게다가 이 법이 통과되었다고 해서 지금까지 행해져 온 인권유린이 끝난 것은 아니었다. 카리브해에 있는 많은 영국 식민지들은 주로 중국인이나 인도인과 일종의 근로계약을 맺고 그들의 노동력을 이용하는 방향으로 노선을 바꾸었지만, 이때도 다수의 폭력과 폭행, 기본적인 위생 시설 및 관리 부족 상황이 보고되었고, 노동자들의 사망률도 높았다.

조셉은 서머싯 사건에 대해 자신이 이해한 바를 근거로 자기 주인과의 법적 싸움을 진행해 나갔는데, 사실 그는 서머싯 사건의 판결 내용을 완전히 잘못 알고 있었다. 그러나 조셉의 완강한 태도와 제임스 서머싯 사건 판결에 대한 광범위한 오보 때문에 퍼스의 판사는 조셉의 주장을 받아들였을 뿐만 아니라 무려 그에게 유리한 판결을 내렸다. 조셉이 법적으로 자유로운 사람이라는 판결을 말이다. 물론 웨더번은 이 판결을 받아들이지 않았고 1775년 에든버러의 주 형사 법원에 항소를 제기했다. 최종 판결은 1778년이 되어서야 내려졌지만 이는 기다릴 가치가 있는 판결이었다. 판사는 다음과 같이 판결했다. "우리 왕국의 법은 인간의 노예 상태를 인정하지 않으며 이는 우리의 원칙과도 일치하지 않는다. 노예에 관한 자메이카의 규정은 우리 왕국에 적용되지 않는다. 이에 변호인의 종신 노동 주장을 거부한다."

조셉 나이트가 이겼다. 게다가 그의 재판 판결문은 스코틀랜드 땅에서는 노예를 두는 게 법적으로 허용되지 않는다는 점을 명확히 하고 있었으므로 자유를 추구하는 스코틀랜드의 모든 노예를 위한 확실한 피난처가 되었다. 물론 이 같은 판결을 무시하는 노예 소유주들은 여전히 존재했지만, 그래도 이건 노예제 폐지를 향한 기념비적인 진전이었다. 조셉 나이트와 관련해서는 그 이후 무슨 일이 있었는지 정확히 기록에 남은 게 없다. 그러나 이는 오히려 좋은 징조일 가능성이 높다. 그가 더 이상 곤경에 처하지 않았다는 뜻이기 때문이다. 조셉과 관련된 마지막 기록은 그가 앤과 함께 조용한 삶을 살기 위해 떠나는 모습이었다.

거짓 28

마리 앙투아네트를 죽음으로 몰고 간
다이아몬드 목걸이

마리 앙투아네트는 "빵이 없으면 케이크를 먹으라고 해"라는 말을 한 적이 없다. 하지만 오늘날에도 이 문장은 여전히 그의 유산으로 남아 있으며, 그가 프랑스 혁명가들이 반대한 모든 것을 상징하는 인물이라는 데는 논쟁의 여지가 없다. 하지만 마리 앙투아네트를 그런 위치로 몰아넣은 건 그의 사치스러운 생활 방식이나 값비싼 취향이 아니었다. 사기극, 그리고 실제 그가 소유한 적도 없는 다이아몬드 목걸이 때문이었다.

1772년경 프랑스 왕 루이 15세는 파리의 보석상인 보에메르 Boehmer와 바상주Bassange에게 자기 정부인 마담 뒤바리를 위한 정교한 다이아몬드 목걸이를 만들어 달라고 의뢰했다. 가장 좋은 다이아몬드 647개가 박혀 있는, 어디 비할 데 없이 아름다운 그 목걸이의 가격은 오늘날 가치로 환산하면 약 1500만 파운드(한화로 250억 정도–옮긴이)쯤 될 것이다. 그러나 보석을 구하고 이를 가공해 목걸이를 만드는 데는 상당한 시간이 소요되었고, 1774년에 천연두로 사망하는 바람에 루이 15세는 완성된 목걸이를 보지 못했다(그리고 사지도 못했다). 보에메르와 바상주로서도 참으로 난감한 일이었다. 이 말도 안 되게 비싼 목걸이를 팔 만한 사람도, 사겠다는 사람도 없었던 것이다. 그래서 그들은 새롭게 왕비 자리에 오른 마리 앙투아네트에게 손을 뻗었다. 하지만 그는 목걸이 구입을 거절했다. 아마 자신의 궁정 라이벌인 마담 뒤바리를 위해 만든 목걸이라서 거절한 듯하지만, 공식적으로 내세운 이유는 그렇게 큰돈은 남편인 루이 16세가 해군 함정을 구입하는 데 쓰는 편이 낫다는 것이었다. 보석상들은 이 값비싼 골칫거리를 없애려고 끈질기게 노력했지만 목걸이는 여전히 보에메르와 바상주 손에 남아 있었고, 이건 나이 든 왕에게 고가의 물건을 판매하는 게 얼마나 위험한지를 두고두고 상기시켰다. 잔느 드 발루아라는 사기꾼이 다이아몬드에 관심을 갖기 전까지 이 같은 상황은 계속됐다.

1756년에 태어난 잔느 드 발루아 생 레미Jeanne de Valois-Saint-Rémy는 귀족 출신이었지만 현재 그의 가족은 재정적으로 완전히 파산했고, 그의 아버지는 파리의 초라한 집에서 사망했다. 하지만 이런 상황도 잔느가 프랑스의 가장 높은 계급의 사람들과 어울리며 영화를 추구하는 걸 막지는 못했다. 그는 자신을 잔느 드

발루아라는 인물로 재탄생시켰고, 서자 혈통을 통해 프랑스 왕실과 연결되어 있다고 주장했다. 잔느는 1780년에 자기처럼 땡전 한 푼 없는 자칭 귀족 니콜라 드 라 모트Nicholas de la Motte '백작'과 결혼했다. 두 사람은 함께 프랑스 왕실로 진출할 계획을 세웠고, 동료 사기꾼이자 니콜라스의 친구이면서 동시에 잔느의 애인 겸 포주로 의심되는 레토 드 빌레트Rétaux de Villette를 끌어들였다.

1783년 이 사기꾼 부부는 비엔나 대사로 일했던 중년의 추기경 로앙Rohan을 알게 된다. 사실 로앙은 그때 이미 운이 다한 상태였다. 비엔나에서 대사로 재임하는 동안에는 마리 앙투아네트의 어머니인 마리아 테레지아 황후를 자주 화나게 했고, 그로 인해 마리의 궁정에서도 환영받지 못했다. 그래도 로앙은 매우 부유했고 권력을 되찾기 위해 필사적이었기 때문에 잔느의 계획에 매우 요긴하게 쓰일 수 있었다. 잔느는 로앙의 정부가 되었고, 그에게 마리 앙투아네트는 자기 '친척'이므로 자기가 둘 사이의 문제를 해결해 줄 수 있다고 장담했다. 로앙은 매우 기뻐하면서 왕비에게 용서를 구하는 편지를 쓰기 시작했는데, 그에 대한 답장은 레토 드 빌레트가 써서 보냈다. 하지만 1784년이 되자 로앙도 이들을 의심하기 시작했다. 몇 달 동안 마리 앙투아네트에게 편지를 썼지만 아무것도 변한 게 없었기 때문이다. 로앙을 계속붙잡아 두기 위해 세 사람은 왕비와 닮은 니콜 르과이^{Nicole Le Guay}라는 매춘부를 찾아냈다. 니콜은 어두운 밤을 틈타 베르사유 궁전 정원에서 로앙을 만나 자신의 호의를 확인시켜 줬다. 이 방법은 실제로 효과가 있었고, 그 사이 잔느는 이제 치명타를 날릴 준비를 마쳤다.

거짓 속 진실

마담 뒤바리의 무모한 행동

목걸이의 원래 수령인이었던 마담 뒤바리는 실제로 본인의 보석 절도 사건 때문에 최후를 맞게 된다. 마리 앙투아네트 때문에 프랑스 궁정에서 쫓겨난 뒤바리는 자신의 호화로운 성으로 물러나 혁명이 시작될 때까지그곳에서 조용히 살았다. 하지만 1791년에 보석을 대부분 도난당하자 그걸 찾으려고 프랑스와 영국을 돌아다니기 시작했고, 이로 인해 사람들의 관심을 끈 나머지 결국 1793년에 체포되어 참수당했다.

잔느는 로앙에게 마리 앙투아네트가 그를 다시 받아들일 준비가 되었지만 먼저 화해의 선물을 제공해야 한다고 말했다. 보에메르와 바상주의 다이아몬드 목걸이 같은 것 말이다. 마리가 직접 사기에는 너무 비싸기 때문에 로앙이 마리를 위해 비밀리에 구입해야 한다는 식으로 속삭였다. 목걸이 판매는 1785년 2월에 이루어졌고, 추기경은 여왕이 목걸이를 받고 싶어 했다는 증거로 레토 드 빌레트가 위조한 편지를 제시했다. 목걸이는 곧 잔느의 손에 들어갔고, 잔느는 목걸이를 분해해서 다이아몬드만을 암시장에 내다 팔았다. 하지만 보에메르와 바상주가 마리 앙투아네트에게 감사 편지를 쓰는 바람에 이 사건의 비밀은 오래 유지되지 않았다. 당연히 왕비는 혼란스러워했고 신속하게 조사가 시작되었다. 1785년 8월 15일, 로앙 추기경이 베르사유에서 체포되었고 그 다음 날 잔느와 니콜라, 레토도 체포됐다. 그리고 매춘부 니콜 르과이와 추기경을 꼬드긴 또 다른 사기꾼(이자 마술사이자 심령술사라고 하는) 알레산드로 칼리오스트로Alessandro Cagliostro도 붙잡혔다.

체포된 자들에 대한 재판이 시작되기에 앞서 스캔들과 관련된 소식을 더 알아내기 위한 가십 팸플릿 거래가 시작되었다. 이런 종류의 팸플릿은 새로운 게 아니다. 실제로 다이아몬드 사기꾼들이 체포되고 몇 달 뒤에 경찰은 군주제를 비판하는 정치 팸플릿을 수년간 제작해 온 피에르 자크 르 메트르Pierre-Jacques Le Maitre를 체포했다. 1770년대 내내 이와 유사한 팸플릿이 계속 등장했고, 그때마다 마리 앙투아네트의 출신지, 값비싼 취향, 연인 관계 등이 조롱거리가 되었다. 그래서 사람들은 다이아몬드 목걸이 사건에 관한 새로운 팸플릿 내용, 그러니까 마리 앙투아네트가 이 모든 계획의 배후에 있었다는 말도 쉽게 믿었다. 취향이 너무 사치스럽고 고집도 센 마리 앙투아네트가 매춘부, 포주와 결탁해서 프랑스 국민들의 돈을 터무니없이 어리석은 짓에 사용했다고 말이다. 이 때문에 그동안 나돌던 온갖 나쁜 소문들이 사실로 굳어 버렸고, 1786년 5월에는 노트르담 성당 행차도 불가능할 정도가 되었다. 왕비에 대한 국민들의 증오가 너무 심해져 경찰이 폭도로부터 왕비를 보호할 수 없는 지경에 이른 것이었다.

마침내 재판이 시작되었고, 마리 앙투아네트가 무죄라는 사실이 밝혀졌지만 여론의 법정에서는 그렇지 못했다. 유죄판결을 받은 잔느는 감옥을 탈출해서 런던으로 도망쳤고, 1789년에『발루아 드 라 모트 백작 부인의 회고록Memoires Justificatifs de La Comtesse de Valois de La Motte』을 출간해서 논란에 기름을 더 부었다. 잔느는 마리를 차갑고 계산적인 인물로 묘사했고, 색정광에 드러나지 않은 동성애자라고 비난했다. 같은 해 7월 바스티유가 함락되고 프랑스혁명이 전국을 휩쓸었다. 이에 더해 잔느의 거짓 주장까지 뿌리를 내렸으니 프랑스 왕실 입장에서는 억울해도 손쓸 도리가 없었을 것이다. 실제로 그 후 몇 달, 몇 년 동안은 다이아몬드 목걸이 사건의 기억 때문에 왕비를 탐욕스러운 괴물이자 마구 놀아나는 창녀로 묘사하는 팸플릿이 무수히 쏟아져 나왔다. 정작 잔느는 채권자들을 피해 도망다니다가 1791년에 사망했기 때문에 프랑스로 돌아가서 자기가 친 사기의 결과를 보지 못했다. 마리 앙투아네트와 그의 남편 루이 16세는 1793년 혁명가들의 손에 죽었다. 많은 국민이 굶주리는 동안 이들 부부가 경박하게 돈을 쓴 건 사실이지만, 마리 앙투아네트를 죽음으로 몰고 간 혐의와 관련해서는 명백히 무죄였다.

A Short History of the World in 50 Lies

1890년대에 '황색 저널리즘'이라는 용어가 주목을 받기 시작했다.
엉터리 달 기사나 마크 트웨인이 지어낸 기상천외한
가족 살인 사건 같은 완전한 허구의 시대는 지나갔다.
이제 신문사는 자신들의 편견을 뒷받침하는
선정적인 기사를 만들기 위해 사실을 왜곡할 뿐이다.

_〈'기레기'의 탄생: USS 메인호와 보도 전쟁〉에서

Part. IV

✦ **19세기** ✦
The Nineteenth Century

~거짓 29~
루소포비아, 러시아 혐오의 기원을 찾아서

표트르대제의 비밀 유언장

요 근래, 전쟁을 일으키고 침략을 정당화하기 위해 러시아 표트르대제의 업적을 신화화하던 역사적 사건들을 떠올리고 있다. 1853년에 발발한 크림전쟁과 20세기의 제2차 세계대전 그리고 오늘날 푸틴의 우크라이나 침공까지, 러시아를 공동의 적으로 규정하고 위협적인 존재로 여기게 만든 굵직굵직한 사건을 거슬러 올라가다 보면 늘 맞닿게 되는 이름이 있다. 바로 표트르대제다. 러시아의 개혁 군주로 널리 알려진 그는 어쩌다 파괴와 억압, 그리고 루소포비아Russophobia(러시아 혐오 정서-옮긴이)를 떠올리게 하는 대명사가 되었을까? 이를 이해하기 위해선 19세기 프랑스로 거슬러 올라갈 필요가 있다.

1812년 프랑스 '역사학자' 겸 선동가인 샤를 루이 르쥐르

Charles Louis Lesur는 『러시아 권력의 기원부터 19세기까지의 발전 Des Progrès de la puissance russe depuis son origine jusqu'au commencement du XIX siècle』이라는 책을 발간했다. 이 작업은 프랑스의 러시아 침공을 정당화하고 이에 대한 근거를 마련하기 위해 나폴레옹 보나파르트가 추진한 활동의 일환이었는데, 바로 여기에 '표트르대제 유언'이 포함되어 있었다. 이 유언이란 러시아가 유럽 전역을 점령하고 페르시아(현재의 이란), 인도, 튀르키예 같은 나라까지 정복하겠다는 내용의, 14가지로 구성된 계획이었다. 핵심은 러시아가 지속적으로 전쟁 상태를 유지하고, 폴란드에 무정부 상태를 조성하며, 러시아령 내 국가들끼리 서로 적대시하게 만들고, 발트해와 흑해를 장악하겠다는 것이다. 르쉬르는 표트르대제가 1725년에 사망했으나 여전히 유럽 전체에 위협을 가하고 있다고 주장했다. 러시아제국을 건설하고 영토를 확장한 표트르는 사실상 자기 후계자들에게 지배를 위한 발판이자 과제를 남겼고, 이들은 그 유언을 충실히 따를 것이라고 말이다.

그러니 프랑스는 러시아를 침략해야만 했다. 그렇지 않으면 러시아가 먼저 유럽을 점령하고 그다음으로 세계를 점령할 것이기 때문이다. 그런데 표트르대제가 정말 그런 내용의 유언장을 남겼을까? 르쉬르는 표트르대제의 유언장이 실제로 존재했다는 증거를 입증한 적이 없었고, 그가 그런 주장을 내세우기 전까지는 유언장과 관련된 역사적 기록 또한 존재하지 않았다. 그럼에도 불구하고 르쉬르가 사람들의 잠재적인 공포와 불신을 이끌어

내는 뭔가를 훌륭하게 건드렸기 때문에 당시에는 이 문제를 제대로 조사하지 않았다.

그러던 1836년, 마침내 유언장 발견의 '증거'가 나타난다. 그런데 그 출처가 매우 이상했다. 프랑스의 첩자로 활동한 르 슈발리에 데옹Le Chevalier d'Éon에게서 나왔던 것이다. 1810년에 사망한 데옹은 그 죽음 이후, 엄청난 소란에 휘말렸다. 그 이유는 데옹이 주로 여성으로서의 삶을 살았고, 그 삶 자체가 여성이 성취할 수 있는 위대한 업적의 상징이 되어 초기 페미니스트들에게 엄청난 지지를 받았으나, 사후 부검 결과 그의 성별이 남성으로 판명되었기 때문이다. 현재 많은 역사가들은 데옹이 트랜스젠더였을 가능성이 높다고 생각하지만 1836년에는 이 일을 바라보는 관점이 아주 달랐다. 만약 남자가 여자 행세를 하면서 수십 년을 '보낼' 수 있었다면 다른 환상적인 일들도 가능했을 것이다. 프레데리크 가이아르데Frédéric Gaillardet가 쓴 데옹의 전기 『슈발리에 데옹의 회고록Memoires du Chevalier d'Éon』은 이에 대한 답을 제공한다. 이 책은 데옹의 실제 삶에 허구적인 판타지를 잔뜩 섞은 것으로, 그를 최대한 많은 유명 인물과 역사적 사건에 연결시켜 거의 새로운 모험담의 형식으로 재창조했다. 그중에는 데옹이 1757년에 표트르대제의 유언장을 발견해서 프랑스로 보낸 일도 포함되어 있다. 물론 실제로 그런 일이 있었다는 증거는 없다. 서류상의 흔적이나 보관된 문서도 없고, 1779년에 나온 데옹의 대필 전기에도 관련된 언급이 전혀 없다. 하지만 이는 그 자체만으로 아주 훌륭한 이야기였고, 앞선 거짓말들의 이야기를 통해 확인한 것처럼 허구를 사실로 바꾸기에는 이것만으로 충분했다. 역사학자 월터 켈리Walter Kelly도 이를 사실로 받아들이면서 1854년에 발표한 『러시아의 역사The History of Russia』라는 책에 가이야르데 버전의 데옹 이야기를 포함시켰다. 흥미롭게도 켈리는 자신의 책에서 "데옹의 회고록과 소위 (표트르대제의) 유언장이라는 것에 대해 의혹이 제기되었고, 그들의 주장을 뒷받침하는 증거가 '철저한 조사'를 거친 적이 없다"는 사실을 밝혔다. 그러나 그는 러시아가 루스 영토를 꾸준히 차지해 온 역사를 통해 표트르대제의 유언장이 유효하다는 것을 증명하고 있다고 결론짓는다. 이런 식의 결론 때문에 결국 표트르대제의 유언장은 신빙성 있는 사료로 굳어지고 말았다. 오늘날에도 켈리와 가이야르데는 유언장의 정통성과 관련해 가장 많이 인용되는 출처다.

유언장은 1853년 크림전쟁 발발 이후 세계 정치의 최전선에 긴급 소환되었다. 언론인들이 러시아의 전시 행동과 관련된 신문보도에 재빨리 유언장 내용을 포함시킨 것이다. 특히《뉴욕 트리뷴New Yor Tribune》에 실린 칼 마르크스와 프리드리히 엥겔스의 글이 강력한 선동 기제가 되었는데, 그들은 표트르대제의 유언장이 러시아의 모든 외교정책을 이끌었고 '러시아의 본질적인 야만성'을 증명한다고 주장했다. 이후로도 유언장과 관련한 음모는 꾸준히 제기되었고 늘 빠른 속도로 퍼져 나갔다. 결국 1859년, 이에 대한 진상을 규명하기 위해 본격적으로 조사가 실시되었고,

1870년대 후반이 되자 여러 연구를 통해 그 유언장이 르쥐르의 위조품에 불과하다는 결론이 나왔다.

러시아 근대화의 설계자 표트르대제

표트르대제(표트르 1세)는 1682년에 왕위에 올랐다. 처음에는 이복형제인 이반 5세와 함께 나라를 다스리다가 이반 5세가 사망한 뒤 1696년부터 단독 통치자가 되었다. "우리는 러시아인이 아니라 표트르인Petrovian이라 해야 한다. 러시아는 표트르의 땅Petrovia이다." 19세기 러시아의 재무대신을 지낸 칸크린 백작의 말처럼 표트르대제는 제국을 40년 가까이 통치하며 러시아를 완전히 개조했다. 오늘날 그는 러시아 근대화의 초석을 닦고 유럽 안에서 제국의 위치를 공고히 한 공로를 인정받고 있다.

하지만 이후로도 유언장을 자의적으로 활용하는 행태는 중단되지 않았다. 표트르대제의 유언장은 가만 두고 썩히기엔 너무 좋은 선전 도구였기 때문이다. 제1차 세계대전 때 독일은 프랑스와 이란이 러시아에 등을 돌리게 하기 위해 새로운 버전의 유언장을 날조했다. 제2차 세계대전 때도 똑같은 방법이 활용됐는데, 이번에는 러시아의 모든 유럽 동맹국에 두려움을 불러일으키는 내용이 퍼져 나갔다. 마침내 1948년, 냉전이 가열되기 시작하자 미국의 트루먼 대통령은 소련의 위협을 해결할 방법이 없는 것 같아 두렵다고 했다. "그들은 확고한 생각을 품고 있는데, 그런 생각은 표트르대제의 유언장에 제시되어 있습니다. 한번 읽어 보시기 바랍니다." 이 편지를 받은 변호사 그렌빌 클라크Grenville Clark 는 서둘러서 대문자로 휘갈겨 쓴 메모를 보냈다. "그건 나폴레옹이 러시아를 침공하기 직전 선전 목적으로 공개한 것이며, 지금도 비슷한 목적으로 사용되고 있습니다." 하지만 이후 트루먼의 몇몇 보좌관이 이야기한 바에 따르면, 대통령은 클라크의 메모를 받고도 생각이 변하지 않은 모양인지 적어도 사적인 자리에서는 표트르대제의 유언장에 대해 지속적으로 언급했다고 한다. 이미 150여 년 전에 진실이 밝혀졌음에도, 이 같은 잘못된 믿음과 편견에 기반한 두려움은 계속해서 이어지고 있다. 그러니 러시아가 전쟁을 벌이거나 타국을 침략할 때마다 표트르대제의 유언 역시 계속해서 다시 등장하지 않을까?

～ 거짓 30 ～
비밀의 낙원 포야이스와
'영웅' 맥그리거 이야기

르쥐르가 위조한 유언장이 유럽인들의 의식에 뿌리를 내리는 동안, 또 다른 위조품에 이끌린 개척자들이 니카라과의 모스키토 해안으로 모여들었다. 식민지 건설이라는 달콤한 파이에서 자기 몫을 차지하고 싶었던 그들은 지금까지 외부에 알려지지 않았고 사람도 살지 않는 낙원 포야이스Poyais에 땅을 샀다. 1822년 9월 10일, 그들은 새로운 삶을 시작하고 그 과정에서 돈도 많이 벌기 위해 런던의 부두를 떠나 항해를 시작했다. 여기서 유일한 문제는 포야이스라는 낙원이 실제로 존재하지 않는 곳이라는 점이다. 정착민들은 황량한 야생의 땅에서 오도 가도 못 하는 신세가 되었고, (원래부터 있지도 않았지만) 그렇게 그들의 낙원은 사라졌다.

이런 재난의 배후에 그레고어 맥그리거Gregor MacGregor가 있었다. 1786년 스코틀랜드에서 태어난 그는 청년기 내내 가족에 빌붙어 빈둥거리기만 할 뿐 그 이상의 삶을 꾸리는 데는 실패한 것으로 전해진다. 돈을 내고 영국 군대에서 지위를 얻었지만, 다른 사람들과 잘 어울리지 못하고 상급자들과도 계속 충돌하는 바람에 1810년 군을 강제로 나오게 된다. 그 후로는 아내가 상속받은 재산으로 생계를 유지하곤 했지만, 1811년에 아내가 갑자기 사망하자 이제는 정말 직업을 구해야만 했고, 용병이 되는 걸 목표로 삼았다.

이 당시는 스페인령 아메리카 독립 전쟁이 이제 막 막을 올린 참이었다. 나폴레옹의 이베리아반도 침공으로 촉발된 것이긴 하나, 주로 스페인 당국에 대한 뿌리 깊은 불만 때문에 발발한 스페인령 아메리카 독립 전쟁. 맥그리거는 독립을 쟁취하려고 싸우는 파벌들로부터 열렬히 환영받는 수많은 용병 중 하나에 불과했다. 1813년, 베네수엘라에 도착한 맥그리거는 계급을 하나씩 밟으며 승진하는 건 자기 적성에 맞지 않는다고 판단했다. 그래서 그는 자신을 위한 환상적인 이력서를 꾸며 내기로 한다. 영국 군대의 유명한 영웅 그레거 경이 되기로 한 것이다. 눈부시게 빛나는 거짓 이력 덕분에 베네수엘라 독립 전쟁에서 맥그리거가 남아메리카 독립투쟁의 기수 시몬 볼리바르Simón Bolívar의 직속 부하가 되기까지는 그리 오랜 시간이 걸리지 않았다. 그 후 몇 년 동안 맥그리거는 탁월한 성과를 올렸고, 1820년에는 베네수엘라와 뉴그라나다 육군 사단장이라는 직함을 달고 용병 임무를 수행했다.

맥그리거가 포야이스에 대해 처음 알게 된 건 1820년 봄이었다. 임무 수행차 그가 모스키토해안에 상륙한 일이 있었는데, 당시 그 땅은 미스키토Miskito 왕국(당시에도 모스키토라고 부르는 경우가 더 많았다)의 일부였다. 사실 이곳은 한때 영국 식민지의 본거지이기도 했는데, 이때는 스페인과의 외교 협정으로 영국 정착민들 모두 근처에 있는 영국령 온두라스 식민지로 이주한 상황이었다. 모스키토 왕과 영국은 계속 우호적인 관계를 유지했고, 1814년에 조지 아서George Arthur가 영국령 온두라스의 부총독으로 임명됐을 때도 마찬가지였다. 당시 온두라스에는 약 3,000명의 노예가 살고 있었는데, 그중 상당수는 모스키토해안 출신이었다. 미스키토 사람이 노예로 팔려 갔거나 아니면 경쟁 부족을 습격해서 포로로 잡아 팔아넘긴 것이었다. 조지 아서는 노예들에 대한 비인간적인 대우에 충격을 받고 그들에게 자유를 주려고 했지만, 노예 소유주나 미스키토의 왕을 설득하는 데에는 실패했다. 그럼에도 대세가 바뀌어 가고 있음을 체감한 미스키토의 왕은 자기 땅 일부를 새로운 주인에게 팔아서 그 상황을 해결하려고 했다. 그리고 바로 이때 운명처럼 그곳에 상륙한 그레고어 맥그리거는 그야말로 완벽한 적임자처럼 보였다. 그는 현재 진행 중인 소란에 대해서 전혀 알지 못했고, 포야이스가 한때는 비옥한 토양과 목재 무역으로 번성하던 곳이었으나 수년간 방치되는 바람에 이제는 사람이 살기에 적합하지 않은 땅이 됐다는 사실도 크게 신경 쓰지 않는 듯했다.

맥그리거라고 해서 처음부터 그런 장기적인 사기를 칠 요량으로 포야이스를 매수한 건 아니었다. 그는 이 땅에 라틴아메리카 공화국의 이익에 도움이 되고 영국 무역의 중심지가 될 수 있는 식민지를 건설하려고 했다. 실제로 그는 1817년에 플로리다 해안 부근에 있는 스페인 섬 수비대에 '플로리다 공화국'을 건설해 이 전략을 시도한 적이 있다. 하지만 새로운 식민지를 세운지 3개월 만에 스페인의 공격을 받았고, 그는 그길로 도망쳤다. 그러다가 1819년에 다시 한번 이 프로젝트에 시동을 거는데, 이번에는 과감하게도 온두라스만 근처의 스페인 항구를 점령하려고 시도한 것도 모자라 심지어 자신을 '뉴그라나다의 잉카 폐하'라고 칭하기까지 했다. 그러나 스페인군이 공격해 올 때마다 맥그리거는 도망쳤고 새로 얻은 땅을 잃었다. 포야이스는 그에게 식민지의 꿈을 실현하기 위한 마지막 기회였고, 적어도 이번에는 훔친 땅이 아니었다.

1821년에 영국으로 돌아온 맥그리거는 그 땅을 포야이스의 카지크라고 소개했다. 포야이스가 구매자들에게 별로 매력적이지 않으리라는 걸 알고 있었던 그는 이 땅이 먼 미래에 어떤 모습이 될 수 있는지를 중심으로 선전과 홍보 작업을 진행했다. 그리고 그게 '먼' 미래의 모습이라는 이야기를 쏙 빼놓았다. 그 땅의 아름다운 산맥, 푸른 바다, 그리고 (한 계절에 두 가지 곡물을 수확할 수 있을 정도로) 비옥한 토양을 강조한 팸플릿, 전단, 지도를 제작했다. 맥그리거에게 돈을 받은 스트레인지웨이즈Strangeways 선장이라는 사람은 포야이스에서 목재를 베어 팔면 크게 한몫 벌 수 있다고 강조하는 안내서를 만들었다. 맥그리거의 자의적인 홍보 활동이 다양해짐에 따라 그가 하는 거짓말의 규모와 새로운 정착민들이 빠지게 될 위험도 덩달아 높아졌다.

1822년이 되자 포야이스 사업의 규모는 더욱더 커져 에든버러와 런던에 사무실을 차릴 정도가 되었다. 이는 신생 사기 집단으로 하여금 합법적인 분위기를 풍기도록 만들었고, 실제로 그 해에 금융가들은 맥그리거에게 20만 파운드(오늘날의 가치로 환산하면 약 2700만 파운드)의 대출을 제공했다. 새로 모집한 식민지 개척자들은 하루라도 빨리 맥그리거가 새로운 낙원으로 이주할 날을 발표하길 기다렸고, 그가 안겨 준 기회를 놓치지 않으려고 했다. 맥그리거는 이들의 여행을 위해 온두라스 패킷Honduras Packet 이라는 배를 인수했고, 또 새로운 화폐를 인쇄해서 식민지 주민들이 가진 돈을 전부 자신의 종잇조각으로 '환전'하도록 했다.

1822년 9월, 맥그리거는 척박한 황무지로 향하는 식민지 주민들을 쾌활하게 배웅했다.

온두라스 패킷이 포야이스에 상륙한 건 1823년 겨울이었는데, 정착민들이 배에서 내리기 시작할 때 허리케인이 들이닥쳤다. 선장은 최악의 날씨를 피해 도망치면서 보급품을 대부분 가져가 버렸고, 정착민들은 생존에 필요한 물품이 거의 없는 상태로 고립되었다. 그리고 3월 22일 식민지 주민들을 태운 두 번째 배가 도착하자 상황은 빠르게 나빠졌다. 이번에도 선장은 재빨리 떠났고, 거의 250명 남짓한 사람들이 포야이스에 갇혔다. 이들 중 누구도 자신들을 기다리고 있는 상황에 제대로 대비하지 못했고, 척박한 환경에서 살아남기 위한 그들의 조잡한 시도는 계속해서 실패했다. 그들이 심은 씨앗은 말라 죽었고, 가져온 텐트와 임시방편으로 만든 오두막은 날씨를 견디지 못하고 쓰러졌다. 그리고 적절한 위생 시설이 없는 탓에 질병이 야영지를 휩쓸었다. 다행히 생존자들과 미스키토 사람들 사이에서 조난에 대한 소식이 퍼졌고, 이는 곧 영국령 온두라스에 전달되었다. 마침내 5월, 구조 임무가 시작되었다. 식민지 모험에서 살아남은 사람들 대부분은 벨리즈Belize(중앙아메리카의 멕시코와 과테말라, 온두라스 사이에 위치한 소국-옮긴이)에 정착했고 일부는 영국으로 돌아갔다. 1823년, 정착민들을 가득 태운 배 두 척이 포야이스에 더 도착했지만, 그들은 눈앞에 펼쳐진 황량한 풍경을 보고는 도로 되돌아가거나 벨리즈에서 자신들의 여행을 멈췄다.

이상한 사실

맥그리거의 기이한 계획을 조사한 많은 역사가들은 스트레인지웨이즈 선장이 썼다는 안내서가 사실은 가짜이고, 스트레인지웨이즈 선장도, 그가 썼다는 안내서도 모두 맥그리거가 지어낸 이야기일 거라고 생각했다. 하지만 한때 영국령 서인도제도에 주둔한 65연대에 토머스 스트레인지웨이즈 대위가 실제로 있었다. 물론 그가 이 계획에 동참하기로 한 이유는 알 수 없다.

포야이스 재난 소식이 퍼지자 맥그리거는 영국에서 도망쳤다. 하지만 2년 뒤 프랑스에 나타나 그곳에서 사무실을 차리고 포야이스 땅을 팔았는데, 이번에는 그 지역에 금이 풍부하다는 식으로 홍보 활동을 펼쳤다. 믿기지 않겠지만 그의 계획은 이번에도 성공했고, 정착민과 30만 파운드의 대출금을 확보하기에 이른다. 다행히 선박들이 프랑스를 출항하기 직전에 당국이 맥그리거를 체포했고 1825년 말에 그는 사기 혐의로 재판을 받았다. 하지만 알 수 없는 이유로 혐의가 취하되었고 1827년, 사기꾼은 자신의 계획을 다시 한번 시도하기 위해 영국의 범죄 현장으로 돌아간다는 이상한 결정을 내렸다. 돌아간 즉시 사기죄로 체포되었지만 이번에도 기소가 취하되었다. 간신히 처벌을 면한 맥그리거는 더 이상 불법적인 계획을 시도하려고 하지 않았고, 그동안 부당하게 얻은 이득으로 생계를 유지하다가 1839년에 베네수엘라로 돌아갔다. 그곳에서 그는 사단장 직함을 돌려받고 상당한 액수의 연금도 받았다. 맥그리거는 1845년 카라카스에서 사망했으며 아이러니하게도 그의 부고 기사들은 하나같이 그를 '영웅'으로 칭송했다.

거짓 31
가짜 뉴스의 전신, 엉터리 달 기사

1835년 8월 25일, 뉴욕 시민들은 잠에서 깨자마자 영국의 천문학자 존 허셜John Herschel 경이 달에서 생명체를 발견했다는 놀라운 소식을 접한다. 그냥 단순한 생명체가 아니라 달에 생태학적 시스템과 거대한 기념비적 건축물을 건설한 지적 생명체가 사는 사회를 발견했다는 소식이었다. 이런 획기적인 발견을 보도한 매체는《뉴욕 선New York Sun》이었는데, 그달에 발간된《에든버러 과학 저널Edinburgh Journal of Science》 발췌문을 통해 입수한 정보라고 밝혔다. 그러고는 이토록 중요한 과학적 발견에 놀랐을 독자들을 위해 다음 날 발행될 신문을 통해 더 많은 정보를 전달하겠다고 약속했다. 오늘자 소식과 관련된 내용뿐만 아니라, 달에는 지표면 위로 높이 날아다니는 인간 박쥐와 유니콘 무리, 몸의 일부가 인간처럼 생긴 비버들이 우글거린다는 소식도 곧 전하겠다고 했다.

《뉴욕 선》은 눈 깜짝할 사이에 매진되었고, 최신판을 손에 넣고자 필사적이었던 독자들이 신문사 사무실을 포위하는 등 광란 같은 소동이 일어났다.《에든버러 과학 저널》팀과 이야기를 나누고 싶어 하는 예일대의 과학자들도 여기 합류했다.《뉴욕 선》 직원들은 이 사태에 어떻게 대응해야 할지 알지 못했고, 과학자들이 포기하고 예일로 돌아갈 때까지 뉴욕 여기저기서 부질없는 시도를 하게 만들었다. 당시 남아프리카를 탐험 중이었던 존 허셜 경은 그로부터 며칠이 지나서야 이 모든 소동을 알게 되지만, 애초에 허셜 경은 그런 연구를 한 적이 없기 때문에 그로서도 참 당황스러운 일이었다.《에든버러 과학 저널》의 편집자와 필자들도 당황하기는 마찬가지였는데, 해당 잡지가 이미 3년 전에 폐간됐기 때문이다. 대중들이 이 사실을 깨닫기까지, 다시 말해 자신이 속았다는 사실을 깨닫기까지는 그리 오래 걸리지 않았다. 솔직히 인간 박쥐 이야기가 나왔을 때부터 수상하지 않았던가.

거짓이 밝혀진 뒤에도 영국의 일부 신문사를 비롯해 여러 국제 신문사들은《뉴욕 선》의 기사를 그대로 옮겨 와서 마치 사실인 양 보도했다. 그럼에도 불구하고 영국 언론은 그런 시시한 헛소리를 믿은 미국인들을 조롱했다. 런던의《헤럴드》는 미국인들이 흥분에 중독되었다고 단언했다. "흥미로운 일이 없을 때는 어떻게든 만들어 내려고 한다. 미국인에게는 그게 일종의 지적인 음식이기 때문이다." 하지만 그런 거짓말을 꾸며 낸 장본인은 미국인이 아닌《뉴욕 선》의 편집자인 리처드 애덤스 로크Richard Adams Locke였고, 그는 영국 태생이었다.

　달에 관한 거짓 기사가 나기 전까지《뉴욕 선》의 구독자 수는 대략 8000명 정도였다. 허셜의 '발견' 소식을 알린 뒤에는 구독자가 1만 9000명으로 늘어났고 이 신문은 한동안 미국에서 가장 많이 읽히는 신문 중 하나가 되었다. 이 모든 건 구독자를 늘리기 위한 정교한 책략이었고 확실히 효과가 있었다. 심지어 엉터리 기사임이 발각된 뒤에도 신문사는 별다른 피해를 입지 않았다. 독자들에게 이 사건은 그저 재미있는 놀이, 일종의 해프닝에 지나지 않았다. 심지어 허셜 본인도 "매우 영리한 상상의 조각"이라며 웃어넘겼다. 이 엉터리 기사에 지속적으로 분노를 표출한 (아마도) 유일한 인물은 젊은 작가 에드거 앨런 포 정도였을 것인데, 그는 엉터리 달 기사가 나오기 두 달 전에 발표한 「한스 팔의 전대미문의 모험The Unparalleled Adventure of One Hans Pfaall」이라는 단편소설의 내용을 《뉴욕 선》이 훔쳤다고 주장했다. 흥미로운 점은 포가 화를 낸 진짜 이유다. 그는 로크가 자기 작품을 표절했기 때문에 화가 난 게 아니라 「한스 팔의 전대미문의 모험」을 이용해 오랫동안 사람들을 속이고 싶었는데 그게 좌절되는 바람에 화를 낸 것이었다.

이때까지만 해도 이런 식의 대규모 대중 사기극은 작가나 무작위적인 개인 참가자들의 영역이었다. 메리 토프트 같은 사람이나 몬머스의 제프리 또는 맨더빌 같은 작가들 말이다. 과학이 발전함에 따라 과학적인 발견에서 영감을 받아 환상적인 소설을 창작하는 작가들도 점점 늘어났다. 그리고 포의 경우처럼 '만들어 낸' 이야기를 '사실'처럼 전달할 수 있는 사람은 (적어도 한동안은) 독자층이 늘어날 터였다. 《뉴욕 선》은 그 모든 걸 종합적으로 시도했고, 결과적으로 가짜 뉴스라는 새로운 장르를 만들어 냈다. 다른 신문사들도 기삿거리가 별로 없는 날 지면을 채우고 판매 부수를 늘리기 위한 손쉬운 방법으로 가짜 뉴스를 받아들였다. 에드거 앨런 포는 1844년 풍선 사기극The Balloon-Hoax✦ 같은 가짜 뉴스를 직접 만들어 낸 뒤 로크에 대한 분노를 풀었다.

✦ 유럽의 몽크 메이슨이 가스 풍선을 타고 단 3일 만에 대서양을 횡단했다는 내용의 가짜 뉴스. 흥미롭게도 이 기사는 《뉴욕 선》에 게재되었고, 이때 포의 담당 편집자가 바로 리처드 애덤스 로크였다.

가짜 뉴스 열풍은 1800년대 내내 계속되었다. 대부분은 우스꽝스러운 사기극 같은 것이었다. 그러나 훗날 마크 트웨인이라는 이름으로 알려지게 될 미국의 작가 새뮤얼 랭혼 클레멘스Samuel Langhorne Clemens의 작품은 그중에서도 상당히 두드러졌다. 1862년, 그는 캘리포니아의 관광 명소가 된 돌로 변한 남자에 대한 기사를 쓰면서 가짜 뉴스의 바다에 발을 담갔다. 하지만 기자들이 갈수록 위조 기사 제조에 빠져들게 되면서 거짓말에 대한 기준도 나날이 높아져만 갔다. 트웨인은 1863년에 이를 극단까지 몰고 가기로 했다.《테리토리얼 엔터프라이즈Territorial Enterprise》

에 샌프란시스코 전력 회사에 투자했다가 돈을 잃고 미쳐서 아내와 아이들을 살해한, 존 홉킨스라는 남자에 대해 글을 쓴 것이다. 다행히 홉킨스라는 인물은 존재하지 않았고 그의 가족 역시 존재하지 않았다. 트웨인이 부러 이런 끔찍한 가짜 기사를 작성한 이유는 단순히 대중의 관심을 끌기 위해서가 아닌, 전력 회사들의 관행적인 결함을 알리고 싶었기 때문이다. 이런 아슬아슬한 행동 때문에 트웨인은 거의 직업을 잃을 뻔했지만 나름의 선례가 만들어지고 있었다. 그렇다. 유니콘과 인간 박쥐의 시대는 지나갔고, 가짜 뉴스의 유행은 매우 위험한 국면으로 접어들고 있었다.

거짓 32
혐오하거나 숭배하거나, 인종 간 결혼

에이브러햄 링컨과 잡혼의 탄생

1864년, 미국 대통령 선거를 앞두고 노예제도 폐지는 매우 중요한 화두였다. 남북전쟁이 한창이던 시기였으므로 남부 연합에 속한 주들은 완전히 기권한 상태로 선거가 치러졌다. 따라서 대부분의 정치인들이 생각하는 선거의 초점은 연방의 미래, 즉 전쟁을 계속하거나 평화를 중개하는 쪽에 맞춰져 있었다. 그러나 이런 가운데서도 노예해방은 피할 수 없는 문제였다. 민주당 후보인 조지 B. 매클렐런George B. McClellan은 노예제도를 헌법상의 권리를 통해 보호받는 제도라고 생각했다. 그는 연방의 전면적인 재건을 지지하면서 연방에 재합류하는 남부 연합 주는 '모든 헌법상의 권리를 완전히 보장받으며 연방의 일원으로 즉시 받아들여질 것'이라고 선언했는데, 이 말은 기본적으로 자기가 대통령이 되면 어떤 주에도 노예해방을 강요하지 않겠다는 뜻이었다. 그의 상대는 공화당 후보이자 현 대통령인 에이브러햄 링컨이었는데, 링컨은 첫 임기 때부터 노예제 폐지 문제에 얽매여 있었다. 그는 1861년과 1862년 두 번에 걸쳐 노예 소유주들에게 돈을 주고 노예를 해방시키려 했지만 실패했고, 결국 1863년에 노예해방령을 선포하기에 이른다. "반란을 일으킨 주에 사는 모든 노예는 지금 그리고 앞으로도 계속 자유를 얻게 될 것"이라는 법을 만든 것이다. 물론 노예들이 해방되기 위해서는 연방이 전쟁에서 승리해야겠지만, 링컨은 자기 입장을 분명히 밝혔고 이 선언 이후 약 20만 명의 노예가 자유의 약속에 따라 도망칠 수 있었다.

링컨에게 투표하는 것은 곧 노예제의 완전한 폐지에 찬성함을 의미하게 될 것이다. 이에 대해서는 공화당 내부에서도 반대 의견이 있었는데, 노예제를 폐지하면 전쟁이 더 많이 일어날 것이라는 두려움에 더해 노예를 소유한 부유층들이 당장에 수십억 달러 규모의 인적 자본을 잃게 될 것이 뻔했기 때문이다. 당시 민주당의 일부 반전론자들은 '코퍼헤드Copperhead'(미국에 서식하는 독사-옮긴이)라 불리곤 했는데, 이들 세력과 제휴를 맺은 소위 코퍼헤드 신문사들은 대개 노예제 폐지가 전쟁의 원인이라는 식으로 보도하며 여론을 조장하기도 했다. 대부분 노예해방선언 즈음에 등장한 이런 언론들은 종종 사이비 과학을 이용해서 흑인이 열등하다는 걸 증명하거나 미국의 흑인 인구를 '야만인' 또는 '괴물'로 왜곡시킬 수 있는 뉴스—진짜 뉴스와 가짜 뉴스—를 퍼뜨리는 데 열심이었다. 하지만 이 신문들이 가장 성공을 거둔 부분은 다름 아닌 노예해방이 '흑인 우월주의negro supremacy'로 이어지리라는 유언비어를 퍼뜨리는 데에서였다. 예를 들어, 코퍼헤드 신문사인《에이지The Age》는 1863년 7월에 제1 캔자스 유색 보병 연대가 받은 표창을 놓고 다음과 같은 주장을 펼쳤다. "이건 흑인이 백인만큼 훌륭하다는 노예제 폐지 정책의 진실을 보여 주는 또다른 확증이다! (…) '흑인 우상'에 대한 숭배는 여전히 계속되고 있으며 수백만 명에 이르는 자유 백인의 이익은 '아프리카인'과 그들의 인종을 위한 이 잔인한 전쟁에서 완전히 무시되고 있다."

데이비드 굿맨 크롤리David Goodman Croly와 조지 웨이크먼George Wakeman이라는 두 명의 기자는 코퍼헤드 언론을 통해 자신들의 대의를 표명하는 것으로는 노예해방을 막을 수 없다고 보았다. 진정으로 노예해방을 막기 위해서는 노예해방론자들을 목표로 삼아야 했다. 크롤리는 뉴욕의 코퍼헤드 계열 신문인《월드》의 편집장이었고 웨이크먼은 그곳 기자였는데, 1863년에 두 사람은 〈잡혼: 인종 혼합 이론Miscegenation: The Theory of Blending of the Races〉이라는 팸플릿을 작성하기 시작했다. '익명'의 저자는 과학 연구 결과를 인용해서 다음과 같은 주장을 펼쳤다. "미국의 흑인 남성들이 '진정한 남성의 이상'이고 '잡혼, 즉 혼혈 인종이 피가 섞이지 않은 순수 혈통보다 정신적, 신체적, 도덕적으로 훨씬 우월하기 때문에' 인류의 미래는 인종 간 결혼에 달려 있다는 사실이 입증되었다." 이는 정말 여러모로 혁명적인 개념이었다. 노예제 폐지론자 집단 내에서도 인종 간 결혼이라는 개념은 금기였기 때문에 크롤리와 웨이크먼은 혼혈 관계와 관련한 가짜 과학 개념을 설명하기 위해 '잡혼'이라는 단어를 지어내야만 했다. 그렇다고 해서 크롤리와 웨이크먼이 이 개념을 믿은 건 아니다. 외려 이들은 실제 글 내용과 정반대로 백인이 흑인보다 본질적으로 우월하다고 생각했다. 팸플릿은 다만 정교한 계획의 일부였다. 그들은 노예제 폐지론자 무리에 잠입해서 선동적인 팸플릿에 서명하도록 설득한 뒤 신문을 이용해 이에 대한 두려움을 퍼뜨렸다.

1863년 크리스마스 무렵 〈잡혼〉이 노예제도 폐지 운동 지도자들의 집 앞에 도착하기 시작했다. 그로부터 두 달 뒤인 2월부터 정식으로 공개돼 신문 가판대에서 구입할 수 있었고, 노예제 폐지를 찬성하는 언론을 통해 대대적으로 광고되었다. 이 최신식 '잡혼' 이론은 금세 뜨거운 쟁점이 되었고, 하원에서도 이를 놓고 논쟁을 벌였다. 링컨 치하에서는 강제 잡혼이 법제화될 것이고 이것이 노예해방의 진짜 목적이라는 소문이 돌기 시작했다. 크롤리와 웨이크먼은 《월드》에 다음과 같은 기사를 싣는 것으로 자기들이 만든 혼란을 기꺼이 악화시켰다. "백인 남성이 흑인 여성과 결혼해서 아이를 낳는 것이 권장된다면 근친상간이나 혁신주의자들이 아직 완곡한 이름을 붙이지 않은 다른 혐오스러운 행위에 대해서도 똑같은 해결책을 요구할 수 있다."

잡혼은 이제 선거운동과 관련된 본격적인 사안이 되었다. 1864년 9월, 선거가 다가오자 일부 반노예폐지론자들은 전면적인 인종 전쟁을 시도하려는 것처럼 보였다. 1년 전 7월, 뉴욕에 사는 백인 아일랜드 이민자 대표단이 흑인들을 공격하기 시작했고, 총 120명의 사상자가 발생한 대학살이 벌어졌다. 크롤리와 웨이크먼은 〈잡혼〉을 쓸 때 이 사건을 이용했다. "흑인과 아일랜드인의 융합은 아일랜드인에게 무한한 도움이 될 것이다. 그들은 흑인보다 잔인한 인종이고 문명 수준도 낮다. (…) 물론 우리가 말하는 건 아일랜드계 노동자 계층이다." 사람들의 분노를 더욱 부채질하기 위해 《월드》는 뉴욕시가 최근 링컨에게 경의를 표하기 위해 '잡혼 무도회'를 열었다는 풍자적인 기사를 만화와 함께 실었고, 많은 이들이 '150명의 흑인 처자들'이 공화당 정치인과 춤을 추었다는 이 기사 내용을 진짜로 받아들였다.

거짓 속 진실

마크 트웨인의 잡혼

1864년 5월, 저널리즘 사기의 제왕으로서 남에게 밀리지 않겠다고 결심한 마크 트웨인은 북군 병사를 위해 모은 자금이 '동부 어딘가에 있는 잡혼 협회를 돕기 위해' 전용되고 있다고 주장하는 자기만의 잡혼 사기 기사를 발표했다. 이후 트웨인은 술에 취한 상태에서 가짜 뉴스를 작성한 거라고 고백하며 사과했다. 하지만 이것 외에도 다른 의심스러운 저널리즘 사기 전술 때문에 결투 요청을 받자, 트웨인은 샌프란시스코로 도망쳐 버렸다.

하지만 크롤리와 웨이크먼의 노력은 결국 실패로 돌아갔고, 링컨은 1864년에 대통령으로 선출되었다. 링컨이 백악관으로 돌아오고 2주 정도가 흘렀을 때,《월드》는 크롤리나 웨이크먼의 이름을 따로 언급하지는 않고 다음과 같이 '밝혔다'. "그 글을 쓴 사악한 자들은 사건이 자연스럽게 흘러가도록 내버려 뒀다. 그리고 익명이라는 안전한 성에 틀어박혀서 자신들의 거짓말에 주어지는 신성한 명예를 흐뭇하게 지켜봤다." 이 모든 것은 건방진 사기꾼 두 명이 저지른 악의 없는 장난으로 치부되었고, 그들이 만든 정교한 가짜 뉴스는 미국 내 다른 신문에서 다룰 만큼 흥미롭지는 않았는지, 비교적 국지적인 사건으로 남았다. 하지만 잡혼 이론과 이를 둘러싼 공포는 대중의 의식 저 밑에 계속 남게 되었다. 실제로 이후 수십 년 동안 여러 주에서 인종 간 결혼을 법적으로 금지하는 잡혼법이 제정되었다. 1883년 미국 대법원은 그 법이 헌법을 전혀 위반하지 않는다고 판결했고, 1964년이 되어서야 이런 주장과 개념들이 역전되고 바뀔 수 있는 토대가 마련되었다. 크롤리와 웨이크먼으로 인해 링컨이 무너지는 일은 없었지만, 그들은 100년 이상 고통과 분열, 사랑의 상실을 초래하는 엄청난 일을 저지르고도 교묘히 벌을 피했다.

거짓 33
위대한 쇼맨이거나,
최악의 사기꾼이거나

잡혼에 관한 소문이 거짓임을 공개적으로 밝힌 몇 안 되는 인물 중 하나가 P. T. 바넘이다. 그는 1865년에 쓴 『세계의 협잡꾼들 Humbugs of the World』이라는 책에서 사람들을 인종으로 분리하려는 이데올로기가 그토록 많은 이들을 속이고 성공적으로 퍼져 나간 데에 갈채를 보냈다. 이는 대중문화를 통해 인간들 사이의 차이를 메워 주고자 노력하는 (혹은 그렇게 보이려 노력하는) 남자가 할 법한 발언은 아니었다. 하지만 반짝이는 그의 겉모습 뒤에는 어둡고 악랄한, 역사적으로 해로운 뭔가가 도사리고 있었다.

1810년에 태어나 1835년 쇼맨십의 세계를 우연히 발견하기 전까지 피니어스 테일러 바넘 Phineas Taylor Barnum은 온갖 사업을 시도했지만 모조리 실패했다. 그러다 우연히 '세계에서 가장 위대한 자연적, 국가적 명물'이라는 필라델피아의 사이드쇼sideshow 에 관한 소문을 듣게 된다. 이들이 말하는 명물은 조이스 헤스Joice Heth라는 흑인 여성이었는데, 나이가 무려 160살이 넘었고 조지 워싱턴의 옛 '유모'였다는 식으로 홍보를 하고 있었다. 조이스의 소유주인 R. W. 린제이R. W. Lindsay는 이 명물을 누군가에게 팔아 버리고 고향인 켄터키로 돌아가고 싶었다. 1000달러를 주고 조이스를 산 바넘은 즉시 노파를 데리고 미국 북동부 투어를 떠났다. 쇼는 조이스의 매도증서를 읽는 것으로 시작되었다. 그런 다음 나이 든 여성은 청중들 앞을 천천히 지나가며 '귀여운 어린 조지'에 대한 기억을 읊었다. 당연하게도 조이스는 실제로 161살이 아니었고, 바넘도 이를 알고 있었다. 다만 조이스가 고령의 노인인 것은 사실이었고, 연이은 투어로 기력이 쇠해 무대 위에 가만히 앉아만 있게 되자 티켓 판매는 자연히 줄어들기 시작했다. 바넘은 다시 한번 사람들의 관심을 불러일으키기 위해 조이스가 실은 기계 인간이라는 소문과 그의 (담배) 냄새와 (2주에 한 번씩 하는) 배변 활동에 관한 친절한 설명을 언론에 흘리기 시작했다. 보스턴의 《쿠리어Courier》가 바넘이 조이스를 대하는 방식을 두고 "전시회에서 드러난 역겨운 인간성"이라고 비난하자, 쇼맨은 재빨리 조이스가 다른 주인들에게서 끔찍한 대우를 받았다는 거짓 내용의 팸플릿을 제작해 스스로를 옹호했다. 바넘이 조이스를 소유하고 있는 건 사실이지만 (엄밀히 따져서) 그를 고문한 건 아니지 않는가?

조이스는 결국 1836년 2월에 사망했다. 그러나 그 죽음도 바넘이 돈을 버는 걸 막지는 못했다. 조이스의 공개 부검이 준비되었고, 1500명이 넘는 사람들이 노파의 몸이 절단되는 걸 보려고 50센트씩 지불했다. 부검 결과 조이스는 미국에서 가장 나이 많은 여성이 아니라 80대 여성으로 밝혀졌고, 언론은 이 소식에 열광했다. 《뉴욕 선》 같은 신문은 잔뜩 흥분해서 부검 과정을 생생하고 자세하게 보도했고, 바넘은 이 시점에서 또 한 번 사기극을 꾸며 냈다. 《뉴욕 헤럴드》와의 인터뷰에서 사실 조이스는 건강하게 살아 있으며 공개 부검을 한 여성은 "넬리 이모라는 훌륭한 늙은 흑인"이라고 밝힌 것이다. 물론 나중에 이것이 거짓이었음을 인정하지만, 그는 대중들이 좋아할 만한 구경거리를 만들어 낼 줄 알았고, 이제 대중과 언론 모두 그가 다음에 무엇을 할지 기대하고 있었다.

바넘의 다음 도전은 '바넘의 위대한 과학 뮤지컬 극장'을 여는 것이었다. 그는 이곳에 오면 서커스 공연과 인간 '명물'을 볼 수 있다고 선전했다. 바넘은 조이스 헤스를 통해 '협잡' 기술을 배웠다. 그의 말에 따르면 관객들은 '속고 있다는 걸 알면서도 즐거워하는 경향이 있다'. 1841년, 이 극장은 '바넘 아메리칸 뮤지엄'으로 이름을 바꾸고 영업을 시작한다. 이곳에는 바넘이 직접 만든 전시물을 비롯해 '백만 가지 불가사의'가 가득했는데, 그중에서도 가장 유명한 게 바로 피지 인어FeeJee Mermaid다. 이는 원숭이의 머리 그리고 몸통 일부를 물고기의 몸통과 연결시켜서 꿰

맨 것으로, 바넘의 손에 들어온 1842년까지 여러 선장들의 손을 오간 이상한 물건이었다. 그걸 인어라고 해 봤자 아무도 믿어 주지 않으리란 걸 안 바넘은 또 한 번 기괴한 속임수를 쓰기로 마음먹는다. '런던 자연사 연구소의 그리핀 박사'가 인어를 발견했고 그걸 가지고 미국으로 올 거라는 편지를 여러 신문사에 보낸 것이다. 그런 다음 바넘은 변호사인 레비 라이먼Levi Lyman에게 그리핀 박사 행세를 하게 했다. 필라델피아 호텔에 체크인하고 그곳 주인에게 '우연'인 척 인어를 보여 주라고 말이다. 호텔 주인은 그들의 바람대로 그 즉시 신문사를 찾아갔다. '그리핀'은 그 후 뉴욕으로 가서 기자들을 만난 뒤 바넘에게 인어를 전시용으로 '팔았다'.

이처럼 괴상하게 합쳐 놓은 생물을 제외한다면, 바넘 박물관의 가장 특색 있는 볼거리는 '살아 있는 전시품'이었다. 여기에는 다섯 살 때 부모에게 돈을 주고 산 왜소증 환자 찰스 스트래튼Charles Stratton, '아즈텍 원더즈'라는 이름으로 재탄생한 발달 장애가 있는 엘살바도르 출신 남매 막시모와 바르톨라, 그리고 '샴 쌍둥이'인 창 벙커와 엥 벙커 등이 포함되어 있었다. 아마 바넘의 살아 있는 전시 명물 중 가장 유명한 사람은 소두증을 앓으면서 요리사로 일했던 뉴저지 출신의 젊은 흑인 남성 윌리엄 헨리 존슨일 것이다. 1859년에 찰스 다윈이 『종의 기원』이라는 획기적인 작품을 발표하자, 그의 이론에 대한 사람들의 식을 줄 모르는 관심을 이용하고 싶었던 바넘은 윌리엄이 인류 진화의 잃어버린 연결 고리missing link라고 주장했다. 그리고 아프리카에서 그를 발견했을 때 '이게 뭐지?' 싶었다는 말도 더했다. 대대적인 마케팅이 시작되었고 요란한 광고들이 이어졌다. "이게 뭐지? 인간의 하위종인가? 아니면 원숭이의 상위종? 아무도 아는 사람이 없네!"

거짓 속 진실

'훌륭한' 박물관

바넘 아메리칸 뮤지엄은 개장 초기에 박제 동물, 밀랍 인형, '동양의 고대 유물' 같은 수집품을 전시했다. 시간이 지나자, 바넘은 박물관에 수족관과 정원을 만들고 심지어 위층에는 사자, 호랑이, 곰이 있는 동물원까지 지었다. 1861년에는 동물원을 확장해 박물관 지하실 탱크에 흰돌고래까지 들여오게 되었다.

바넘의 '명물'은 인간 동물원의 동물처럼 취급되었지만, 대부분 유급으로 일했고 다른 곳에서라면 얻지 못했을 기회도 제공받곤 했다(적어도 바넘은 그렇게 주장했다). 이는 일부 사실로 드러났는데, 이를테면 찰스 스트래튼은 독립해서 부유하게 살았고 나

중에는 바넘의 사업 파트너가 되었다. 하지만 다른 이들은 그 정도로 운이 좋진 않았다. 막시모와 바르톨라처럼 특히 심각한 장애를 가진 사람들은 계속해서 여러 쇼맨에게 되팔려 다녔고, 심지어 이들 남매는 1867년 떠들썩한 선전 활동을 위해 반강제로 결혼까지 하게 됐다. 그러나 이 인간 동물원의 진짜 문제는 따로 있었다. 미국이 인종 다양성의 문제를 해결해야 하는 시기에 바넘은 터무니없는 거짓말을 선전하면서 그 주장이 마치 진실인 양 꾸며 냈다. 박물관 방문객들에게 소수집단의 '야만적인' 뿌리를 보여 주겠답시고 "감비아강을 따라가며 고릴라를 사냥하던 모험가들이 지금 방문객들 앞에 있는 남자를 우연히 발견했다" 같은 이야기를 꾸며 냈다. 이 '발견'의 과학적 배후를 철저히 조사했다고 주장하는 팸플릿에는 "가장 뛰어난 학자들이 그 남자를 조사한 결과, 그가 야생 아프리카 원주민과 짐승 사이의 연결 고리라고 선언했다"식의 문구가 당당히 적혀 있었다. 마찬가지로 윌리엄 헨리 존슨은 단순한 뉴저지 출신 사람이 아니었다. 그는 의상을 차려입고 '거꾸로' 행동하라는 지시를 받은, 보통 사람과 다른 존재임을 가리키는 끔찍한 상징이었다.

1864년 정계에 입문한 바넘은 지금까지와는 생각이 달라진 듯했다. 노예제도에 반대하는 입장을 보였고, 어느 연설에서는 "난 노예들을 채찍질했다. 그 벌로 나도 천 번은 채찍질을 당해야 한다"라고 말하기도 했다. 널리 알려진 그의 노예제 폐지론 견해 덕분에 바넘은 1865년에 코네티컷주 페어필드에서 공화당

하원의원으로 당선되었다. 같은 해 바넘의 아메리칸 뮤지엄에 불이 나 소실되었고, 그 이후에 다시 지은 박물관도 1868년 화재로 소실되었다. 그 후 바넘은 조이스 헤스에 대한 자신의 처우를 후회하는 듯한 심경을 내비치며 이제 사람을 소유하는 게 잘못된 일임을 안다고 인정했지만, 노파를 이용한 사기극에 대해서는 전적으로 조이스 탓을 했다. 바넘의 태도는 어디서부터가 진실이고 어디까지가 쇼인지 알 수 없다. 그가 복음주의와 확실한 금주를 장려하는 열렬한 공화당원의 모습을 보인 건 확실하다. 하지만 1883년에 뉴욕의 매춘업소를 급습했을 때, 적어도 그중 한 곳은 바넘이 임차인인 것으로 밝혀졌다. 역시 그는 방심할 수 없는 최고의 '쇼맨'이 아니었을까.

비스마르크가 그린
제국으로 향하는 길

1800년대 중반, 게르만 국가의 별이었던 프로이센은 반세기가 조금 넘는 기간 동안 상승세를 타면서 세계 무대에서 자신의 위치를 완전히 바꿔 놓았다. 산업 강국인 프로이센의 철강과 석탄 산업은 유럽 강대국들의 산업 수준과 맞먹을 정도였으며, 인구도 점점 증가하고 있는 상황이었다. 프로이센이 독일연방 국가들을 하나의 우산 아래 통합할 수만 있다면 유럽에서 가장 강력한 국가가 되는 것도 멀지 않아 보였다. 물론 그렇다고 해서 지금 당장 대륙의 거물들이 프로이센을 괴롭히는 걸 막을 순 없었다. 프로이센의 절반은 강력한 산업 지대였지만 나머지 절반은 전통과 종교밖에 내세울 게 없는 시골이었으므로, 종종 시대에 뒤떨어진 장소라며 조롱을 받곤 했다. 프로이센이 성공하리라 예상한 이들도 있었겠지만 대부분은 이를 그저 농담쯤으로 생각했다. 1860년에 영국의 《타임스The Times》는 "그 나라가 어떻게 강대국이 되었는지는 역사가 말해 주지만, 그 상태로 남아 있는 이유는 아무도 알 수 없다"라고 했다.

오토 폰 비스마르크Otto von Bismarck는 이 상황을 바꾸기로 결심했다. 그의 눈에 독일어 사용 국가들이 모인 이 그룹은 아무리 좋게 보아도 잡동사니에 지나지 않았다. 오스트리아와 프로이센 같은 일부 국가들은 인구, 산업, 경제 면에서 다른 국가들을 훨씬 앞섰고 따라서 대부분의 권력을 쥐고 있었는데, 이는 경제와 힘의 측면에서 꽤나 비효율적인 시스템이었다. 비스마르크는 이 모든 것을 직접 목격했다. 유복한 가정에서 자란 그는 젊은 시절 대부분을 프로이센과 독일연방을 돌아다니며 외교관, 군인 등으로 일했고, 심지어는 농사에 뛰어들어 농장을 경영하기도 했다. 그가 정치판에 발을 들여놓기 시작한 때는 1847년부터였는데, 사람들의 마음을 잘 읽고 타고난 카리스마를 지닌 덕에 그는 곧 단순히 괜찮은 파티 손님 이상의 존재가 되었다. 비스마르크는 정계에서 빠르게 지위가 상승했고 지성과 웅변 능력, 극도로 충동적인 성격으로 유명해졌다.

1862년, 비스마르크는 마침내 프로이센의 장관이 되었고, 국가가 지배력을 확보하려면 무엇을 해야 하는지 아주 잘 알고 있었다. 바로 시끄러운 연방을 없애고 독일을 통일하는 것이었다. 이건 규모가 매우 큰 계획이었고 실행하기도 엄청나게 어려울 터였다. 실제로 1848년과 1849년에 연방에 대항하는 반란이 일어났고, 이를 통일하려는 시도가 있었지만 결국 실패했다. 실패의 결정적 원인은 오스트리아의 반대 때문이었다. 독일연방이 통일되면 프로이센은 더 많은 권력을 쥐게 될 것이고, 이는 오스트리아 제국 전체에 위협이 된다. 사실 오스트리아는 1850년, 연방 통일을 추진하지 않기로 합의한 후 프로이센으로부터도 다시는 통일을 시도하지 않고 또한 오스트리아의 통치에 도전하지도 않겠다는 약속을 받아 낸 바 있다. 비스마르크가 약속을 지키지 않고 계속해서 통일을 시도한다면 오스트리아 역시 가만있지는 않을 터였다.

그러나 비스마르크는 오스트리아와의 전쟁을 불가피한 것으로 보았다. 문제는 프로이센 사람들 대부분이 그들의 오랜 동맹인 오스트리아와 전쟁을 치르길 원하지 않았다는 것이다. 비스마르크는 기꺼이 큰 그림을 그리기로 했다. 가장 먼저 프로이센 주의회가 그의 군대 확장 요청을 거부했을 때, 비스마르크는 필요한 군비를 확보하기 위해 그들 몰래 자산을 사유화하고 세금 영수증을 위조하는 등의 창의적인 재정 계획을 수행했다. 1865년, 비스마르크는 프랑스 지도자인 나폴레옹 3세를 비밀리에 만났고, (토지를 선물하겠다는 약속을 넌지시 내비치며) 그에게서 전쟁이 일어날 경우 프로이센을 지지하겠다는 동의를 받아 냈다. 그는 여기서 그치지 않고 1866년에 이탈리아와 또 다른 비밀동맹을 맺었다. 그런 다음 프로이센이 연방 땅 일부를 무리하게 차지하기도 하고, 의회를 위해 연방 자체를 해산해야 한다고 선언하는 등 각종 이상한 주장과 요구를 하면서 오스트리아를 성가시게 만들었다. 결국 6월에 전쟁이 발발했다. 이탈리아와 프로이센이 손을 잡았으니 승리를 얻기까지는 오래 걸리지 않았다. 전쟁은 겨우 한 달 정도 지속되었을 뿐이고, 오스트리아는 상처를 핥으면서 독일에 관심을 끊었다. 비스마르크는 독일 북부 국가들이 하나의 새로운 연합으로 통일되는 것을 기쁘게 감독했다.

마침내 프로이센은 자신들의 능력을 증명했고 유럽의 정치 판도를 뒤집었다. 한 달 만에 인구가 수백만 명이나 늘어났고 영토도 훨씬 넓어졌다. 유럽의 농담거리였던 나라는 사라지고 그 대신 강력한 위협이 등장한 것이다. 프랑스는 이런 상황이 의미하는 바를 잘 알고 있었다. 오스트리아-프로이센 전쟁이 진행되는 동안 나폴레옹 3세의 고문 몇몇이 프랑스가 "프로이센을 격파하고 라인강을 점령해야 한다"라고 주장했다. 그러나 나폴레옹은 말을 아꼈다. 대신 비스마르크에게 1814년 때의 국경을 반환해 달라고 요청했다. 이는 한때 프랑스에 합병되었다가 워털루 전투 이후 독일로 돌아간 벨기에 지역을 돌려달라는 의미였다. 물론 비스마르크는 그 요청을 들어줄 생각이 없었다. 그랬다가는 자국 내 평가가 바닥을 칠 테니까. 하지만 당장은 프랑스를 달래야 했으므로, 프랑스와 동맹을 맺은 독일 연합 내 몇몇 국가에 명목상의 독립을 허가하는 등 최소한의 노력을 기울였다. 물론 프랑스는 이를 마음에 들어하지 않았다. 나폴레옹으로서는 프로이센의 승리 자체가 엄청나게 당혹스러운 일이었다. 프로이센은 번영을 거듭한 반면 나폴레옹의 명성은 계속해서 타격을 입고 있는 상황에서 양국 간의 긴장은 점점 고조되었다. 이제는 전쟁을 하느냐 마느냐가 문제가 아니라, 언제 하느냐가 문제라는 게 분명해졌다.

비스마르크는 이 문제에 대해 매우 개방적이었다. 그는 마인Main강 이북의 독일 국가들을 손에 넣었지만 그것으로 만족할 수는 없었다. 그리고 그가 전쟁을 통해 배운 확실한 한 가지는, 국가들은 전쟁 중에 애국적인 자부심의 깃발 아래에서 단결하는 경향이 있다는 것이다. 그가 제대로만 한다면 프로이센은 세계적인 초강대국을 물리칠 뿐만 아니라 마침내 이 독일이라는 나라를 영원히 통일할 수 있을 것이다. 비스마르크는 또다시 그림을 그리기 시작했다. 이는 오스트리아에 그랬던 것처럼 프랑스의 신경을 긁어서 전쟁으로 몰아넣기 위한 것이었다. 1867년, 1868년, 1869년에 전쟁이 거의 발발할 뻔했지만 불행인지 다행인지 실제로는 아무 일도 일어나지 않았다. 비스마르크는 점점 절박해졌다. 그 무렵 또 하나의 움직임이 있었는데, 스페인 의회가 프로이센의 레오폴트 왕자에게 접근해 스페인의 왕위를 차지하라고 제안한 것이다.✝ 그러나 레오폴트와 그의 친척인 빌헬름 1세 모두

✝ 1868년 스페인에서는 9월 혁명이 발발했는데, 당시 여왕 이사벨 2세가 프랑스로 망명해 왕위가 빈 상태였다. 왕정을 무너뜨린 스페인의 혁명정부는 유럽의 왕가들을 탐색하다가 레오폴트 왕자에게 스페인의 왕위를 제안했다.

이를 탐탁지 않아했다. 스페인의 상황이 불안정해 왕위를 잃을 가능성이 매우 컸고, 당장에 얼마나 목숨을 부지할 수 있는지도 장담하기 어려워 보였기 때문이다. 하지만 비스마르크는 여기서 기회를 보았다. 레오폴트가 스페인 왕위를 차지하면 나폴레옹뿐만 아니라 나폴레옹의 스페인 출신 아내 외제니도 화가 날 것이다. 그의 생각은 옳았고 프랑스인들은 분노했지만, 그래도 여전히 전쟁을 시작하지는 않았다. 대신 그들은 바트 엠스 마을에서 휴가를 보내고 있던 빌헬름 1세에게 프로이센 주재 프랑스 대사인 뱅상 베네데티Vincent Benedetti 백작을 보내 분별력 있게 행동할 것을 요청했다.

거짓 속 진실

프랑스의 마지막 황제

나폴레옹 3세는 프랑스의 마지막 황제가 될 것이다. 쿠데타를 일으켜 권력을 잡은 그였지만, 비스마르크와 충돌할 당시 모든 게 무너지고 있었다. 그가 입은 최후의 일격은 1870년에 발발한 프랑스-프로이센 전쟁의 스당 전투에서 발생했다. 나폴레옹 3세는 자기 군대에게 항복하라고 명령했고, 본인은 붙잡혀서 포로가 되었다. 9월 19일, 비스마르크의 군대는 파리를 포위했고 파리는 이내 봉쇄되었다. 이 봉쇄는 휴전협정이 체결되는 1871년 1월 26일까지 계속되었다. 그리고 이틀 뒤인 28일에 비스마르크는 전쟁에서 승리했다. 나폴레옹 3세는 폐위된 뒤 추방당했다.

프랑스는 사실 이런 행동을 할 필요가 없었다. 1870년 7월 12일, 레오폴트가 왕위 입후보 의사를 정식으로 철회했기 때문이다. 엠스에서 돌아온 빌헬름 1세는 사촌의 결정에 기뻐했고, 베네데티에게도 박수를 보냈다. 이에 베네데티는 프랑스는 프로이센이 다시는 스페인 왕위를 차지하지 않겠다고 공개적으로 약속하길 원한다는 말을 전했다. 좋았던 분위기는 엉망이 됐고, 빌헬름 1세는 모자만 슬쩍 올려 인사했을 뿐 아무 말 없이 자리를 떠났다. 이렇게 비스마르크의 전쟁 시도는 또다시 실패로 막을 내리는가 싶었지만, 이번에는 달랐다. 빌헬름 1세와 베네데티 백작의 정중한 만남을 전보로 보고받은 비스마르크는 다음 행동을 계획했다. 그는 이 사건에 대한 새로운 버전의 이야기—훗날 '엠스 전보 사건'이라 불리는—를 만들어 냈다. 베네데티가 빌헬름과 정면으로 대립하면서 프로이센의 양보를 요구했고, 이에 격노한 빌헬름이 요구를 거부하고 자리를 박차고 나가면서 다시는 프랑스 대사와 이야기하지 않겠노라 선언했다는 것이다. 비스마르크는 이 거짓말을 보도 자료에 담아 널리 퍼뜨렸다. 7월 13일이 되자 프랑스의 무례한 태도와 프로이센의 프랑스 대사 무시 행위가 국제적인 뉴스가 되었다. 프랑스 군중은 이날 저녁 거리로 나와 나폴레옹 3세와 내각에 즉각적인 대응을 요구했다. 분노하고 당황한 나폴레옹은 군대를 집결시켰고 7월 19일에 전쟁을 선포했다. 결국 프로이센-프랑스 전쟁은 반년 이상 지속되다가 비스마르크와 프로이센의 승리로 막을 내렸다. 비스마르크의 계획은 효과가 있었고, 이 전쟁으로 독일이 통일되면서 유럽에 새로운 초강대국이 탄생했다. 오토 폰 비스마르크는 말 그대로 제국으로 향하는 길을 개척해 낸 것이다.

'기레기'의 탄생:
USS 메인호와 보도 전쟁

"그림만 그려서 보내면 전쟁은 내가 만들어 내겠다." 1897년 신문업계의 젊은 거물 윌리엄 랜돌프 허스트William Randolph Hearst는 미국의 화가 프레데릭 레밍턴Frederic Remington에게 위와 같이 말했다고 한다. 허스트는 레밍턴을 고용해 쿠바에 가서 미국-스페인 전쟁이 발발한 모습을 그려 오라고 시켰는데, 문제는 이 전쟁이 일어나지 않았다는 것이다. 레밍턴은 그저 집에 가고 싶었다. 허스트는 막무가내로 실제 전쟁이 났든 안 났든 상관없이 인쇄물을 통해 전쟁을 만들어 낼 수 있다고 고집했고, 이는 미디어의 힘을 보여 주는 증거로 역사에 기록되었다.

자, 허스트는 과연 실제로 이런 말을 했을까? 물론 아닐지도 모른다. 적어도 이렇게 말했다는 구체적인 증거는 없다. 하지만 그렇다고 해서 이 잘못된 인용문에 진실이 한 톨도 섞여 있지 않다거나, 허스트가 신문을 팔기 위해 거짓말을 하지 않았다는 뜻은 아니다.

1890년대에 '황색 저널리즘yellow journalism'이라는 용어가 주목을 받기 시작했다. 엉터리 달 기사나 마크 트웨인이 지어낸 기상천외한 가족 살인 사건 같은 완전한 허구 뉴스의 시대는 지나갔다. 이제 신문사는 자신들의 편견을 뒷받침하는 선정적인 기사를 만들기 위해 사실을 왜곡할 뿐이다. 새로운 이름을 붙였음에도 불구하고 실제 황색 저널리즘이 하는 일은 이전과 크게 다르지 않았고, 다만 톤이 좀 더 부드러워진 것뿐이었다. 대표적인 황색 저널리즘 신문 중 하나가 《뉴욕 월드New York World》였는데, 이 신문은 몇십 년 전 잡혼 스캔들의 배후에 있던 바로 그 매체다. 이제 브랜드를 바꾼 《월드》는 조지프 퓰리처Joseph Pulitzer가 운영했고 떠들썩한 스캔들 뉴스의 중심지로 이름을 날리기 시작했다. 이 회사는 다른 뉴욕 신문사들보다 훨씬 두각을 나타내고 있었고, 신문 홍보를 위한 퓰리처의 책략은 《월드》 내부뿐만 아니라 국제적으로도 영향을 미쳤다. 그러다가 1895년, 허스트가 망해 가는 《뉴욕 저널》(이하 《저널》로 표기)을 사들인 뒤 퓰리처의 직원들을 빼 오면서 이윽고 두 신문사는 구독 부수 경쟁을 벌이게 된다. 두 신문사는 독자 확보를 위해 치열하게 싸웠고, 성공하기로 결심한 두 남자는 이 경쟁에서의 승리를 자신의 미디어 제국을 구축하기 위한 다음 단계로 생각했다. 막상막하였던 두 사람은 스페인과 미국 사이에 적대감이 점점 커져 가는 데에 희망을 걸었다. 이 보도 전쟁에서 이기는 쪽이 최후의 승자가 될 것이다.

1895년 쿠바는 스페인으로부터 독립하기 위한 투쟁을 시작했다. 이 섬나라는 미국 국경과 상당히 가까운 곳에 있었기 때문에 미국 대중들도 쿠바 독립 전쟁에 큰 관심을 보였다.《저널》과 《월드》 모두 기꺼이 언론지로서 이 사건에 참여했는데, 종종 쿠바 반군의 편을 들었고 반군에 대한 스페인군의 잔학 행위에 대해서는 진실과 거짓을 섞어서 보도했다. 두 신문사에는 저널리즘 기준이라는 게 거의 존재하지 않았다. 예를 들어,《저널》기자 제임스 크릴먼James Creelman은 1898년 엘 카니에서 스페인군에 대항해 벌어진 전투에 적극적으로 참여했는데, 이때 자기 신문사 이름을 내세워 스페인군 깃발을 탈취하려다가 총에 맞았다.《저널》의 또 다른 기자인 리차드 하딩 데이비스Richard Harding Davis는 1897년에 스페인군 장교들이 미국 선박에 탑승한 여성들의 옷을 공개적으로 벗기고 모욕했다는 거짓 기사를 썼다가 국제적인 사건을 일으킬 뻔했다. 이 거짓말에 대한 스페인의 분노는 결국 미국 하원에까지 전달되었고,《저널》이 데이비스의 보도 내용이 사기였다고 인정한 뒤에야 겨우 진정되었다.

이런 허위 기사가 불러올 좋지 못한 결과에도 불구하고 이들 황색 언론은 수십만 명, 때로는 100만 명이 넘는 독자를 모았다. 하지만 신문사 소유주들은 더 많은 독자를 원했다. 1897년 허스트는 쿠바 반군인 아버지와 함께 스페인군에 체포되어 투옥된 에

반젤리나 시스네로스Evangelina Cisneros라는 아름다운 젊은 여성을 중심으로 국제 캠페인을 조직했다. 허스트는 에반젤리나가 스페인 장교의 강간 시도를 뿌리치다가 체포되었다는 식으로 보도했는데, 이 덕분에 미대통령의 어머니를 비롯한 고위층 여성들의 지지를 얻었다. 그리고 그의 기자 중 한 명이 에반젤리나를 극적으로 탈옥시키기 전에, 이 탈출은 "청원이나 교황의 긴급한 요청으로도 달성하지 못한 일이며 (…) [스페인은] 정식으로 일에 착수한《저널》을 막을 수 없을 것이다"라고 예고했다. 이런 인도주의적인 선전 활동은 엄청난 뉴스거리가 되었다.《저널》의 판매량이 늘어난 것은 말할 것도 없고, 미국이 쿠바 독립 전쟁에 개입해야 한다는 대중의 합의까지 이끌어 내게 되었으니 말이다. 그러나 미군은 꿈쩍도 하지 않았다. 이제 허스트와 퓰리처는 신문의 기록적인 판매량을 위해 이 나라를 전쟁으로 몰아넣을 더 큰 이야기를 찾아야 했다.

미국은 자국의 이익을 감독하고 보호하기 위해 1898년 1월 USS 메인호를 아바나 항구로 파견했는데, 여기에는 허스트와 퓰리처가 불러일으킨 격렬한 소동에 대응하려는 목적도 있었다. 2월 15일 밤, 메인호 선상에서 우발적인 폭발 사고가 발생해 배가 침몰했고, 그 바람에 266명이 사망했다. 폭발이 발생한 지 몇 분 만에 아바나에 있던《월드》기자가 본사로 전보를 보냈고, 한 시간 뒤《월드》는 배의 잔해를 탐사할 잠수 팀을 구했다. 하지만 퓰리처로서는 안타깝게도 스페인 당국은 잠수부들이 탄 예인선

이 사건 현장에 접근하지 못하도록 했다. 그러는 한편《저널》은 미 해군이 자체 조사를 위한 잠수 팀을 소집하기 전에 자기네가 고용한 잠수부들을 메인호 잔해 속에 들여보낼 수 있었다. 2월 17일,《저널》은 잔뜩 흥분해서 다음과 같이 보도했다. "메인호는 어뢰에 파괴되었다. 메인호가 우발적인 폭발에 의해 파괴된 게 아님이 분명하다. (…) 스페인 광신자나 스페인 정부의 비밀 스파이가 메인호의 전방 무기고를 파괴하려고 흘수선(배가 물 위에 떠 있을 때 배와 수면이 접하는, 경계가 되는 선-옮긴이) 아래에 어뢰를 띄운 뒤 기폭 장치를 설치해 탈출할 시간을 번 게 확실하다." 물론 이 내용이 사실인지 아닌지는 알 수 없다.《저널》은 단지 현장에 첫 번째로 도착한 목격자였을 뿐이니까.《저널》의 다이빙 팀은 이를 제대로 조사할 준비가 돼 있지 않았고, 심지어 잠수 팀이 아직 물속에 있는 선원들의 시신을 보고 충격을 받는 바람에 조사에 차질이 생겼다. 이 보도 내용과 정부 소속 잠수부들이 유출한 정보가 결합돼 기사들이 생성됐고 심지어는 사실인 양 보도되기도 했는데, 정부 측 잠수부들도 수중 시야가 좋지 않아 초기 수색을 일찍 중단해야 했다는 점을 고려하면 이 역시 그리 믿을 만한 정보는 아닐 것이다.《저널》이 알아 낸 구체적인 사실은 하나도 없었지만, 어쨌든 이들은 '가능한 원인'을 '구체적 사실'로 바꾼 뒤 신문을 인쇄해서 스페인이 미국을 공격했다고 선언했다.

미국이 공식적인 조사를 이어 가는 동안《저널》과《월드》는 기본적으로 뉴스를 조작하는 캠페인을 계속했다. 허스트는 메인호 사건의 범인을 제보하면 5만 달러의 보상금을 주겠다고 했다. 《월드》는 그게 스페인의 '테러'라고 선언하면서 보트 한 척이 군함을 공격할 수 있는 모든 방법을 정리해 도표로 공개했다. 21일이 되자 익사한 선원들의 모습을 그린 충격적인 삽화와 슬픔에 빠진 가족들과의 인터뷰를 배경으로 스페인과의 전쟁이 임박했다는 소식이 전해졌다. 이들 두 신문사가 기사와 삽화 면에서 가장 많은 콘텐츠를 제공하고 있었기 때문에 미국과 전 세계 언론은 이들의 보도 내용을 인용했고, 결국 '스페인이 무고한 선원들을 폭격했다'는 게 기정사실화되었다. 미군은 3월이 되어서야 진상 조사 결과를 발표했는데, 잠수부들이 발견한 증거만 가지고는 사건의 전말을 제대로 입증할 수 없다는 결론이 나왔다. 하지만 가장 가능성 높은 폭발 원인은 메인호가 실수로 기뢰에 부딪혔고, 이로 인해 선박의 전방 무기고가 폭발했다는 설이다. 중요한 건 대체 그 기뢰를 누가 설치했느냐는 것인데, 이 부분은 명확히 밝혀진 바가 없다. 새로운 것일 수도 있고 항구에 예전부터 있던 것일 수도 있다.

거짓 속 진실

퓰리처상

조지프 퓰리처는 말년에 메인호 사건을 포함, 《월드》

시절 자신의 행보를 후회하며 이를 바로잡기 위해 남은 생애 동안 고군분투했다. 그 같은 노력의 일환으로 컬럼비아 대학에 언론학과를 개설하기 위한 모금 활동을 펼쳤고, 그의 사후에는 그 막대한 유산을 바탕으로 50만 달러의 기금을 조성해 그 해 저널리즘에 기여한 언론인에게 주는 상을 제정했다. 바로 퓰리처상이다. 퓰리처상은 1917년에 제정된 이래로 언론 부문을 포함해 시, 음악, 사진 등 예술 부문에서도 수상을 진행하고 있다.

이 보고서는 의회를 통과하는 동안 비밀에 부쳐졌고,《저널》과《월드》는 최종 판결을 기다리는 동안 스페인의 거대한 음모에서부터 어뢰에 이르기까지 모든 걸 이론화하는 작업으로 돌아갔다. 맥킨리 대통령은 더 이상의 유혈 사태를 원하지 않았고, 외교를 통해 쿠바 독립 전쟁을 마무리 짓고 싶었기 때문에 3월 내내 보고서 공개를 연기했다. 하지만 황색 언론의 선전 활동 때문에 대중들은 미국도 전쟁을 해야 한다며 정부를 압박했다. 만약이 보고서가 언론의 손에 넘어간다면 언론은 틀림없이 출처를 알수 없는 폭탄을 스페인산 폭탄으로 만들 테고, 전쟁을 피할 수 없게 될 것이다. 하지만 의회의 압박 탓에 정부로서도 언제까지고발표를 미룰 순 없었다. 3월 25일,《저널》1면에는 "스페인 유죄! 부유기뢰 때문에 파괴!"라는 기사가 실렸다. 대중은 그 즉시 격렬한 반응을 보였다. '메인호를 기억하라! 스페인은 지옥에나 떨어져라!' 그리고 대부분의 미국인은 어째서 대통령이 그런 공격에 아무런 대항도 하지 않는 건지 이해할 수 없었다. 국가 간의 긴장이 고조되자 맥킨리는 의회에 쿠바 독립 전쟁에 개입할 것을 요청했고, 미 의회는 19일자로 쿠바 독립에 대한 지지와 함께 모든 지원을 아끼지 않을 것임을 선언했다. 4월 23일, 스페인은 결국 미국에 선전포고를 했고, 그렇게 전쟁이 시작되었다. 그리고 우리는 이 전쟁의 결말을 안다. 미국이 승리할 수밖에 없는 싸움이었고, 실제로도 승리해 쿠바, 푸에르토리코, 괌을 지배하게 될 것이다.

≈ 거짓 36 ≈
간첩을
찾아라!

프랑스를 둘로 나눈 드레퓌스 사건

"나는 고발한다!" 1898년 1월 13일 프랑스 신문《로로르L'Aurore》
의 1면을 장식한 이 헤드라인은 전국적인 관심을 불러일으킨 동
시에 중요한 분열의 원인이 되었다.

무려 프랑스 대통령에게 보낸 이 공개서한의 작성자는 바로
소설가 에밀 졸라다. 그는 이 서한을 통해 알프레드 드레퓌스
Alfred Dreyfus를 부당하게 투옥한 걸로도 모자라 증거를 위조하고
의도적으로 반유대주의 이데올로기를 퍼뜨린 프랑스군과 정부
를 고발했다. 이 엄청난 행보로 인해 드레퓌스 사건에 대한 재조
사가 시작되었다.

이 모든 것의 중심에는 평범한 한 남자가 있었다. 1859년 알
자스-로렌 지역에서 태어난 알프레드 드레퓌스는 유대인 대가

족의 막내였다. 프로이센-프랑스 전쟁이 끝난 후 알자스-로렌이 독일에 합병되자 그의 가족은 강제로 고향을 떠나야 했다. 이런 전쟁 경험 때문에 드레퓌스는 이른 나이에 프랑스군에 입대했고, 뛰어난 지능 덕분에 군대의 고급 훈련 프로그램에도 선발되곤 했다.

이제 대위가 된 드레퓌스는 1892년에 총참모부에서 인턴 자리를 얻게 된다. 하지만 이런 훌륭한 커리어에도 불구하고 드레퓌스는 유대인 혈통과 종교 때문에 군 내에서 자주 배척당했다. 당시 프랑스군 내에 있던 유대인 장교는 극소수에 불과했고, 드레퓌스와 같은 시기에 복무한 유대인도 300명 정도밖에 안 됐지만 그들의 존재는 큰 논란이 되었다.

1880년대 내내 유럽 대부분의 지역에서는 반유대주의 정서가 고조되고 있었다. 이는 부분적으로 오스트리아-헝가리의 피의 비방 사건✝(티스재스즐라Tiszaeszlár 사건이라고 한다) 같은 유명한 국제 뉴스 기사 때문이었는데, 이로 인해 1400년대에 있었던 트렌트의 시몬 사건 때와 유사한 음모 광풍이 되살아났다. 그와 동시에 러시아에서는 일련의 집단 학살 사건이 발생했고, 차르 알렉산드르 3세는 유대인 시민의 권리를 말살하는 법을 시행했다. 드레퓌스와 그의 동료 유대인 병사들이 겪은 일은 빙산의 일각에 불과했지만, 군 내에서 겪는 일상적 폭력 중에서도 이 같은 차별은 분명 다른 성질의 것이었다.

이렇듯 오해로 인한 두려움과 불신이 팽배한 상황에서 프랑스군은 자신들 내부에 첩자가 있다는 사실을 알게 된다. 1894년 늦여름, 프랑스군 내부의 누군가가 독일군 무관 막시밀리안 폰 슈바르츠코펜Maximilian von Schwartzkoppen에게 정보를 유출했음을 증명하는 편지가 발견되었다. 반역자를 찾기 위해 서둘러 조사가 시작되었고, 곧 알프레드 드레퓌스에게 비난의 화살이 돌아갔다. 의심의 근거는 그가 맡은 역할 때문에 총참모부 내에서 해당 정보에 접근하기 용이하다는 것, 또 현재 독일의 일부인 알자스-로렌

✝ 오늘날 헝가리 북동쪽에 위치한 티스재스즐라 마을에서 에스터 솔리모시Eszter Solymosi라는 소녀가 실종되는 사건이 벌어졌고, 얼마 후 소녀는 근처 강가에서 시신으로 발견된다. 수사와 재판을 통해 솔리모시가 불행한 사고로 익사했음이 증명되었지만, 중세에 그랬던 것처럼 유대인이 종교의식을 위해 소녀를 죽였다는 유언비어가 퍼지기 시작하면서 유대인을 노린 폭력 사건과 살인사건이 폭발적으로 증가했다.

출신이고 유대인이기 때문에 신뢰할 수가 없다는 것, 이 두 가지 뿐이었다. 그러나 그걸로 충분했다. 드레퓌스는 결백을 주장했지만 반역죄로 종신형을 선고받아 악마의 섬에 수감되었다. 그의 체포와 재판 소식은 신문 1면을 장식했고, 1895년 1월에 드레퓌스가 공개 석상에서 군 계급을 박탈당했을 때는 약 2만 명의 군중이 그 모습을 지켜보면서 "유대인을 죽여라!"라고 외쳐 댔다. 이 같은 여론은 군대, 국가, 반유대주의 단체의 승리처럼 보였으나, 한 가지 문제가 있었다. 실제 범인이 따로 있었던 것이다. 유죄판결이 내려진 지 얼마 지나지 않아 프랑스 군대는 페르디낭 발생 에스테라지Ferdinand Walsin Esterhazy가 진범이라는 걸 알게 되었다.

귀족 가문의 사생아로 태어난 에스테라지는 안타깝게도 군대에서 번번이 진급에 실패했다. 도박 중독자였던 그는 돈이 떨어지자 슈바르츠코펜에게 기밀 정보를 팔기 시작했다. 1896년 프랑스 정보부의 새로운 수장인 조르주 피카르Georges Picquart 중령은 에스테라지의 범행을 입증하는 증거를 무더기로 발견했지만, 그의 수사 노력은 차단당했고 그뿐만 아니라 본래의 직무에서도 해임되어 튀니지로 발령을 받게 된다. 하지만 피카르는 계속해서 정의를 요구했고, 드레퓌스의 가족도 프랑스군에 지속적으로 항의했다. 손바닥으로 하늘을 가릴 수 없듯 진범이 있다는 소문이 퍼지기 시작했고, 마침내 에스테라지가 재판에 회부되었다. 하지만 이건 보여 주기 식 쇼에 불과했다. 에스테라지에게 불리한 증거는 차고 넘칠 정도로 많았지만, 그가 유죄로 판명되면 프랑스

군 체면은 말이 아니게 될 것이다. 1월 11일, 에스테라지는 결국 무죄를 선고받았다. 이런 판결에 격분한 에밀 졸라는 〈나는 고발한다!〉를 발표하고 "진실은 행진 중이며 그 어떤 것도 진실을 막을 수 없다"라고 선언했다.

그 뒤를 이어 여러 가지 비논리적인 일이 발생하면서 이제 프랑스는 이 사건에 연루된 사람뿐만 아니라 나라 전체가 두 개의 파벌로 갈라지게 되었다. 드레퓌스를 지지하는 사람들은 이것이 개인의 권리를 침해한 사례라고 비난한 반면, 드레퓌스를 반역자로 여기는 사람들은 더 국수주의적이고 민족주의적인 주장을 관철했다. 이건 프랑스의 영혼을 지키기 위한 싸움이라는 식으로 말이다. 졸라는 2월에 군법회의를 중상모략했다는 이유로 유죄판결을 받았고, 피카르 역시 범죄 증거를 조작했다는 혐의로 유죄판결을 받게 된다(물론 이는 이후 프랑스 군부가 조작한 혐의로 밝혀진다). 프랑스 전역에서 반유대주의 폭동이 일어났다. 하지만 시간이 지남에 따라 새로운 증거가 계속 유출되었고, 신문에는 에스테라지에게 불리한 기사가 점점 더 많이 실리게 되었다. 1898년 7월 7일, 이 사건을 재조사하기 위해 프랑스 전쟁부 장관 고드프루아 카베냐크Godefroy Cavaignac가 소환되었다. 그는 1894년의 원본 편지뿐만 아니라 이탈리아와 독일 첩자들이 드레퓌스의 성공적인 스파이 활동에 대해 논의하는 1896년도 편지까지 인용하면서 드레퓌스가 진범임을 입증하려고 노력했다. 하지만 피카르는 그 편지들이 가짜라는 걸 알았기 때문에 재검토를 요구했고,

8월에 재검토가 이루어졌다. 결국 그 편지들은 여러 개의 글자를 붙여서 만든 위조품에 불과하다는 사실이 밝혀졌다.

거짓 속 진실

졸라의 죽음과 음모론

1902년, 에밀 졸라가 자신의 집에서 일산화탄소중독으로 사망한 채 발견되었다. 즉시 음모론이 시작되었다. 그는 드레퓌스의 유죄판결을 받아들이지 못하고 스스로 목숨을 끊은 것일까? 시온주의자들에게 살해당한 것일까? 그가 사망한 지 거의 반세기가 지나갈 무렵, 반드레퓌스파였던 난로 수리공이 기회를 틈타 졸라 집의 굴뚝을 막고 일산화탄소를 누출시켰음을 고백했다는 기사가 나왔다. 이에 대한 재조사가 이루어진 건 아니므로 진실인지의 여부는 확실하지 않지만, 현재로서는 많은 사람들이 이를 사실로 받아들이고 있다.

드레퓌스의 편지를 위조한 범인은 피카르의 전 부관인 위베르 조셉 앙리Hubert-Joseph Henry 중령이었다. 앙리는 8월 30일에 구금되었고 자기 죄를 인정했지만 다음 날 감옥에서 죽은 채로 발견되었다. 명백한 자살이었다. 반유대주의 신문인《라 리브르 파롤La Libre Parole》은 앙리를 프랑스를 위해 의무를 다한 순교자로 선전했고, '앙리 기념비' 제작을 위해 기부금까지 모금했다. 한편 이 모든 사건의 진범인 에스테라지는 영국으로 도망쳤고, 그 해 9월에 영국 신문《옵서버Observer》의 편집자인 레이첼 비어Rachel Beer에게 자기 죄를 고백했다. 이제 알프레드 드레퓌스가 무죄라는 것은 기정사실처럼 보인다. 그러나 법의 관점에서 볼 때는 아직 그렇지 못했다. 프랑스 정부는 결국 보수 단체의 압력에도 불구하고 1899년 6월, 드레퓌스의 1894년 군사재판 판결을 뒤집었다. 그러나 드레퓌스는 국수주의자들의 압력으로 인해 두 번째 판결에서 또다시 유죄를 선고받게 된다. 그는 항소했고, 재판부는 '참작할 만한 사유'가 있으니 사면해 줄 수는 있지만 이를 위해서는 그가 먼저 죄를 인정해야 한다고 통보했다. 악마의 섬에 수감되어 있으면서 지치고 허약해진 드레퓌스는 아내와 아이들이 있는 집으로 돌아가고 싶었다. 그는 결국 그 조건을 받아들였다.

1906년, 드레퓌스는 마침내 공식적으로 무죄를 선고받았고 그 즉시 프랑스군에 다시 합류했다. 하지만 그는 여전히 반유대주의의 소용돌이 속에 있었고, 1908년에는 암살 시도의 표적이 되기도 했다. 실제로 반유대주의는 계속 고조된 상태로 유지되었고, 그 문화적 붐에서 뻗어 나간 덩굴은 매우 고약한 형태를 취하려 하고 있었다.

전쟁으로 황폐해진 국가들은 《시온 의정서》를
일종의 돌파구로 보고 많이들 받아들이게 되었다.
그중에서도 독일이 가장 적극적이었다.
《시온 의정서》는 그들이 전쟁에서 진 이유를
설명하는 데 도움이 되었다.
'우리에겐 책임이 없다. 이 모든 게 유대인의 음모인 것이다.'
독일인들이 감정적으로 가장 취약했던 시기,
간절히 희생양을 바랐던 1919년에 《시온 의정서》가
시장에 넘쳐 나기 시작한 건 우연이 아니다.

〈《시온 의정서》: 국가가 허락한 유일한 반유대주의의 사례〉에서

Part. V

20세기
The Twentieth Century

⟫⟫ 거짓 37 ⟫
보어전쟁과 강제수용소를
둘러싼 거짓말

1901년, 제2차 보어전쟁에서 영국군 총사령관으로 막 취임한 허버트 키치너Herbert Kitchener는 상당한 압박을 받고 있었다. 그는 보어군의 게릴라전에 맞서 전세를 역전시키기 위해 고군분투하고 있었다. 하지만 그를 가장 골치 아프게 한 건 영국의 한 중년 여성이었다. 키치너가 "저 빌어먹을 여자!"라고 부른 인물은 바로 콘월 출신의 반전운동가 에밀리 홉하우스Emily Hobhouse다. 1800년대 중반, 남아프리카 내 영국 식민지에 거주하던 보어인Boer✦들은

✦ 16세기부터 현재의 남아프리카공화국 지역에 정착한 백인 민족 집단으로 아프리칸스어를 사용한다. 네덜란드계가 다수를 차지하나, 네덜란드 이외에도 잉글랜드, 프랑스, 독일 등 다양한 백인계 민족들로 구성돼 있다. 보어Boer는 네덜란드어와 아프리칸스어로 '농부'를 뜻한다.

문화적 차이 등으로 계속해서 영국과 갈등을 빚게 되자 북쪽으로 대거 이주해 트란스발 공화국과 오렌지 자유국이라는 독자적인 국가를 세웠다. 하지만 영국으로서는 이 상황이 당연히 마음에 들지 않았고, 이들을 다시 영국령에 흡수시키려고 했다. 1880년, 그렇게 제1차 보어전쟁이 일어났다. 보어인들은 이 싸움에서 승리했지만, 영국은 포기할 줄을 몰랐다. 여러 가지 이유가 있었겠지만 결정적으로 보어인들의 땅에는 다이아몬드와 금이 풍부했다. 패배에 당황했으나 금 무역을 포기할 수 없었던 영국은 다시 한 번 전쟁을 준비했다. 공식적으로 이 전쟁은 보어인들이 남아프리카를 점령하는 걸 막고, 소위 '카피르Kaffir'라 불리는 흑인 계통의 아프리카인을 보어인의 억압으로부터 해방시키기 위한 것이었다. 물론 이를 곧이곧대로 믿기엔 무리가 있다. 영국이 보어인들과 싸우려는 진짜 이유는 자존심과 권력, 돈 때문이었으니까. 1899년 10월, 그렇게 제2차 보어전쟁이 발발했다.

1900년 9월, 보어의 마지막 주요 도시들이 함락되자 영국은 자신들이 승리했다고 믿었다. 임무를 마친 총사령관은 키치너에게 고삐를 넘겨준 채 영국으로 돌아갔고, 이제 키치너가 전투의 남은 잔해를 정리할 예정이었다. 하지만 불행히도 영국인들은 완전히 잘못 생각했다. 전쟁이 끝난 게 아니라 보어군이 차츰 게릴라전에 능숙해지면서 전술이 바뀐 것뿐이었다. 이에 맞서 싸우기 위해 키치너는 집, 농작물, 보급품을 다 불태우는 초토화 전술을 선택했다. 이 때문에 많은 보어 여성과 아이들이 집을 잃었고,

이들을 수용하기 위한 난민 수용소가 세워졌다. 이후 영국은 항복한 보어인들을 수용하기 위해 수용소를 더 확장했고, 이런 체계가 자리를 잡자 영국인들은 곧 수용소 시스템을 활용할 다른 방법을 생각해 냈다.

"농장에 남은 여성들은 이웃에 있는 (보어군) 특공대원들에게 우리 군에 대한 정보와 식량을 기꺼이 제공한다"라는 키치너의 말에 따르면 이 여성들은 보어 군인 못지않게 위협적인 존재였다. 키치너는 이들과 이들의 아이들을 따로이 모아 수용소에 강제로 수용시킬 계획을 세웠다. 강제수용소를 활용하는 방식은 새로운 게 아니다. 이미 쿠바 독립 전쟁 때부터 널리 활용돼 왔으며, 보어전쟁은 이런 전술이 활용된 세 번째 주요 전쟁이다. 1901년이 되자 수용소는 보어인뿐만 아니라 양측이 노예, 하인, 징집병으로 이용한 흑인들까지 수용하게 되었다. 영국 기록에 따르면 1901년 6월에 백인 수용소에는 8만 5000명 정도가, 흑인 수용소에는 3만 2000명 정도가 있었다고 한다.

다시 에밀리 홉하우스 이야기로 돌아가 보자. 그해 1월, 그는 남아프리카 지역의 강제수용소 몇 곳을 방문할 수 있는 허가를 받았다. 영국군은 일부 백인 수용소만 보여 줬을 뿐 그 이상의 조사는 허용하지 않았다. 그러나 그렇게 볼 수 있었던 공간만으로도 진상을 파악하기에는 충분했다. 1901년 6월, 영국으로 돌아온 홉하우스는 〈케이프 식민지와 오렌지강 식민지의 여성 및 어린이 수용소 방문 보고서〉라는 충격적인 폭로문을 통해 자신의

조사 결과를 발표했다. 홉하우스의 말에 따르면 수용소에는 질병과 영양실조가 만연했고, 위생 상태도 엉망이었던 데다가 의료 서비스도 원활히 이루어지지 않아 엄마들이 죽어 가는 아이들을 도와줄 방법이 없었다. 그녀의 표현을 빌리자면 "이 수용소를 계속 운영하는 건 아이들을 살해하는 것"과 다름없었다. 홉하우스의 이야기는 정부가 영국 대중들에게 선전하던 내용과는 완전히 달랐다. 정부는 수용소가 전쟁을 피해 자발적으로 찾아온 난민들에게 안전한 공간과 인도적 지원을 보장하고 있다는 식으로 선전했지만, 이는 새빨간 거짓말이었다.

수용소의 진상을 알리기 위해 노력한 인물은 홉하우스뿐만이 아니다. 그녀가 보고서를 편집하는 동안, 키치너는 영국군 소령 조지 굿윈George Goodwin에게 동일한 작업을 하라고 명령했다. 굿윈은 "사람들이 맨발에 누더기를 걸치고 있는" 걸 보았다. 수용소에는 위생 시설이나 비바람을 피할 곳이 거의 없었고, 어린 수감자들 사이에는 설사와 홍역이 고질적으로 돌았으며 그들을 치료할 현대적인 의료 시설도 없었다. 매주 수천 명의 사람들이 기존 수용자들도 제대로 돌보지 못하는 수용소로 끌려갔고, 새로운 수감자들은 곧 진흙탕, 질병, 죽음에 압도당했다. 홉하우스는 "대역병 시대를 제외하고는 한 번도 보지 못한 수준의 사망률"을 목격했다고 적었다. "모든 대화가 죽음에 관한 것이었다. (…) 어제 죽은 사람, 오늘 죽어 가고 있는 사람, 그리고 내일 죽을 사람…." 이건 영국군에게는 익숙한 모습이었다. 그저 굿원이 상부에 보고한 내용이 바깥에 알려지게 된 것뿐이었다. 하지만 영국군은 상황을 개선하기 위한 조치를 취하기보다 가능한 한 모든 정보를 검열하기로 하고 민간인 원조와 지원을 거부했다.

하지만 1901년 6월, 홉하우스의 폭로 기사가 발표되면서 마침내 진실이 드러났다. 영국 국민들은 충격을 받았고, 의회는 군에 신속한 답변을 요구했다. 당시 국방부장관 세인트 존 브로드릭St John Brodrick은 모든 수용소에 총 6만 3000명 정도가 수용되어 있다고 단언했다. 그가 알면서도 그렇게 말한 건지, 아니면 단순히 정확한 수치를 보고받지 못한 건지는 확실하지 않지만 어찌되었든 이 수치는 사실과는 상당히 거리가 멀었다(그 시점까지 거의 12만 명의 인원이 강제수용소에 수감되어 있었다). 야당 지도자인 로이드 조지Lloyd George는 영국 정부와 군대가 "여성과 아동에 대한 몰살 정책"을 추구하고 있다고 비난했다. "직접적인 박멸 정책은 아니지만 그런 효과를 낼 수 있는 정책"이라면서 말이다. 물론 브로드릭은 이 말을 대수롭지 않게 넘기면서 자기가 듣기로는 그렇게 나쁜 상황은 아니라고 대답했다. 윈스턴 처칠이 1901년 6월 28일에 《타임스》와 인터뷰를 하면서 내비친 의견은 이 같은 정부의 변명을 가장 훌륭하게 요약한 것이다. "그들[반대파]은 황폐한 지역에 남겨진 보어 여성과 어린이에 대한 책임을 받아들이는 걸 거부하지 않았는가? (…) 여성들이 폐허 속에 앉아 굶주리게 놔두란 말인가? 우리 마음은 그런 생각에 반발한다. 그래서 강제수용소를 만든 것이고, 다만 거기에도 최소한의 고통은 따를 거라고 생각한다." 이들은 마치 이렇게 주장하는 것 같았다. '수용소의 상황이 좋지 않다는 걸 인정한다. 사람들이 죽어 가고 있는 것도 안다. 하지만 우리로서도 그게 가장 인도적인 선택지였다. 중간 지점은 찾을 수 없었다.'

부정확한 데이터와 비논리적인 주장이 난무하는 가운데, 또 하나의 중요한 사실이 간과되고 있었다. 바로 수용소에 억류된 수만 명의 흑인들 말이다. 이들의 상황은 틀림없이 아프리칸스 수용소에서 확인된 상황보다 훨씬 더 나쁠 것이다. 그나마 지원되는 보급품들은 전쟁 난민 중에서도 백인들이 모여 있는 수용소에 우선적으로 보내졌다. 흑인 난민들이 억류된 수용소의 보급품은 영국군에게 보낼 화물—화물의 내용물은 대부분 술—보다도 우선순위에서 밀리는 경향이 있었다. 1901년 3월, 한 수용소에서는 식량이 너무 부족한 나머지 수감자들이 한참 전부터 근처에 있던 동물의 썩은 시체를 뜯어 먹어야 했다고 기록되어 있다.

하지만 에밀리 홉하우스는 흑인 수용소를 보지 못했고, 그곳 수감자들은 이후로도 쭉 보살핌을 받지 못했다. 강제수용소에 대한 언론 보도는 눈에 보이는 백인 여성과 아이들에게만 전적으로 초점을 맞췄다. 영국 정부의 입장에서 보면 이 전략은 어느 정도 성공한 셈이다. 그들은 수용소를 '여성 문제'로 만들려고 노력했다. 홉하우스 같은 여성들은 전쟁의 잔인함을 이해하지 못하기 때문에 수용소를 단지 야만적인 장소로 여긴다는 식으로 몰고 갔다. 하지만 가정에서 그런 것처럼 여성의 손길은 놀라운 효과를 낼 수 있다. 그래서 정부는 수용소를 개선할 수 있는 방안을 조사하기 위해 여성 단체를 구성하는 데 동의했다.

당연히 포함되어야 하는 인물임에도 불구하고 에밀리 홉하우스는 이 단체에 가입하는 걸 허가받지 못했다. 너무 직설적으로 말하는 인물이라는 게 증명되었기 때문이다. 대신 정부는《웨스트민스터 가제트Westminster Gazette》에 수용소가 '필요하다'고 옹호하는 기사를 기고한 여성참정권 운동가 밀리센트 포셋Millicent Fawcett을 발탁했다. 그리고 1901년 7월, 포셋이 이끄는 위원회가 수용소를 조사하기 시작했다. 홉하우스의 촉구에도 불구하고 포셋 위원회는 백인 수용소에 대해서만 보고하면 된다고 생각했다. 위원회의 조사 결과는 홉하우스의 결과와 비슷했지만 한 가지 분명한 차이가 있었다. 홉하우스는 높은 아동 사망률을 초래한 보급품, 의약품, 보호소 부족에 대해 영국군과 정부에 책임이 있다고 지적한 반면, 포셋은 어머니들에게도 부분적인 책임이 있다고 주장했다. 포셋은 보어 여성들에게 현대 의료에 대한 개념이 없다고 진술했다. "수용소에서 발생한 많은 죽음은 보어 여성들이 자녀에게 준 유해한 화합물이 직접적 혹은 간접적으로 영향을 미친 것이다." 당연하게도 수감된 여성들이 제대로 된 치료제를 이용할 수 없었다는 사실은 간과되었다. 포셋의 보고서가 발표되자 많은 언론이 그가 비난한 대상에 주목했다. 영국은 감금된 어머니들을 희생양으로 삼았고 키치너도 그들을 비난했다. "어머니들의 범죄적 방임에 맞서 싸우는 건 불가능하다. 나는 무력행사를 좋아하지 않지만… 최악의 사례 중 일부는 과실치사로 재판에 회부할 수 있는지를 고려하고 있다."

거짓 속 진실

흑인 수용소의 사망자 수

백인 수용소에서 2만 6000명 이상이 사망했는데 그 대부분이 어린이였다. 안타깝게도 흑인 수용소의 경우, 정확한 수감자 수를 기록하기 위한 노력이 거의 전무하다시피 한 까닭으로 정확한 사망자 수는 알려진 바 없다. 다만 최소 2만 명 이상 목숨을 잃은 것으로 추정된다.

결국 영국 정부는 포셋 위원회의 조언에 따라 행동을 취하면서 수용소 환경을 개선하는 데 동의했다. 하지만 이미 너무 늦었다. 1902년 5월에 보어전쟁이 막을 내리면서 수용소도 완전히 폐쇄되었기 때문이다. 에밀리 홉하우스의 주장을 인정하지 않은 영국 정부, 영국군의 교만한 검열 시도, 그리고 그 사이에 퍼진 수많은 거짓말이 수만 명의 죽음을 초래했다.

거짓 38
《시온 의정서》: 국가가 허락한
유일한 반유대주의의 사례

드레퓌스 사건 직후 러시아에서는 매우 수상한 문서 하나가 등장했는데, 그게 바로 《시온 장로 의정서The Protocols of the Elders of Zion》(이하 《시온 의정서》로 표기)이다. 이 수상한 문서는 유대인들이 어떻게 수 세기 동안 비밀리에 세계 문제를 조작하고 세계를 지배할 계획을 제시했는지 장황하면서도 조리 없게 설명한다. 물론 여기서 다루는 내용은 모두 사실이 아니다. 이는 단지 1800년대에 성행한 반유대주의의 최고 히트작들을 모아서 프랑켄슈타인처럼 조각조각 이어 붙인 위조작에 지나지 않으니까. 하지만 그게 가짜라고 해서 위험하지 않다는 뜻은 아니다. 거짓임이 분명한 그 내용 때문에 무려 수백만 명이 죽었다. 《시온 의정서》는 집단 학살을 촉발했고 홀로코스트의 기반을 닦는 데 도움을 주었으며 지금도 백인 우월주의 운동의 핵심적 근거로 남아 있다. 도 대체 누가, 왜 이런 문서를 작성했고 또 그토록 뻔한 거짓말이 어 떻게 이렇게 오래 유지가 될 수 있었을까?

《시온 의정서》의 정확한 출처는 아직 모른다. 하지만 여러 가 지 가설이 있으며 대부분의 역사학자들은 그것이 드레퓌스 사 건이 정점에 달한 1898년과 러시아에서 집단 학살 파동이 시작 된 1903년 사이에 작성되었다는 데 동의한다. 그리고 그 기원 에는 드레퓌스 사건 당시 프랑스에서 활동하던 러시아 보수주의 자들과 비밀경찰 조직원들이 관여했다는 설명이 가장 타당해 보 인다. 《시온 의정서》의 내용은 대부분 반드레퓌스 진영의 간행 물 내용과 궤를 같이하며, 챕터 아홉 개는 프랑스 정치 풍자서 인 《마키아벨리와 몽테스키외가 지옥에서 나눈 대화The Dialogue in Hell Between Machiavelli and Montesquieu》를 대대적으로 표절했다. 실제 로 1902년 러시아 보수 언론인인 미하일 오시포비치 멘시코프 Mikhail Osipovich Men'shikov가 3000년 전부터 내려온 '인류에 대한 비밀 음모'를 폭로했을 때, 그는 그 기원을 프랑스에서 찾았다. 멘시코프가 주장하는 바를 간략히 요약하면 다음과 같은데, 프 랑스에 사는 상트페테르부르크 출신의 한 여성이 프랑스 기자 로부터 니스의 유대인 비밀 보관소에서 도난당한 '두툼한 원고' 를 받게 된다. 여성은 원고를 러시아어로 번역했고, 이 번역본 이 1903년에 러시아에 등장한 《시온 의정서》의 첫 번째 출판본 이라는 이야기였다. 프랑스어 원본으로 추정되는 원고가 사람들

앞에 나타나는 일은 없었고, 이 신비한 여성의 정체도 현재까지 밝혀진 바는 없다.

러시아에서《시온 의정서》가 맨 처음 출판되기 전, 이 나라는 유대인에 대한 문화적 이해와 대우 측면에서 급격한 변화를 겪고 있었다. 1881년 3월 13일, 차르 알렉산드르 2세가 반차르주의 단체인 '인민의 의지People's Will'에 의해 암살당했다. 알렉산드르 2세 치하에서는 유대인 공동체를 따로 분리하지 않고 러시아 사회나 문화와 동화시키려는 시도가 있었다. 그러나 그의 죽음 이후 이 모든 것이 빠르게 역전되었다. 알렉산드르 2세를 살해한 게 실은 유대인이라는 소문이 돌기 시작했고, 집단 학살이 발발했다. 1882년에 알렉산드르 3세는 러시아 내 유대인들의 거주지, 소유권, 사업 관행을 제한하는 반유대주의 법을 제정했다. 그리고 이 같은 소용돌이 속에서 유대인 공동체에 대한 불신과 증오를 증폭시키는 피의 비방 음모가 부활했다. 그러자 러시아 내에 거주하던 유대인들은 더 나은 삶을 찾아 집단적으로 러시아를 떠났고, 엄청난 이주 홍수가 일었다.

1903년 부활절에 키시네프(현재 몰도바공화국의 키시너우)에서 시작된 도미노 효과 때문에 러시아 전역에 집단 학살이 전염병처럼 번지게 되었다. 이 도시에서 가장 인기 있는 신문인《베사라베츠Bessarabetz》는 지난 몇 년 동안 파벨 크루셰반Pavel Krushevan이라는 편집장의 주도 아래 '유대인에게 죽음을!'이나 '미움받는 종족에 대항하는 십자군' 같은 헤드라인에 크게 의존해 왔다. 크루셰반이 맨 처음 피의 비방을 시도한 건 1902년이지만, 그때의 가짜 뉴스는 아무도 자극하지 못했다. 하지만 이듬해의 재도전은 훨씬 성공적이었다. 《베사라베츠》는 2월에 죽은 어린 소년과 최근 키시네프의 한 병원에서 자살한 소녀를 유대인 공동체와 연결시키면서 유월절에 아이들의 피가 제물로 사용될 것이라고 말했다. 이 기사가 불러온 파급은 엄청났다. 사흘 동안 유대인 49명이 살해당하고 수백 명이 다쳤으며 1000채가 넘는 가옥이 파괴됐다. 키시네프에서 벌어진 대학살은 국제적인 항의를 받았지만 그에 대한 조치는 거의 이루어지지 않았다. 미국의 유대인 단체들이 원조안를 마련하고 이민을 돕는 동안 차르 니콜라스 2세는 수수방관했다. 그 이유 중 하나는 '유대인 문제'에 대한 러시아 정부의 태도 때문이었다. 니콜라스 2세나 그와 같은 부류들이 생각하기에 러시아에 사는 유대인은 진짜 러시아인이 아니고 억압적인 제재를 가해야 하는 이방인이었다. 집단 학살과 폭력으로부터 그들을 보호한다면 급속히 발달 중인 우익 민족주의 세력의 반발만 초래할 것이다. 그런 귀찮은 일을 감수할 수는 없었다.

명확한 조치나 제재가 없으면 상황은 더 악화될 뿐이다. 파벨 크루셰반은 1903년 여름, 자신의 또 다른 신문사인《즈나먀 Znamya》를 이용해 《시온 의정서》의 초판을 발간했고, 이 내용은 8월부터 두 달에 걸쳐 신문에도 연재되었다. 그때부터 러시아 내에서《시온 의정서》출판물이 눈덩이처럼 불어났고 특히 1905년과 1906년에 많이 쏟아져 나왔다. 1905년 1월에 제1차 러시아혁명이 발발해 사회 전체에 긴장이 고조되자 또다시 집단 학살이 빈번하게 발생했다. 니콜라이 2세는 이번에도 역시 아무 조치를 취하지 않았다. 하지만 이번에 그렇게 한 건 집단 학살 이 사람들의 주의를 분산시켰기 때문이다. 이 당시는 러일전쟁 의 여파로 민생이 악화될 대로 악화된 상태였으므로 이런 상황 에서 모두가 러시아 내의 유대인에게 폭력을 행사하느라 바쁘다 면 차르에게 부정적인 관심이 집중될 일도 없을 것이다. 이는 국 가가 묵인한 수준을 넘어 국가가 허락한 반유대주의의 사례였다. 1903년부터 1906년 사이 러시아 내에서 발생한 650건의 집단 학살 현장에서 지역 당국과 경찰이 적극적으로 가담하는 모습을 본 사람들이 많다.

1920년대에는 세계 각지의 책과 신문에《시온 의정서》의 번 역문이 실리게 된다. 이 시기의 집단 학살 이후 러시아와 동유럽 을 떠나는 유대인은 더 늘어났고, 이런 이주 물결이 멈추지 않자 많은 나라들이 새로이 유입되는 인구와 씨름하게 되었다. 이것 이 제1차 세계대전의 여파와 결합되자, 전쟁으로 황폐해진 국가 들은《시온 의정서》를 일종의 돌파구로 보고 많이들 받아들이게 되었다. 그중에서도 독일이 가장 적극적이었다.《시온 의정서》는 그들이 전쟁에서 진 이유, 베르사유조약의 엄청난 경제적 타격, 1918~1919년에 발생한 독일혁명의 혼란을 설명하는 데 도움 이 되었다. '우리에겐 책임이 없다. 이 모든 게 유대인의 음모인 것이다.' 독일인들이 감정적으로 가장 취약했던 시기, 간절히 희생양을 바랐던 1919년에 《시온 의정서》가 시장에 넘쳐 나기 시작한 건 우연이 아니다.

비참한 조약

1919년 6월 28일에 체결된 베르사유조약은 제1차 세계 대전을 종식시킨 여러 조약 중 하나다. 그러나 독일로 하여금 전쟁에 대한 책임을 거의 전적으로 지게 한 까닭에 독일은 토지, 자원, 군사력 면에서 엄청난 손실을 입게 된다. 그뿐만이 아니다. 독일은 막대한 배상금을 지불하다가 경제가 거의 파탄 직전까지 가게 되는데, 1923년에는 엎친 데 덮친 격으로 초인플레이션까지 발생한다. 이 위기들이 국가 재정을 심하게 잠식하는 바람에 당시 독일에서는 화폐가 거의 무용지물이었다.

당시에도 《시온 의정서》가 가짜라는 사실이 알려지지 않은 건 아니다. 1921년 8월 영국 신문 《타임스》는 《시온 의정서》가 거짓말이라는 걸 보여 주는 결정적인 증거를 발표했다. 그러나 이건 음모론의 바다에서 매우 드물게 들려오는 진실의 목소리였다. 역사학자 볼프람 마이어주 업트럽Wolfram Meyer zu Uptrup 박사는 1920년 국가사회주의 독일 노동자당(나치당)이 창당된 이래 이 당의 공식 기관지인 《푈키셔 베오바흐터Völkischer Beobachter》에 실린 유대인 관련 기사의 70퍼센트가 《시온 의정서》에 나온 내용을 포함하고 있었다고 추정한다. 실제로 《시온 의정서》는 나치 이데올로기와 정책의 주요 특징이 되었고, 학교 교육부터 언론 및 입법에 이르기까지 모든 곳에 침투하게 된다.

≈ 거짓 39 ≈
전쟁을 설득하는
가장 무자비한 방법

세계대전의 배후에서 활약한 선전 기관들

1914년 7월 말부터 8월까지 많은 국가들이 전례 없이 빠른 속도로 한 전쟁에 동참하게 된다. 바로 제1차 세계대전이다. 1914년 6월 28일, 오스트리아-헝가리 제국의 왕위 계승자인 프란츠 페르디난트Archduke Franz Ferdinand 대공이 세르비아 민족주의자에게 암살된 사건을 계기로 오스트리아-헝가리 제국은 7월 28일에 세르비아에 선전포고를 했고, 곧바로 독일이 이를 지지했다. 그러자 그 다음 달 프랑스, 러시아, 영국이 이에 대항하는 연합군을 구성했다. 유럽의 5대 강대국이 연루된 이 전쟁은 유럽만의 전쟁으로 끝나지 않을 것이다. 양측은 앞으로 몇 달, 몇 년 안에 미국이나 중국 같은 나라들을 전쟁에 끌어들이기 위해 갖은 노력을 다 할 것이다. 그러나 우선은 국내의 상황을 정리해야만 했다. 어느 나라든 전쟁에서 이기려면 자국민이 전쟁을 지지할 뿐만 아니라, 기꺼이 전쟁에 참여하고 필요하다면 궁극적인 희생까지 감수해야만 했다. 이를 위해 유럽 전역에서 선전 기관이 움직이기 시작했다.

시작은 별로 좋지 못했다. 예컨대 영국은 전쟁이 끝날 때쯤에는 참전한 어떤 나라보다 훌륭한 (또는 무자비한) 선전 기관이 되어 있었지만 처음에는 서툴기 짝이 없었다. 영국이 전쟁에 참여한 이유 중 하나는 런던조약 때문인데, 1831년 벨기에에 중립국의 지위를 보장한 이 조약을 위반하고 1914년 8월 4일 독일이 벨기에를 침공했다. 조약은 단순한 종잇조각이어서는 안 되었다. 이는 또 하나의 국제법이자 평화롭게 기능하는 유럽 대륙의 상징이어야 했으므로 모든 영국인은 목숨 걸고 싸울 게 틀림없었다. 그러나 이 생각은 대단히 안일한 것이었음이 밝혀졌다. 그런 모호한 국제 정치상의 명분은 국민을 일깨우고 군대를 집결시키기에 충분하지 않았다.

영국은 대중의 지지를 얻고 그들을 전쟁에 참여시킬 다른 전략이 필요했다. 그래서 이번엔 그럴듯한 정치적 명분이 아닌 감정에 호소하는 전략을 취하기로 했다. 독일의 벨기에 침공은 자연스럽게 유혈 사태로 이어졌는데, 8월 8일까지 거의 850명에 달하는 민간인이 사망했으며 그중 상당수는 거리에서 처형되었다. 8월 말이 되자 독일군은 마을에 불을 지르고 도시를 약탈하기 시작했다. 이런 유혈 사태는 인간이라면 누구나 관심을 가질 수밖에 없는 내용이고 영국의 선전 기관이 추구하는 방향과도 맞았지만, 이를 있는 그대로 보여 줄 수는 없었다. 삶의 터전을 파괴하고, 가족을 거리로 내쫓고, 민간인을 학살하는 모습을 그대로 보여 주는 건 아주 위험한 행동이니까. 영국군은 20년 전 보어전쟁에서 총사령관을 맡았던 키치너경—이제는 국방부 장관이 된—의 지휘 아래 움직였는데, 이들은 기본적으로 보어전쟁 때와 같은 일을 했다. 그러다 이번에는 성폭력 쪽에 초점을 맞춰 벨기에 침공을 '벨기에 강간'이라 부르며 선전하고 다니기 시작했다.

물론 이는 아주 지어낸 이야기는 아니다. 실제로 침략 기간 동안 벨기에의 일부 여성과 소녀들이 강간과 신체 훼손을 당했다는 보고서가 존재한다. 그러나 영국은 마치 모든 독일군이 조직적인 학대에 관여하고 있다는 식으로 소문을 퍼뜨렸고, 언론이 이를 이어받아 선전 전쟁에 본격적으로 뛰어들었다. 1914년 말, 영국 작가 윌리엄 르 콕스William Le Queux는 독일군을 두고 "피와 방탕의 난잡한 향연"에 가담해서 "무방비 상태의 여성과 소녀, 어린아이들을 무자비하게 훼손하고 살해하는 토막살인자 잭 같은 무리"라고 묘사했다. 그리고 이는 고스란히 독일을 상징하는 이미지로 굳어져 버렸다. 연합국들은 이를 만화나 선전 포스터로 그려 양식화했고, 전쟁 채권 구매를 독려하거나 군대 징집을 촉구할 때 유용하게 활용했다. 벨기에와 프랑스 여성들이 실제로 겪은 고통의 수준이나 내용은 완전히 다른 것으로 변질되었다. 어느 게 진짜고 어느 게 날조된 이야기인지를 구분하는 건 갈수록 어려워졌다.

독일은 자신들에게 달린 이 불명예스러운 국제적 꼬리표가 당연히 마음에 들지 않았다. 그래서 1914년 10월에 국내 유수의 지식인들을 모아 연합국에 의해 확산되고 있는 '거짓말'이 사실이 아님을 주장하고 독일의 군사행동에 지지를 내보이는 성명서를 발표했다. 훗날 '93인의 성명서'라는 이름으로 알려질 이 성명서는 독일 내에서는 대중의 지지를 얻었지만 다른 곳에서는 성공하지 못했다. 그러자 독일은 1915년 남들이 독일 시민과 군대에 저지른 만행을 기록한 『백서White Book』를 발간했는데, 여기에는 벨기에의 민간인이 독일 군인들을 상대로 안구적출에서부터 거세에 이르기까지 온갖 가학적인 행위를 가했다는 주장이 포함되어 있었다. 이쯤되면 짐작하겠지만 『백서』 내용은 대부분 조작된 것이다. 사건을 거짓으로 꾸며 내고, 이를 반박하는 증언은 생략해 가면서 정보를 심하게 편집했다. 물론 실제로 그런 일이 아주 없었다는 이야기는 아니다. 신문들은 독일 군인의 눈알이 담긴 양동이를 우연히 발견한 어린 소년, 죽은 자들의 반지로 만든 목걸이를 한 프랑스 신부, 벨기에인들이 독일군의 담배를 폭발물과 바꿔치기한 일 등에 대해 보도했다.

1915년, 중립국들을 전쟁에 끌어들이기 위한 새로운 선전 게임이 시작되었다. 네덜란드는 일찌감치 중립 의사를 밝혔고, 이제 남은 건 미국과 중국이라는 두 강대국을 어느 쪽에서 끌어들이느냐의 문제뿐이었다. 연합군의 선전 거물인 영국과 동맹 제국의 주요 대표인 독일 사이에서 선전전宣傳戰이 시작되었다. 첫 번째 기항지는 미국이었다. 1915년 5월 7일, 영국의 원양 여객선 RMS 루시타니아호가 독일 U보트의 어뢰에 맞아 침몰해 미국인 123명을 비롯 1000명 이상의 승객과 승무원이 사망했다. 독일은 그 배가 군수품을 싣고 있었기 때문에 공격한 것이라고 주장하면서 자신들의 행위를 정당화하려 했지만, 영국은 이것이 독일의 만행과 '야만'을 드러내는 증거라고 주장했다. 침몰 사고가 발생하고 얼마 뒤, 독일의 예술가 칼 괴츠Karl Goetz는 여객선을 이용해서 군수품을 운반하는 영국의 무책임함을 조롱하는 풍자적인 메달을 만들었다. 하지만 메달에 사고 날짜를 1915년 5월 5일로 잘못 새기는 바람에 적에게 공격의 빌미를 제공하고 말았다. 영국은 이 기회를 놓치지 않았다. 독일은 전부터 미국 시민들을 공격할 계획을 세워 두었고, 이 메달은 가해자들을 치하하기 위해 제작된 것이라는 거짓 주장이 펼쳐졌다.

영국이 한 차례 승리를 거둔 듯 보이는 상황에서 또다시 성공적인 선전전을 펼칠 기회가 찾아왔다. 그해 8월, 독일군에게 점령당한 벨기에에서 연합군 포로들의 탈출을 도운 영국 간호사 에디스 카벨Edith Cavell이 독일군에 붙잡힌 것이다. 영국의 선전 기관은 미국의 도움을 받아 '순진한' 여성을 독일의 '야만적인' 손아귀에서 해방시키기 위한 캠페인을 조직했다. 그러나 카벨은 결국 10월에 처형되었고, 영국 정부는 그 죽음과 관련된 선전 활동에 약 12만 파운드가량을 쏟아부었다. 이번에도 연합국 측은 카벨의 죽음과 관련해 '일부'만 진실인 보도를 퍼뜨렸는데, 카벨이 처형장에서 기절하자 독일 장교가 기절한 여성을 무자비하게 총으로 쏴 죽였다는 식의 기사를 내보냈다. 1915년 10월 23일,《뉴욕 월드》는 카벨의 죽음이 "범죄보다 나쁘다!"라고 선언했고 그 다음 주에는 그를 순교자로 간주했다. 독일은 스스로를 방어하려고 노력했지만 루시타니아호 재난으로 이미 긴장이 고조될 대로 고조된 상황이라 별 소용이 없었다. 이제 독일에겐 미국의 지지를 호소하거나 그들이 중립을 지키도록 설득할 마지막 기회조차 사라진 것이다.

그래도 중국 쪽은 아직 가능성이 있어 보였다. 전쟁 발발 이후 독일 역시 중국을 동맹으로 끌어들이려 끊임없이 선전 활동을 펼쳤다. 영국은 홍콩을 비롯한 자국 식민지에서 독일을 몰아내려고 애썼지만 독일은 계속 버텼다. 실제로 전쟁이 끝난 뒤에 나온 보고에 따르면, 1917년까지만 해도 많은 중국인들은 독일의 승리를 예상했다고 한다. 하지만 독일이 무제한 잠수함 작전을 실시하겠다고 선언한 이후 이런 생각이 바뀌었다. 1917년 2월 17일, 독일 잠수함이 프랑스 선박 SS 아토스를 파괴해 500명 이상의 중국인 노동자가 죽었다. 더 볼 것도 없이 중국은 빠르게 독일에 등을 돌렸다.

선전 기관의 배후

미국을 전쟁에 끌어들이기 위해 영국에서는 캐나다 출신 소설가 겸 정치가인 길버트 파커Gilbert Parker 경을, 독일에서는 요한 폰 벰스토르프Johann von Bemstorff 백작을 선전 담당자로 정해 적극적으로 활동을 펼쳐 나갔다. 처음에는 양쪽 모두 순조롭게 출발했지만, 미국이 독일 언론에 자금을 지원하지 않겠다 선언한 것을 계기로 자연히 파커가 선전 시장을 장악하게 되었다. 설상가상으로 뉴욕 지하철에서 독일의 선전 계획이 담긴 서류 가방이 도난당해 언론에 유출되는 바람에 독일이 미국의 호의를 얻을 가능성은 완전히 사라지고 말았다.

미국은 연합국을 도와 중국을 전쟁에 끌어들이기 위해 선전 세례를 퍼붓기 시작했는데, 이때 믿을 수 없을 정도로 끔찍한 거짓말이 등장했다. 1917년 2월 《노스 차이나 데일리 뉴스North China Daily News》는 독일인들이 군인의 시체를 녹여서 글리세린을 만드는 '시신 공장', 즉 '사체 처리 시설'을 만들었다고 보도했다.

4월이 되자 이 일회성 이야기가 훨씬 피비린내 나는 잔인한 설명을 달고 다시 돌아왔다. 영국 신문《타임스》와《데일리 메일》은 이제 그 공장이 독일 군인을 어떻게 '기름, 지방, 돼지 사료'로 변화시키는지에 대해 설명했는데, 그러면서 이는 자기들이 직접 들은 이야기라는 단서를 달았다. 당연하게도 이 기사는 아주 교묘한 편집을 거친 거짓 보도로, 오리지널 버전의 이야기에서는 사람이 아닌 동물 사체가 기름, 지방, 돼지 사료로 변한다. 그리고 이 오리지널 버전의 출처는 아이러니하게도 독일 신문이었다. 영국 선전부는 동물 사체를 뜻하는 독일어 '카다버Kadaver'를 인간 시신을 의미하는 비슷한 발음의 '카다버Cadaver'로 대체한 것뿐이다. 이 단순한 전환이 국제적인 광분을 불러일으켰고 독일이 아무리 재빨리 거짓말이라고 반박해도 소용없었다. 중국 관료들은 이 소식을 듣고 경악했고, 8월이 되자 공식적으로 전쟁을 선포하며 연합국에 합류했다.

　제1차 세계대전이 끝난 뒤 영국 선전 전문가들이 시체 공장 사기에 대한 공로를 인정받기 위해 디너파티에서 즐겁게 경쟁한 모습을 보면 선전이 전쟁에 얼마나 큰 의미가 있는지, 그리고 (속이는 입장에서도 속는 입장에서도) 거짓말이 얼마나 쉬운지 알 수 있다. 승자는 즉각적인 영향을 느끼지 않을지 몰라도, 패자는 타격을 입게 된다. 이 전쟁은 참극 선전atrocity propaganda이라는 걸 대중화시켰다. 이 기술은 인류 역사 내내 존재했지만 이때까지 그토록 많은 국가들이 활용한 적은 없었다. 적을 악마화하고 그들이 상상할 수 없을 정도로 끔찍한 짓을 저지른다는 걸(거짓이든 아니든) 증명할 수 있다면, 그들은 반드시 물리쳐야 하는 괴물 내지는 우리와는 근본적으로 다른 '타자'로 손쉽게 바뀔 수 있다. 이는 사람들의 지지를 얻고 그들의 행동을 결집시키는 기발한 방법이다. 그리고 이런 심리전의 진실은 작업을 모두 마치고 난 뒤에야 발견되는 경우가 많다. 제1차 세계대전은 참극 선전을 능숙하게 활용했고 그 가치를 입증했으며 이는 이후 국제 정치와 전쟁의 핵심적인 부분이 되었다.

≈ 거짓 40 ≈
스페인 독감과
언론 검열

1918년 9월 28일, 제1차 세계대전 휴전을 축하하고 미국 전쟁 채권을 위한 기금을 마련하기 위해 필라델피아 시내에 20만 명의 사람들이 모였다. 퍼레이드 행렬이 이어지고 군중이 환호할 때 다른 한쪽에선 끔찍한 것이 뿌리를 내리고 있었다. 축하 행사가 끝나고 72시간 뒤 필라델피아 병원들이 환자들로 가득 찼다. 스페인 독감이 도시를 강타한 것이다. 퍼레이드를 꾸민 장식들을 치운 지 6주 만에 약 1만 2000명이 사망했다. 도시의 장례식장은 밀려드는 시체를 감당하지 못했다. 세계적인 유행병이 발생해도 괜찮은 시기 같은 건 없지만, 스페인 독감이 발생한 때는 그보다 더 나쁠 수 없을 정도로 최악의 시기였다.

1918년 초에 우리가 현재 인플루엔자바이러스의 변종으로

알고 있는 몇몇 바이러스 감염 사례가 미국, 유럽, 아시아 등지에서 발견되었다. 이 가운데 가장 주목할 만한 건 미국 출신의 요리사 앨버트 깃첼Albert Gitchel의 사례다. 그는 당시 미국 캔자스주의 군 주둔지에서 요리사로 일하고 있었는데, 1918년 3월 4일 당시 그가 진단받은 수수께끼의 독감에서 첫 번째 대유행이 시작되었다.

그해는 제1차 세계대전의 마지막 해였고, 군인들은 여러 나라를 가로질러 이동하는 동시에 비좁고 불결한 환경에서 지내야만 했다. 이는 깃첼의 주둔지에 있는 군인들의 경우도 마찬가지였다. 병에 걸렸다가 살아남은 이들은 다시 전선으로 내보내졌고, 그러다 몇몇은 또다시 자기가 알지 못하는 사이에 바이러스에 감염되었다. 곧 영국, 프랑스, 이탈리아, 스페인군의 군인들이 병에 걸리기 시작했고, 초여름에는 중국, 호주, 북아프리카, 인도에서도 환자가 나왔다. 8월이 되자 재앙과도 같은 두 번째 대유행이 시작되었다. 중앙아메리카, 남아메리카, 서아프리카, 남아프리카에서도 병이 확산되었고 9월에는 유럽의 거의 모든 지역이 높은 감염률 앞에 무너졌다. 이 바이러스는 상당히 고약했는데, 5세 미만 어린이와 65세 이상 노인의 치사율이 높은 것은 물론 25~40세 사이 청장년층의 사망률도 매우 높았다. 군인들은 최악의 전쟁터에서 살아남고는 독감으로 죽어 갔다. 전체적으로 볼 때 세계 인구의 약 3분의 1이 바이러스에 감염된 것으로 추정되며 사망자는 최소 5000만 명 이상인데, 대부분 2차 유행 기간에 사망했다. 하지만 이런 엄청난 피해를 막을 방법은 분명 존재했었다.

앞서 살펴본 것처럼 스페인 독감이 유행하던 당시, 제1차 세계대전에 참전했던 많은 국가들은 적극적으로 언론을 검열하고 있었다. 전염병은 대중의 사기를 떨어뜨릴 것이 분명했고, 각국의 정부는 이를 원하지 않았으므로 전쟁 중인 대부분의 국가들은 독감에 대한 보도를 검열 대상에 추가했다. 시카고의 한 공중보건위원이 이런 입장을 잘 설명했는데, 그는 전시에는 "공동체의 사기를 저하시킬 만한 일을 절대 하지 않는 것"이 무엇보다 중요하다고 말했다. "사람들이 두려움을 느끼지 않도록 하는 게 우리 의무다. 두려움은 전염병보다도 더 많은 사람을 죽일 수 있다." 이런 주장은 논리적 토대가 빈약해 보이지만, 첫 번째 대유행 동안에는 그나마 참작의 여지가 있었다. 실제로 당시 많은 의료 전문가들은 스페인 독감을 치명적으로 위험한 질병이 아닌, 유달리 지독한 독감의 변종일 뿐이라고 가정했다. 하지만 그런 여지는 두 번째 대유행이 시작되기 직전인 1918년 5~6월에 빠르게 사라졌다. 바이러스는 이때 무지막지하게 빠른 속도로 확산되고 있었고, 치사율도 마찬가지였다. 당면한 공중 보건 위협을 대중에게 알리지 않은 채 부인한 것은 수백만 명의 생명을 위험에 빠뜨리겠다고 적극적으로 결정한 것과 다름없었다.

이런 와중에 눈에 띄는 나라가 있었는데, 바로 스페인이다. 스페인은 전쟁 내내 중립을 지켰기 때문에 갈수록 심해지는 전 세계적 전염병에 대한 뉴스를 검열할 이유가 없었다. 특히 스페인 국왕 알폰소 13세가 독감에 걸린 1918년 5월부터 독감 소식이 이 나라 신문을 뒤덮었다. 그렇게 스페인은 전염병에 대해 공개적으로 이야기하는 극소수 국가 중 하나가 되었고, 빠르게 팬데믹과 연결지어졌다. 영국 대중이 이 바이러스에 대해 처음 알게 된 것은 1918년 5월 말경 스페인을 황폐화시키고 있는 '수수께끼의 전염병'에 대해 미친 듯이 떠들어 댄 《데일리 메일》과 《데일리 익스프레스Daily Express》의 보도를 통해서였다. 《영국 의학 저널》은 이런 보도가 "불필요한 우려를 자아낸다"라고 지적했다. 《데일리 메일》은 자신들의 실수를 재빠르게 정정했다. 다음 달인 6월 기사에서 "인플루엔자가 다가오고 있는가?"라는, 조금 덜 공격적인 제목의 기사를 게시한 것이다. 해당 기사에서 의학 전문가들은 독감은 단순히 증상이 심한 감기일 뿐이라는 사실을 독자들에게 상기시켰고, '우울한 상태'인 사람은 독감에 걸릴 가능성이 높으므로 독감을 예방하는 가장 좋은 방법은 '쾌활한 삶의 전망을 유지하는 것'이라고 조언했다. 지독한 독감은 스페인에서만 유행하는 것이고, 다른 나라들에서 발생하는 독감은 그냥 평범하고 일상적인 독감이라는 주장이 보편적인 입장이 되었다. 1918년 8월 22일, 이탈리아 내무부 장관은 여전히 치명적인 독감이 발생했다는 주장을 필사적으로 부인했고, 대중들의 우려를 유발하고 싶지 않았던 미국의 시 공무원들은 의사들의 경고에도 불구하고 슈퍼 확산을 야기한 필라델피아의 9월 행진을 일정대로 진행했다.

거짓 속 진실

스페인 독감은 스페인에서 시작되지 않았다

스페인 독감이라는 이름은 스페인이 팬데믹에 대해 목소리를 높인 데서 유래되었다. 이로 인해 많은 사람들이 그 병이 스페인에서 유래된 것이라고 믿게 되었고, '스페인 여인'을 비롯해 이 바이러스를 지칭하는 다른 인기 있는 이름에도 '스페인'이 들어가게 되었다. 흥미로운 지점은 스페인에서는 이 질병을 프랑스 독감이라 불렀다는 점이다. 이 바이러스가 어디서 발생했는지 아직 정확히 밝혀진 바는 없지만, 많은 역사가들은 가장 가능성 높은 출처로 미국을 꼽는다.

이 같은 자의적 누락과 잘못된 정보는 음모론으로 이어졌다. 1918년 6월《타임스》에 실린 한 기사에서는 이 독감 바이러스가 사실은 독일의 세균전 무기일지도 모른다고 언급해 국제적인 공포를 야기했다. 다른 분야에서는 재즈 음악에서부터 토양오염에 이르기까지 모든 게 비난의 대상이 되었고, 심지어 '외설적인 노래'를 부른 자들에게 내린 신의 형벌이라는 식으로도 소개되었다. 사람들은 1918년 여름이 끝날 무렵이 되어서야 뭔가 심각한 위기가 발생했음을 인지하기 시작했고, 명확한 정부 지침 대신 기업들이 개입했다. 독일의 사탕 브랜드 포마민트Formamint는 포름알데히드, 우유, 펩신 염산으로 만든 자사 제품이 스페인 독감을 예방한다고 주장했다. 또 구충제와 방부제로 쓰이는 티몰Thymol은 죽음을 예방할 수 있다는 식으로 선전되었고, 호주의 아스피린 브랜드 아스프로Aspro는 광고를 통해 독감과 싸우기 위해 위험할 정도로 많은 양의 아스피린을 복용해야 한다고 주장했다.

불행인지 다행인지 1918년 가을이 되어 필라델피아 퍼레이드발 감염 대유행과 같은 심각한 상황이 벌어지자 검열의 베일이 벗겨지기 시작했고, 신속하게 공중 보건 조치가 시행되었다. 마스크 착용, 손 씻기, 사회적 거리 두기 등을 장려되었다. 미국의 여러 도시와 주에서 마스크 착용이 의무화되자 정부는 공익 광고 등을 통해 공중 보건 지침에 협조하지 않는 이들을 모욕하는 쪽으로 방향을 틀었다. '마스크 미착용자' 같은 용어나 '기침과 재채기는 질병을 퍼뜨리므로 독가스 폭탄만큼이나 위험하다'

같은 슬로건을 내놓으면서 말이다. 애초에 각 정부 차원에서 팬데믹에 대한 검열을 시행하지 않았다면 얼마나 많은 생명을 구할 수 있었을지 지금으로선 알 도리가 없지만, 이때의 선택은 이후 공중 보건과 사람들이 스스로를 보호하는 능력에 막대한 영향을 미쳤다.

거짓 41
안나인가,
아나스타샤인가?

1920년 2월 27일, 베를린 란트베어 운하의 물속에서 한 젊은 여성이 구조되었다. 그는 지갑도 서류도 없고 자기가 누구인지에 대한 기억도 없는 듯했다. 담당자들은 '무명의 부인'이라는 이름으로 그를 달도르프Dalldorf(독일 북부 지역의 도시-옮긴이) 정신병원에 입원시켰다. 검사 과정에서 두 가지 사실이 밝혀졌다. 첫 번째는 그의 몸에 광범위한 흉터가 있다는 것이고 두 번째는 러시아어를 할 수 있다는 것이었다. 1년이 넘도록 무명의 부인과 관련해 알려진 사실은 이것뿐이었다. 그러던 1921년 가을, 이 신비한 여인이 간호사를 부르더니 잡지에 실린 러시아 황실 사진을 가리켰다. 뭔가가 그의 기억을 되살렸거나 아니면 지금이 침묵을 깰 때라고 판단했던 것일까. 그는 자신이 아나스타샤 로마노프 여대공이라고 했다.

3년 전인 1917년, 세계의 관심이 여전히 제1차 세계대전에 쏠려 있는 가운데, 러시아는 내부적으로 대변화를 겪는 중이었다. 1905년에 일어난 제1차 러시아혁명 이후 러시아 내부의 긴장은 여전히 높은 상태였고, 도저히 세계대전에 참전할 상황이 아니었다. 차르 니콜라이 2세는 이런 대규모 전쟁은 물론이고 그 어떤 전쟁에도 나갈 준비가 되어 있지 않았고, 러시아 국민들은 경제나 군사적인 면에서 경험이 부족한 차르 때문에 혹독한 대가를 치러야만 했다. 무분별한 징병으로 인해 농촌에서는 일손이 부족해져 식량 생산이 대폭 줄었고, 공장노동자들은 장시간 노동에 지쳐 파업과 폭동을 일으켰다. 러시아 군대의 경우, 싸울 장비는 늘 부족했고 설상가상으로 반란을 일으키기 일쑤였다. 니콜라이 2세는 아내인 알렉산드라 황후에게 국내 정치를 맡긴 채 군대를 지휘하러 떠났는데, 황후는 남편보다 덜떨어진 장관들을 주변에 둬서 가뜩이나 힘든 상황을 더 악화시켰다. 러시아 국민들은 다시금 혁명에 눈을 돌리기 시작했고 볼셰비키에 대한 지지가 급증했다. 1917년, 2월 혁명이 진행되는 동안 니콜라이 2세는 왕위를 포기했고, 그 이듬해 볼셰비키가 권력을 잡았다. 니콜라이와 알렉산드라, 그리고 그들의 자녀인 올가, 타티아나, 마리아, 아나스타샤, 알렉세이는 로마노프 왕가의 누구도 왕위를 되찾을 수 없다는 결정이 내려질 때까지 가택 연금 상태로 갇혀 있어야만 했다.

불행하게도 이들 가족이 풀려나는 일은 없었다. 1918년 7월 17일 이른 새벽, 왕실 가족과 그들과 가장 가까운 하인들이 에카테린부르크Ekaterinburg(현재는 예카테린부르크Yekaterinburg로 알려짐)의 한 주택 지하에서 처형되었다. 그들의 시신은 콥티아키 숲으로 옮겨져 비밀리에 매장되었다. 처음에는 니콜라이의 죽음만 발표되었지만 나머지 가족들이 여전히 실종된 상태인 걸로 보아, 당시 사람들로서도 머지않아 그 가족 역시 죽었으리라 깨달았던 듯하다. 다만 그런 가운데서도 당시 열일곱 살이던 아나스타냐의 이름은 계속해서 사람들 입에 오르내렸다. 로마노프가의 모든 자녀들 중에서도 특이한 편이었던 그는 생기 넘치고 건방지면서 타고난 재치가 있는 소녀였다. 그러니 아나스타샤라면 어떻게든 살아남았을 것이다, 무명의 부인 말에 따르면 그랬다. 그 젊은 여성은 자기―아나스타샤 로마노프―는 사형 집행 중에 사망한 게 아니라 의식을 잃은 것뿐이라고 주장했다. 폴란드 군인 알렉산드르 차이코프스키Alexander Tchaikovsky가 자신을 안전한 곳으로 몰래 옮겨 주었고 그렇게 그의 가족과 함께 부쿠레슈티로 도망쳤다. 그곳에서 알렉산드르의 아이를 임신했지만 남편은 얼마 뒤 칼싸움을 하던 중에 죽었다. 그런 뒤 자기 대모인 프로이센의 이레네 대공녀에게 도움을 받기 위해 베를린행을 결심했고, 베를린으로 향하기 전에 아기를 입양시켰다. 하지만 베를린에 도착하자마자 절망감에 압도되어 자살을 시도했다. 란트베어 운하에 뛰어든 것이다.

로마노프가의 아이들

안나 차이코프스키는 로마노프가의 생존자라고 주장한 첫 번째 사람도, 마지막 사람도 아니었다. 자기가 알렉세이라고 주장한 전 CIA 요원 미하엘 고에니프스키Michael Goleniewski, 자기가 올가라고 주장하면서 교황 비오 12세의 재정 지원을 받은 것으로 추정되는 마르가 부츠Marga Boodts, 책 집필 계약까지 체결한 또 한 명의 아나스타샤 사칭자 유지니아 스미스Eugenia Smith 등 수년간 아나스타샤와 그의 형제자매들을 사칭하는 많은 사기꾼들이 등장하고 또 사라졌다.

곧 소문이 퍼졌고 1922년에는 이레네 대공녀가 이 이야기가 사실인지를 확인하기 위해 실제로 달도르프 정신병원을 방문했다. '아나스타샤'를 만난 이네레는 재빨리 그가 사기꾼이라고 선언했지만, 로마노프 가문의 친척과 친구들 모두가 똑같이 행동한 건 아니다. 1922년 5월이 되자 안나 차이코프스키로 알려진 '아나스타샤'는 정신병원에서 나와 아르투어 폰 클라이스트Arthur von Kleist 남작의 집으로 거처를 옮길 만큼 사람들의 지지를 얻게 되었다. 하지만 사람들이 그의 이야기를 믿은 건 딱히 절망감 때문만은 아니었다. 새로운 소련 정부는 1918년에 니콜라이 2세의 사망을 발표한 뒤, 로마노프 가족이 모두 사망했다고 선언해야 하는지 여부를 놓고 생각이 계속 바뀌는 듯했다. 1919년에 한 발표는 좌파 혁명가들이 멋대로 저지른 짓이라고 했다가 니콜라이와 알렉세이는 죽고 여성들은 살아남았다고 말을 바꾸기도 하고, 1922년에는 사실 가족 모두가 살아 있다고 선언하기도 했다. 이 과정에서 수많은 음모론과 소문이 만들어졌고, 그러다 보니 사람들은 차이코프스키의 주장을 별로 억지스럽게 느끼지 않았다. 하지만 여전히 의심스러운 정황들이 있었으므로 이를 밝히기 위해 1927년 베를린의 한 신문사가 마틴 크노프Martin Knopf라는 사설탐정을 고용했다. 많은 조사 끝에 크노프는 안나 차이코프스키가 사실은 1920년 초부터 실종되었던 폴란드의 공장노동자 프란치스카 샨츠코프스카Franziska Schanzkowska라고 선언했다. 그의 가족은 샨츠코프스카가 1916년에 일했던 공장에서 폭발 사고가 일어나 전신에 화상을 입었고, 이로 인해 심각한 정신 질환을 앓게 되었다며 걱정했다. 샨츠코프스카의 여동생과 남동생을 비롯해 그를 아는 많은 사람들의 증언이 크노프의 조사 결과를 뒷받침했다. 하지만 차이코프스키는 변함없이 자기가 아나스타샤 로마노프라고 주장하며 확고한 태도를 유지했다. 이후 샨츠코프스카의 가족은 본래의 주장을 철회했는데, 이는 차이코프스키가 자기들 형제라고 믿지 않았기 때문이 아니라 그를 아나스타샤 로마노프라고 믿는 신봉자들의 광포한 행동 때문이었다. 또 진실을 요구하는 과정에서 차이코프스키의 정신 건강이 악화되는 등 득보다 실이 더 많은 것처럼 보이기도 했다. 샨츠코프스카 가문과의 관계가 끊기자 이제 차이코프스키 주변에는 그의 이야기를 믿으면서 왕족으로서의 권리를 요구하라고 부추기는 사람들만 남았다. 그래서 차이코프스키는 로마노프가의 재산을 요구하기 위해 수십 년간 법정 투쟁을 이어 갔다. 결국 1970년에 재판에서 패소했지만, 당시 안나 앤더슨 매너핸Anna Anderson Manahan이라는 이름으로 살아가던 차이코프스키는 그가 사망하는 1984년까지 아나스타샤 로마노프로서의 정체성을 유지했다.

마침내 1989년, 예카테린부르크에서 니콜라이 2세 일가의 유해가 발굴되었다. 다만 마리아와 알렉세이의 유해가 발견되지 않았는데, 다행히도 이후 2007년에 두 자녀로 추정되는 유해가 발견되었다. 영국 필립 공의 DNA 샘플을 이용해서 조사한 결과, 그 유해가 러시아 왕실 사람들의 것임이 확인되었다.[†] 안나 앤더슨 매너핸은 결국 아나스타샤 노마노프가 아니었다. 그렇다면 그녀는 누구였을까? 1995년에 이번에는 프란치스카 샨츠코프스카의 증조카 DNA를 이용한 또 다른 테스트가 진행되었고, 마침

[†] 영국의 여왕 엘리자베스 2세의 배우자로 더 익숙한 필립 공은 본래 그리스 왕자 출신으로, 통치 가문의 왕손답게 친가와 외가를 포함한 친척들 대부분이 유럽의 왕족이었다. 그중에서도 친할머니 올가 콘스탄티노브나 로마노바는 러시아제국 로마노프왕조의 황녀이자 유럽 여러 왕족들의 할머니로 유명하다.

내 답이 나왔다. 샨츠코프스카의 모계 쪽 DNA와 안나의 DNA가 일치했던 것이다. 안나는 진짜로 프란치스카 샨츠코프스카였다.

≈ 거짓 42 ≈
"대기근은 없었다."
월터 듀란티의 거짓 보도

"거짓말쟁이는 지옥에 간다." 1935년 《뉴욕 타임스》 기자이자 퓰리처상 수상자인 월터 듀란티Walter Duranty는 어린 시절 자기가 거짓말을 할 때마다 열성적인 기독교도였던 할머니가 얼마나 화를 냈는지 회상했다. "거짓말쟁이는 지옥에 가고 영원히 불에 타게 될 거다." 월터에게 이 말은 그가 할머니를 별로 좋아하지 않게 된 이유와 거짓말에 절대적인 혐오감을 느끼게 된 까닭을 설명해 준다. 언론인으로서는 칭찬할 만한 삶의 방식이다. 그 자신이 거짓말을 했다는 사실을 제외하면 말이다. 사실 그는 20세기를 대표하는 가장 치명적인 거짓말 중 하나이자, 궁극적으로 수백만 명의 죽음을 초래한 거짓말의 배후에 있었다.

1884년 영국 리버풀에서 태어난 듀란티는 러시아혁명이 일어난 1917년부터 러시아 문제를 보도하고 있었다. 흥미롭게도 《뉴욕 타임스》가 1919년에 듀란티를 러시아 담당 기자로 고용했을 때, 그는 러시아어를 전혀 할 줄 몰랐고 러시아에 대한 지식도 거의 없었지만 진심으로 그 일에 최선을 다했다. 러시아에 대한 정보 대부분을 보도 자료를 통해 얻고 있었음에도 불구하고 듀란티는 처음부터 자신을 공산주의와 러시아 전문가로 자리매김하려고 했다. '모스크바의 볼셰비스트 갱'을 맹렬히 비판하는 놀랍도록 반소련적인 글을 쓰면서 그 정권과 나라 전체가 곧 무너질 것이라고 예측했다. 하지만 겉으로만 그렇게 대담한 허세를 부릴 뿐 그의 보도, 특히 폴란드-소련 전쟁과 관련된 보도에는 방대한 양의 오보와 부정확한 사실이 포함되어 있었다. 그럼에도 듀란티는 자기 직업을 유지했고, 심지어 1921년 7월에는 러시아 기근에 대한 보도를 위해 러시아에 입국하는 소수의 기자들 중 한 명으로 선택되기까지 했다. 이건 확실히 그의 경력에 도움이 되는 기회였다. 심지어 듀란티는 수백만 명의 목숨을 앗아 간 재앙을 가리켜 다음과 같은 글을 쓰기도 했다. "행운이 러시아 기근이라는 형태로 내 길을 열어 주었다!" 러시아의 기근은 실제로 듀란티의 작품이 될 것이다. 러시아제국이 소비에트 사회주의 공화국 연방(1922~1991. 이하 '소련'으로 칭함)으로 바뀌는 동안, 그는 러시아어를 배우고 국제 언론에 대한 러시아의 엄격한 검열을 헤쳐 나가는 방법도 익혔다. 1920년대 중반까지 그는 서방의 중요한 소련 특파원 중 한 명으로 입지를 굳히는 데 성공했다. 반소련적인 장광설은 사라졌고 그 대가로 돈, 커다란 아파트, 애인, 그리고 이오시프 스탈린Joseph Stalin과의 탐나는 인터뷰 기회도 두 번이나 얻었다.

1928년은 스탈린에게 중요한 해였다. 농업을 집단화하고 산업 생산량을 늘리기 위한 제1차 5개년 계획을 발표한 해였기 때문이다. 그러나 스탈린이 의도한 방식은 사실상 엄청난 인적 손실을 초래하고 말았다. 훈련받지 못한 소작농들은 새로운 공장으로 옮겨 가 일하게 된 걸로도 모자라 누추한 환경에서 살아야 했고, 작동 경험이 없는 중장비 때문에 지속적인 위험에 노출되고 있었다. 농업 집단화의 경우, 상황은 더 심각했다. 개인이 소유한 농장을 정부에 넘겨야 했으니 그 땅에 살거나 그 땅을 소유했던 이들은 당연히 변화에 저항했고 심지어는 이를 저지하기 위해 자기 농작물과 밭을 파괴하기까지 했다. 물론 스탈린도 가만히 당하고만 있지는 않았다. 저항하는 이들에게는 '쿨라크Kulak'(지주, 부농, 농촌의 자본가 층을 의미하는 말-옮긴이)라는 꼬리표가 붙었고 소련의 적으로 간주되었다. 스탈린은 군대부터 비밀경찰에 이르기까지 모든 지원을 동원해서 농민들의 땅을 국유화했고, 쿨라크는 '청산당해 마땅한 계급'으로 보고 추방하거나 처형했다. 실제로 듀란티는 1930년에 쿨라크들을 가득 실은 기차를 우연히 보게 됐는데, 그들을 두고는 "인간이라기보다 우리에 갇힌 동물에 가까운… 진보를 향한 행진의 잔해이자 폐기물"이라고 묘사했다. 하지만《뉴욕 타임스》에 보낸 기사에서는 쿨라크들에 대한 처우 이야기는 거의 하지 않은 채 5개년 계획의 긍정적인 측면에만 초점을 맞추면서 스탈린을 "역사에 남을" 업적을 쌓으면서 "해방된 노예 국가에 대한 자존감"을 회복시키고 있는 지도자로 칭송했다.

사실 스탈린은 1861년에 농노가 해방된 이후 사라졌던 방식 그대로 농민들을 다시 땅에 묶어 두었다. 그들은 수확한 농작물과 식량 대부분을 정부에 보내야 했으므로 늘 가난과 굶주림에 시달렸다. 1932년 6월, 캐나다 농업 전문가 앤드루 케언스Andrew Cairns는 영국 외무부에 소련을 여행하면서 광범위한 기근을 목격했다고 보고했다. "최소한 서류상으로라도 5개년 계획을 성공시키기 위해 남성, 여성, 어린이, 말, 노동자들은 죽게 내버려 둔다." 우크라이나, 코카서스, 크림, 볼가가 가장 큰 타격을 입었다. 하지만 소련의 주장에 따르면 기근 같은 건 없었다. 1932년 11월에 듀란티를 만난 영국 대사관 측은 그가 소련의 기근이 걷잡을 수 없을 정도로 심하다는 사실을 알고 있었으면서도 기사에서 기근에 대해 전혀 언급하지 않았고 심지어 "소련에는 가난해도 안심하고 살아갈 수 있는 사람들이 수백만 명이나 있다"라고 말한 것에 놀랐다.

퓰리처상을 받은 거짓말

1932년 듀란티는 스탈린의 5개년 계획 실행을 취재한 공로로 퓰리처상을 수상했다. 《뉴욕 타임스》는 이후 월터 듀란티의 기사를 게재한 것에 대해 공개적으로 사과했다. 하지만 그의 퓰리처상 수상을 취소하라는 수많은 요구에도 불구하고 2003년 퓰리처 이사회는 "의도적으로 속였다는 명확하고 설득력 있는 증거를 찾지 못했다"라면서 이를 거부했다.

1932년 12월, 소련 정부는 쿨라크의 이송을 더 용이하게 하고 굶주린 농부들이 마을과 도시로 이동하는 걸 막기 위해 새로운 여권 시스템을 도입했다. 그리고 1933년 봄에는 집단 농장에서 일하는 사람들이 그곳을 자유롭게 떠나지 못하도록 법으로 금지했다. 다시 말해 이는 기근 지역에 사는 사람들을 그곳에 가둬 놓고 기아로 굶어 죽도록 사형선고를 내린 셈이다. 듀란티는 이걸 좋은 소식인 양 보도하면서 기근에 대한 언급은 또다시 생략한 채 "바람직하지 않은 도시를 정화하려는" 소련의 조치에 박수를 보냈다. 듀란티가 기근에 대한 보도를 거부한 이유 중 하나는 당시 그가 미국이 소련을 공식적으로 인정하도록 만들기 위해 노력하고 있었기 때문이다. 모스크바 공문서 보관청에 있는 한 긴급 보고서에 따르면, 듀란티는 "소련 상황에 대한 자신의 평가를 공식적으로 인정받으면… 모스크바에 미국 대사관이 생길 경우 (본인이) 그곳 공보담당관 같은 직책에 임명될 것이라고" 생각했던 듯하다. 외부 사람들이 기근에 대해 알게 되는 건 월터 듀란티의 관심사가 아니었다. 그는 자기 기사뿐만 아니라 다른 사람의 기사에서도 기근과 관련된 내용을 삭제하기 위해 최선을 다했다.

1933년 3월 25~30일 사이에 영국 신문 《맨체스터 가디언 Manchester Guardian》 기자인 맬컴 머거리지Malcolm Muggeridge가 마침내 우크라이나 기근(현지에서는 홀로도모르Holodomor라고 불렸다)에 대한 뉴스를 전할 수 있었다. 그는 일련의 기사를 통해 도시와 마을 전체가 굶어 죽어 가고 있을 뿐만 아니라 주민들이 식인과 자살로 내몰리는 동안 '배불리 먹은' 소련 군대가 그들을 감시하고 있다고 보도했다. 《맨체스터 가디언》은 3월 30일에 머거리지의 주장을 뒷받침하는 가레스 존스Gareth Jones 기자의 현장 보도를 추가로 실었다. 그러나 하루 뒤, 듀란티는 《뉴욕 타임스》라는 훨씬 큰 플랫폼을 이용해서 《맨체스터 가디언》의 보도가 잘못됐다고 주장했다. 스탈린의 집단화 계획이 정착되는 과정에서 식량 생산량이 조금 줄어들긴 했어도 기근은 없다고 설명했다. 그러고는 "좀 잔인하게 표현하자면 계란을 깨지 않고서는 오믈렛을 만들 수 없다"라는 식으로 결론을 내렸다. 서방의 대표적인 러시아 특파원이 이렇게 말하니 머거리지는 거짓말쟁이라고 비난받을 수밖에 없었다. 가레스 존스는 《파이낸셜 뉴스Financial News》에 기근 상황과 그 원인에 대한 자세한 설명을 써서 반격했지만 듀란티는 존스가 상황을 과장하고 있다고 반격했다. 그러나 존스는 이에 움츠러들기는커녕 5월 13일에 듀란티의 홈그라운드인 《뉴욕타임스》로 격전지를 옮겨 그가 고의적으로 진실을 숨기고 있다는 편지를 썼다. 그로부터 얼마 지나지 않아 소련은 존스의 입국을 금지했다.

우크라이나는 기근으로 인해 하루에 2만 5000명이 넘는 사람들이 죽어 가고 있었지만 듀란티는 자기 주장을 굽히지 않았다. 하지만 1933년 여름이 시작되면서 굶주린 우크라이나인들에 대한 보도가 더 많이 나오기 시작했다. 결국 진실은 밝혀질 수밖에 없다는 사실을 깨달은 듀란티는 자기는 항상 기근에 대해 보도해 왔다는 억지 이야기를 꾸며 내면서 이를 1921년 기근에 대해서 쓴 자기 기사와 연결시키고는 소련의 검열을 한탄하기 시작했다. 하지만 이 전술은 효과가 없었다. 미국 기자 프레더릭 T. 버철Frederick T. Birchall이 기근으로 약 400만 명이 사망한 것 같다고 보도한 이후, 듀란티는 가장 심각하게 피해 입은 지역을 방문하기로 결심했다. 1933년 9월, 그곳에 도착한 듀란티는 긴급 공문을 보내 다음과 같은 주장을 펼쳤다. "북코카서스에서 풍요로움을 발견했다"라면서 "기근은 터무니없는 이야기이며, '수백만 명의 사망자'라는 것은 나치가 조작한 독일의 음모일 가능성이 있다"라고 말이다. 그러나 모스크바로 돌아온 듀란티는 영국 대사관에 전혀 다른 이야기를 전했다. 코카서스에는 '풍요로움'이 없었고 그곳과 볼가 지역 사이에서 적어도 300만 명이 죽거나 강제 추방되었을 것이라고 말이다. 또 우크라이나의 경우에는 "고혈을 짜냈다"라면서 다른 지역까지 전부 합치면 집단농장의 결과로 1000만 명 정도가 사망한 것 같다고 말했다.

그러나 듀란티는 대외적으로는 침묵을 지키면서 미국이 소련을 인정하도록 하는 데만 전념했고 워싱턴에 가서 소련의 업적을 극찬했다. 1933년 11월 16일, 미국은 소련을 공식적으로 인정했고 축하 만찬에서 월터 듀란티는 이런 위대한 업적의 설계자로 환호를 받았다. 1933년 크리스마스에 이뤄진 스탈린과의 인터뷰에서 독재자는 듀란티를 따뜻하게 축하했다. "다른 사람들이 우리의 말에 승산이 없다고 생각할 때 당신은 우리가 이기는 쪽에 돈을 걸었고, 결국 돈을 잃지 않았을 거라고 확신한다." 스탈린의 말이 맞다. 월터 듀란티는 수백만 명의 죽음을 은폐한 부분에 대해 처벌받지 않았고 오히려 그에 대한 보상을 받았다. 기근으로 사망한 희생자들의 규모는 여전히 불분명하지만 500만 명에서 1000만 명 사이로 추정된다. 그러나 분명한 한 가지는 듀란티의 대담한 거짓말과 자의적으로 누락시킨 사실이 이런 대규모 인명 손실을 초래했다는 것이다. 몇몇 정부는 잔학 행위가 벌어지고 있다는 사실을 알고 있었지만 듀란티가 진실을 말하지 않은 탓에 대중들은 자기 나라 정부가 상황에 개입하도록 강요하지 못했고, 소련과 관련된 국제기구들 사이의 모호한 의사소통이 더욱 혼탁해졌다.

≋ 거짓 43 ≋
환자를 속여라!
터스키기 매독 생체 실험

매독이라는 성병은 1494년 처음 기록된 이래로 전 세계를 순회한 바 있으며, 침략군과 국제무역상들을 숙주 삼아 더 멀리 확산되었다. 그러니 전 세계적으로 대규모 군대가 배치된 제1차 세계대전 이후 1930년대에 미국에 매독이 급속히 확산된 것은 그다지 놀라운 일이 아니었다. 당시 상황이 얼마나 심각했었는가 하면, 미국인 10명 중 1명이 보균자였을 정도로 미국은 매독으로 피폐해져 있었다. 다행히 이 시기는 매독과 관련한 연구가 다양하게 이루어지고 있던 때였다. 물론 그 모든 연구가 바람직한 방식으로 이루어지고 있던 건 아니었다. 사실 이때 한 지역에서는 역사상 가장 끔찍한 의료 권한 남용 사건이 벌어지고 있었다.

19세기 노예해방선언과 그로 인한 잡혼 관련 히스테리 이후,

미국에서의 매독 연구는 매독이 인종적으로 어떤 차이를 일으키며 발생 및 진행되는지에 연구의 초점이 맞춰지고 있었다. 이 시기 의사들은 흑인은 본래 심리적, 도덕적으로 열등해서 진행성 매독advanced syphilis의 사례가 더 많다는 다윈풍의 돌연변이 이론을 생각해 냈다. 이 연구의 대부분이 질병을 적절히 치료받기 어려운 가난한 지역에서 이루어졌음에도 미국 흑인들이 매독 감염의 주요 매개체라는 게 기정사실화되었다. 20세기가 밝자 매독과 관련한 이 같은 인종 이론에 더해 신경매독 역설neurosyphilis paradox이라는 새로운 내용이 추가되었다. 이는 매독에 걸릴 확률 자체는 흑인이 높지만, 그들이 신경매독에 걸리는 경우는 거의 없다는 식의 주장이었다. 1911년, E. M. 험멜E. M. Hummell 박사가 설명한 바에 따르면, 흑인의 뇌는 "근심 걱정 없이 살아가는 어린 아이 같은 행복감"으로 가득 차 있기 때문에 이들은 "고도로 문명화되고 교양 있는 백인이 많이 걸리는" 신경매독에 걸릴 만큼 진화되지 않았다고 한다. 다시 말하지만, 이 연구는 실제 학문적 이론 및 실험보다 인종차별적 독단에 더 많은 기반을 두고 있다. 그럼에도 인종에 따라 신경매독에 걸릴 확률이 달라진다는 이 같은 개념은 곧 엄청난 인기를 얻기 시작했고, 이와 관련해 추가적으로 연구를 해 달라는 요청이 쇄도했다. 심지어 일부 연구자들 사이에서는 흑인 환자의 신경매독이 악화되도록 내버려 둔다면 계속해서 연구를 할 수 있을 테고, 그 과정에서 더 좋은 치료제나 완치의 열쇠를 발견할지도 모른다는 주장이 유행했다. 하지만 세상 어떤 환자도 사악한 과학의 이름으로 내려지는 사형선고에 동의하지는 않을 것이다. 그러니 다른 경로를 찾아야 했는데, 앨라배마의 한 연구소가 완벽한 중간 지점인 것 같았다.

앨라배마주에 위치한 터스키기 연구소는 1881년 흑인 사회에 교육 서비스를 확대하려는 노력의 일환으로 설립되었다. 이후 1929년부터 주로 흑인 의사들로 구성된 연구소의 한 실험 그룹이 매독 연구를 시작했다. 여기에는 흑인 환자들에 대한 연구도 포함되어 있었는데, 그들이 제시한 데이터는 인종적인 계층 구조를 보여 주지 않는다는 점에서 특이한 구석이 있었다. 게다가 해당 연구가 미국 공중보건국USPHS의 관심을 끌었다. 그들은 신경매독 역설 연구를 시작할 장소를 찾고 있었는데, 터스키기 연구소는 매독을 연구한 경험도 있고 또 현재 이 지역의 많은 흑인들 사이에서 매독 사례가 증가하고 있었기 때문에 여러모로 이상적이었다.

1932년, 그렇게 USPHS는 터스키기 실험을 시작했다. 이 지역에서는 매독에 걸린 사람 중 상당수가 치료를 받지 못했는데, 그 이유는 대개 치료에 대한 접근성이 떨어지고 치료비가 비쌌기 때문이다. 그래서 USPHS는 그 실험을 '자연 상태에서의 연구'로 간주할 수 있었다. 다시 말해 그들이 연구하고자 하는 이들은 지금도 의료 서비스를 받고 있지 않으므로 연구소가 그들을 진료하지 않는다고 해서 딱히 윤리에 어긋나는 행동은 아니리라, 식으로 생각하기로 한 것이다. 물론 실험에 참가하기로 등록한 이들에게는 아무 말도 하지 않았다. 그 대신 연구를 위한 대규모 인력 및 실험 풀을 확보하기 위해 정부는 지역사회에 빈혈부터 매독에 이르기까지 '악혈bad blood'(어혈瘀血의 일종. 혈관 밖으로 나와 조직 사이에 몰려 있는 죽은 피를 가리킨다-옮긴이) 증상이 나타날 수 있는 병에 걸린 이들을 위해 무료 검사와 치료를 시행하겠다고 약속했다. 연구팀은 이를 통해 매독에 걸린 사람을 선별할 수 있었고, 환자에게 더 좋은 치료를 해 주겠다면서 요추천자†도 실시했다. 이 같은 작업을 통해 터스키기 실험 팀은 매독에 감염된 남성 399명과 감염되지 않은 남성 201명으로 구성된 대조군을 보유하게 되었다.

하지만 이 실험은 1933년, 두 가지 커다란 난관에 부딪히게 된다. 그 첫 번째는 신경매독이 발병하기까지는 몇 년이 걸리는데 실험 참가자 중에는 USPHS가 연구하고자 했던 진행 단계에 가까운 피험자가 없다는 것이었다. 이들이 원한 건 질병이 뇌에 미치는 영향의 마지막 단계를 연구한 뒤 시체를 부검하는 것이었다. 이 실험을 이끌어 가던 리더 중 한 명인 올리버 벵거Oliver C. Wenger 박사는 "우리는 환자들이 죽기 전까지는 그들에게 관심이 없다"라고 말했다. 그러려면 몇 년을 기다려야 했는데, 실험 자금으로 할당된 돈은 반년 치밖에 안 됐다. 하지만 지금까지의 진행 상황에 감명을 받은 USPHS는 실험을 무기한 계속할 수 있도

---

† 신경계통 질환의 진단에 필요한 뇌척수액을 뽑거나 그곳에 약을 투여하기 위해 시행하는 검사 및 처치법.

록 정부 자금을 지원하겠노라 약속했다. 그 문제가 해결되자 이 제 두 번째 문제를 해결해야 했다. 긴 시간 동안 실험 참가자들을 속이는 문제 말이다. 그들은 이제 평생 실험에 묶여 있게 되었고 실제로는 매독 때문에 죽어 가는 상황이었지만, 치료되고 있다고 믿게 만들어야 했다. 그 뿐만 아니라 부검을 위해 모든 참가자에게 시신 기증 서명까지 받아야만 했다. 프로그램 관리자는 그들의 시신을 얻는 데만 신경을 쓰고 그 단계에 도달하기까지 수십 년 동안 해야 할 잠재적인 거짓말에 대해서는 신경을 쓰지 않았다. 벵거와 실험 현장 감독인 레이먼드 본더레흐Raymond A. Vonderlehr 박사는 편지를 주고받으며 이 문제에 대해 경솔하게 논의했다. 벵거는 이렇게 썼다. "후속 계획에 한 가지 위험이 있다. 무료로 병원 치료를 받는 것이 곧 사후 부검을 의미한다는 걸 알게 되면 흑인들이 모두 메이컨 카운티를 떠날 것이다." 이에 본더레흐는 이렇게 답했다. "당연히… 현재 진행하는 활동의 주된 목적이 그들을 부검실로 데려가기 위한 것임을 모두에게 알리지는 않을 것이다."

두 번째 문제를 해결하기 위해서는 지역사회와 신뢰를 쌓는 수밖에 없었다. 연구소 측에서는 실험 참가자들이 받고 있다고 여긴 의료 서비스 외에도 무료 식사와 병원을 오가는 교통편을 제공했고, 이에 더해 친절한 간호사들이 그들을 정기적으로 방문하도록 조치를 취했다. 또 사람들에게 이 실험이 생명을 구하고 새롭고 건강한 미래를 제공함으로써 공동체를 완전히 변화시킬 것이라는 자부심을 불어넣었다. 심지어 부검 동의서에 서명을 하면 프로그램에 참여하는 도중에 사망할 경우, 장례 비용을 대주겠다는 제안까지 했다. 피험자들은 자기를 돌봐 주던 의사를 믿었고, 그게 분별 있는 미래 대책이라고 여겼기 때문에 기꺼이 동의서에 서명했다. 물론 치료를 받으면서 점점 나아지고 있으니 죽지 않을 거라는 믿음도 있었다.

한편 1940년대 중반에 매독을 치료할 수 있는 새로운 길이 열렸다. 페니실린이 널리 보급된 것이다. 하지만 터스키기 실험은 계속되었다. 그러다 1941년에 피험자인 남성 환자 중 상당수가 제2차 세계대전에 참전하기 위해 미군에 입대했다. 군사 의료의 일환으로 모든 병사에게 매독 치료제가 제공되었지만, 256명의 터스키기 신병들에게는 위약僞藥만 제공되었다. 그러나 이런 노력에도 불구하고 실험을 더 오래 유지하는 게 불가능해졌다. 1940년대가 저물어 갈 즈음이 되자 피험자들 사이에 의심이 싹텄다. 당연하지 않겠는가, 거의 20년 가까이 치료를 받았지만 상태는 점점 더 나빠지기만 했으니까. 다른 사람들이 페니실린을 맞고 건강을 되찾는 모습을 본 몇몇 피험자들이 몰래 다른 의사를 찾아가기 시작했고, 1950년대 초가 되자 실험 참가자 중 거의 30퍼센트가 외부 치료를 받게 되었다. 그럼에도 불구하고 프로그램 관리자가 개입하기 전에 적절한 치료를 받은 건 그중 겨우 7퍼센트밖에 안 되는 것으로 추정된다. 실험 책임자들은 분노했다. 그들이 진정으로 원한 부검을 통한 연구가 이제 막 시작되려 하고 있었기 때문이다. 적절한 치료를 받지 못한 피험자들이 죽기 시작했고, 그들 중 30퍼센트는 신경매독과 매독 합병증 때문에 사망했다. 그들의 죽음은 실험이 효과가 있었다는 걸 의미했기에 벵거는 신이 나서 다음과 같이 떠들어 댔다. "전에는 추측만 했을 뿐, 이제는 우리가 그들의 질병에 기여했고 그들의 수명을 단축시켰다는 사실을 알고 있다." 만약 환자들이 이 시점에 외부 치료를 받는다면 실험은 실패할 것이다. 그래서 프로그램 책임자들은 상상도 할 수 없는 짓을 저지르기로 했다. 주변 카운티 의사들에게 연락해서 터스키기 사람들을 치료하지 못 하도록 한 것이다. 이런 조치 때문에 환자들은 아무런 치료도 받지 못하게 되었고, 이 실험은 1972년까지 계속될 수 있었다.

거짓 속 진실

미국 흑인들이 코로나 백신을 믿지 못하는 이유

2020년과 2021년에 미국 흑인들의 코로나19 백신 접종률이 낮았던 까닭은 터스키기 생체 실험 때문에 생긴 트라우마나 불신과 관계가 있다. 하지만 터스키기 실험 참가자들의 후손은 이런 악순환을 깨기 위해 적극적으로 노력하고 있다. '우리 아버지들의 유산'이라는 단체는 생명윤리와 의료 분야에서 학위를 취득하

려는 젊은이들에게 장학금을 수여하는 한편, 의료 서
비스에 대해서도 공개적으로 의사를 표명하고 있다.

이 모든 비극은 1972년 USPHS 직원 피터 벅스턴Peter Buxtun
에 의해 세상에 알려지게 되었다. 벅스턴은 1966년부터 이 실험
의 윤리성에 대해 공식적으로 문제를 제기했지만 계속 묵살당했
다. 실험을 종료시킬 다른 방법을 찾지 못하자, 그는 다니던 직장
을 그만두고 1972년 7월 언론에 프로그램과 관련한 정보를 제
보했다. 대중들은 격하게 반응하면서 정부의 조치를 촉구했고,
정부는 이 실험을 계속할 수 있는지 조사하기 위해 8월에 터스
키기 매독 연구 특별 자문 위원회를 구성했다. 이 위원회는 실험
이 비윤리적으로 진행되었다는 결론을 내리면서도 죽음의 책임
을 환자들에게 덮어씌웠다. 치료 부족에 대해서는 사전에 동의
하지 않았을지 모르지만 비록 잘못된 정보에 근거한 것일지라도
연구에 참가하는 데 동의한 사람은 환자 본인이라는 식으로 말
이다. 터스키기 실험은 중단되었지만 이때까지 살아남은 참가자
는 74명뿐이었다. 28명이 매독으로 사망했고 100명 이상이 관
련 합병증으로 사망했다. 실험 참가자들의 여러 파트너들 역시
자기도 모르는 새에 매독에 걸렸고, 이로 인해 적어도 19명의 어
린이가 선천성매독을 갖고 태어났다.
　하지만 이 실험의 여파는 황폐해진 그 당시의 해당 지역사회

에만 국한된 게 아니었다. 2016년에 이 프로그램의 여파를 재조사한 결과, 의료 전문가와 공중 보건 서비스에 대한 대중의 불신이 높아졌음이 확인되었고, 이로 인해 미국 흑인 남성의 기대 수명이 최대 1.5년 정도 단축된 것으로 추정되었다.

거짓 44

근사하고 풍요로운 테레지엔슈타트에 어서 오세요!

양로원으로 위장한 죽음의 수용소

홀로코스트를 작동시킨 기계는 거짓말을 중심으로 만들어진 기계다. 1933년, 나치당이 집권하자마자 표적으로 삼은 최초의 희생자 중 일부는 정신적, 신체적 장애가 있는 사람들이었다. 처음에는 체계적인 불임수술로 시작됐던 것이 1939년에는 집단 처형의 형태로 바뀌었고, 더 나중에 가선 이를 '안락사'라는 말로 은폐했다. 주로 발달 장애와 학습 장애를 가진 아이들부터 당하기 시작했고, 부모들은 아이가 전문적인 치료를 받아야 한다는 식의 설명을 들었지만, 결국 다시는 아이를 보지 못했다. 그리고 가짜 유골과 위조된 사망진단서만이 아이 집으로 보내졌다. 이런 비밀 살인이 성공하자 유사한 장애를 가진 성인까지 이 작전에 포함시키게 되었고, 1940년부터는 전문적인 안락사 센터와 가스실이 생기기 시작했다. '최종 해결'을 위한 기반이 마련되었지만 설계자들은 한 가지 중요한 문제에 부딪혔다. 이때까지 무려 30만 명을 죽인 그들이지만 최종 해결을 위한 계획에는 수백만 명이 포함될 것이다. 작전을 계속 수행하려면 죽음에 대한 소문이 나돌지 않도록 전례 없는 수준의 검열과 비밀 유지가 불가피했다. 마침내 이들은 테레지엔슈타트Theresienstadt의 유대인 거주 지역에 강제수용소를 만들기로 했다. 이곳은 죽음의 수용소로 가는 중간 지점이자, 사형선고를 받은 유대인들이 아우슈비츠로 이송되기를 기다리는 곳이었다. 그리고 무엇보다 중요한 건 이 꼭두각시 마을을 이용하면 소문이 어떻게 나든 간에 나치는 유대인을 죽이지 않았음을 증명하고 국제기관을 속일 수 있다는 것이었다.

테레지엔슈타트는 현재 체코공화국 우스티주에 위치한 도시로, 1780년 신성로마제국 황제 요제프 2세에 의해 지어진 당시에는 성벽으로 둘러싸인 작은 마을이었다. 1880년대에 거의 버려지다시피 했고 1930년대에는 인구가 약 7000명에 불과했다. 나치가 체코슬로바키아를 점령하는 동안 테레지엔슈타트, 보헤미아, 모라비아를 에워싼 영토가 합병되었고, 1941년에는 라인하르트 하이드리히Reinhard Heydrich가 그 지역을 관리하게 되었다. 하이드리히는 홀로코스트를 만든 핵심 설계자 중 하나로, 그는 앞으로 진행될 학살의 진정한 본질을 숨기기 위해 나치에게 미끼가 필요하다는 생각을 하게 된다. 나치 정권 하에서 유대인들이 보살핌을 받고 있다는 거짓말을 홍보하기 위한 모범적인 수용소 같은 것 말이다. 테레지엔슈타트는 성벽으로 둘러싸여 고립된 곳이지만 죽음의 수용소에 쉽게 접근할 수 있었다. 1941년 말, 그곳에 원래 거주하던 주민들이 마을을 떠났고, 새로운 '정착지'를 만들기 위한 작업이 시작되었다.

하이드리히가 구상한 초기 비전은 테레지엔슈타트를 일종의 양로원으로 보이게 하는 것이었다. 공식적으로 유대인들이 끌려가는 곳은 노동 수용소였는데, 그렇게 되자 나이 든 유대인들에 대한 의혹이 하나둘 생기기 시작했다. 그들은 중노동을 할 수 없는데 그렇다면 어디로 가게 되는가? 그렇다. 테레지엔슈타트로 간다. 하이드리히는 전쟁에서 훈장을 받았거나 부상을 입었거나 전쟁 영웅으로 분류된 65세 이상의 유대인들을 게토로 데려가라고 명령했다. 계획을 완성하기 위해 이들에게 새로운 집을 나눠 주겠다고 했고, 테레지엔슈타트에서 '평생 주거 시설과 식사를 보장받는' 대가로 그들의 부동산과 개인 재산에 대한 권리를 양도하라고 요구했다. 그런데 1942년 5월, 이 계획에 차질이 생겼다. 하이드리히가 암살당한 것이다. 그의 첫 번째 '모범수'들이 다음 달에 도착할 예정이었으므로 나치는 계획을 취소하는 대신 신속하게 아돌프 아이히만Adolf Eichmann이라는 대체품을 찾아냈다. 앞으로 남은 건 모범수들이 도착하기 전까지 누가 봐도 그럴듯해 보이도록 최종 해결의 표면적인 부분을 잘 정리해 놓는 것이었다.

1942년 6월, 유대인 퇴역 군인들이 살림살이를 가득 실은 채 이곳에 도착했다. 그러나 이들은 얼마 안 가 자신들이 속았다는 사실을 깨달았다. 그들은 침대가 천장까지 층층이 쌓여 있는 탓에 움직일 공간조차 거의 없는 비좁은 합숙소로 옮겨졌고, 몇 주 안에 영양실조와 질병으로 차례차례 죽어 갔다. 그런 상황인데도 불구하고 이듬해인 1943년 6월, 테레지엔슈타트를 원래 예정했던 선전 목적으로 활용하려는 첫 번째 시도가 이루어졌다. 덴마크 적십자 대표 두 명을 이곳으로 초대한 것이다. 하지만 적십자 대표들은 자기들이 목격한 모습에 혐오감을 감추지 않았고, 사람들이 과밀하게 수용된 상황에 대해 문제를 제기했다. 과밀 문제를 해결하기 위해 나치는 대부분 가족으로 구성된 유대인 5000명을 9월에 아우슈비츠로 추방하기로 했다. 아우슈비츠로 가기 전 이들은 새로 만든 테레지엔슈타트 가족 수용소에 배치되었는데, 이때까지만 해도 수감자들은 머리도 박박 깎지 않았고 민간인 옷도 입을 수 있었다. 수용소 관계자들은 그들에게 아우슈비츠에서 기대할 수 있는 멋진 대우를 설명하는 편지를 작성해서 외부로 보내라고 요구했다. 간수들은 이 편지에 'SB6'이라는 표시를 남겼다. 이는 수감자가 특혜를 받았지만 6개월 안에 살해된다는 뜻이었다.

나치는 1943년의 뼈아픈 경험을 통해 테레지엔슈타트가 성공하려면 일종의 극장이 되어야 한다는 사실을 깨달았다. 그들에겐 뒤에서 일어나는 일상적인 공포를 가려 줄 유쾌한 전면부가 필요했다. 그리고 그 첫 번째 성과가 매우 중요했다. 이번에야말로 덴마크 적십자사에 유대인 강제 이주가 인도적으로 진행되었다고 확신시켜야만 했다. 덴마크 적십자사는 이 수용소에서 무슨 일이 벌어지고 있는지 끊임없이 궁금해했고, 급기야 수용소의 문을 거의 부수고 들어가려 하는 지경에 이르렀다. 이쯤 되자 나치로서도 새로운 테레지엔슈타트를 공개하는 게 최선이라고 판단했는지 1943년 말부터 '미화' 프로그램이 시작되었다. 장미 덤불 1200개를 심고 초목이 무성한 마을 광장을 조성하고 식료품부터 란제리에 이르기까지 모든 걸 파는 상점이 설치되었다. 놀이공원과 야외 음악당을 짓고 곳곳에 화단과 나무가 늘어선 거리와 가짜 아파트도 단장을 마쳤다. 1944년 6월이 되자 모든 준비가 끝났다.

적십자사 방문 날짜는 6월 23일로 정해졌다. 이 새로운 공간에 어울리지 않는 사람들은 아우슈비츠로 보내 제거했고, 그들이 떠나면서 생긴 공간은 게토의 노인 거주자들을 앞세워 초기의 '은퇴 공동체' 거짓말을 홍보하는 데 사용되었다. 다른 유대인들은 유행하는 옷을 입고 나치 친위대의 끊임없는 감시 아래 아이들이 공원에서 노는 모습을 지켜보거나 마을 중심가에서 '쇼핑'을 하는 등 각자 맡은 역할을 연습하면서 몇 주를 보냈다. 마침내 적십자사 방문의 날이 찾아왔고, 적십자사 관계자들은 8시간 넘게 나치가 만들어 낸 환상을 구경했다. 그들은 분명히 속아 넘어갔고, 적십자사 대표인 로셀 박사는 최종 보고서에서 "테레지엔슈타트처럼 마을 사람들의 건강을 세심하게 돌보는 곳은 거의 없다"라고 기쁘게 언급했다. 이 속임수에 참여하도록 강요받은 유대인들은 이 같은 연극에 적십자사가 속아 넘어갔다는 데, 또 앞으로 이들이 강제수용소 문제에 개입하지 않으리라는 데 충격을 받았다. 테레지엔슈타트의 노인 협의회 지도자인 레오 백Leo Baeck은 이렇게 말했다. "그들은 자기들을 위해 만들어 낸 거짓 외관에 완전히 속은 듯했다. (…) 아마 그들도 실제 상황을 어느 정도는 알고 있었을 것이다. 하지만 진실을 알고 싶어 하지 않는 것처럼 보였다. 그것이 우리의 사기에 치명적인 영향을 미쳤다. 우리는 잊히고 버림받은 기분이었다."

나치의 바람대로 이번 적십자 방문은 성공적이었다. 그들은 내친김에 이대로 선전 영화까지 만들기로 결심했다. 게토 수감자들 중에 마를렌 디트리히Marlene Dietrich(팜파탈 이미지로 유명한 독일의 배우 겸 가수-옮긴이)와 같은 작품에 출연한 적이 있는 쿠르트 게론Kurt Gerron이 있어서 그가 출연자 겸 감독을 맡았고, 1944년 가을 슈츠슈타펠Schutzstaffel(나치당의 준군사조직. 일명 SS-옮긴이)의 감독하에 촬영이 시작되었다. 타이틀 카드에는 "총통이 유대인들에게 도시를 주다!"라고 적혀 있었고 뒤이어 테레지엔슈타트에서의 행복한 생활을 보여 주는 장면들이 나왔다. 발랄한 음악이 흐르는 가운데 군중들이 축구 경기장에서 환호했고 명랑한 노동자들은 공장에서 바쁘게 일했으며 여성들은 자기 집 현관문에 기대어 잡담을 나눴다. 남자들이 공동 샤워장에서 안전하게 몸을 씻는 장면 덕분에 가스실 샤워에 대한 암울한 소문도 누그러졌다. 촬영이 끝나자 게론과 다른 출연진들은 아우슈비츠로 보내졌고 가스실에서 살해당했다. 1944년 말이 되자 테레지엔슈타트에는 1만 1000여명 남짓의 수감자만 남았다.

거짓 속 진실

역사상 가장 비뚤어진 선전 캠페인

게론이 만든 90분짜리 테레지엔슈타트 영화는 끝내 개봉되지 않았다. 나치는 그 영화를 통해 국제 여론을 움직이고 최종 해결을 완수하려고 했다. 하지만 최종 편집본은 1945년 3월이 되어서야 완성되었고, 그 시기는 나치의 패배가 가까워지고 있던 때였다. 필름 릴은 파괴되었지만 부서진 파편 속에서 20분 정도의 분량을 복원해 낼 수 있었다. 이 내용은 오늘날에도 관람이 가능하며, 역사상 가장 비뚤어진 선전 캠페인 중 하나를 들여다볼 수 있는 창을 제공한다.

1945년 3월과 4월에 적십자사는 이곳을 두 차례 더 방문했으나 이번에도 대표자들은 자기 눈앞에 놓인 거짓말을 믿는 듯했다. 4월 말 연합군이 강제수용소를 해방하기 시작하면서 약 1만 5000명의 수감자들이 테레지엔슈타트에 도착했는데, 대부분 다른 수용소의 죽음의 행진에서 살아남은 사람들이었다. 그러나 이들과 함께 장티푸스가 퍼졌고 곧 게토 전체에 확산되면서 약 1500명이 죽었다. 마침내 1945년 5월 2일, 적십자가 수용소 운영을 인계받았고 며칠 뒤 소련이 이곳을 장악했다. 대략 14만 1000명이 이곳을 거쳐 간 것으로 추정되는데, 그중 살아남은 이들은 2만3000명에 지나지 않는다. 나머지 사람들은 게토에서 죽거나 죽음의 수용소로 강제 추방되었고, 이들 대부분은 말할 것도 없이 유대인이었다.

≋ **거짓 45** ≋
배신자
만들기

비운의 라디오 디제이, 이바 토구리 다키노

"모두들 안녕하세요! 전 여러분의 작은 놀이 친구입니다. 아니, 사실 철천지원수 앤이예요. 남태평양에 있는 제 희생자들을 위해 위험하고 사악한 선전 프로그램을 진행하고 있답니다." 이바 토구리 다키노Iva Toguri D'Aquino는 이렇듯 빈정대는 투로 진행한 이 일본 방송 때문에 반역죄로 재판을 받고 역사상 미국 최악의 반역자 중 한 명으로 낙인찍힐 것이다. 미국의 독립기념일인 1916년 7월 4일, 어느 일본인 이민자 부모 사이에서 태어난 이바는 캘리포니아에서 자랐고 동물학을 전공했으며 걸스카우트와 여학생 클럽 활동도 했다. 그러다가 1941년에 아픈 고모를 돌보기 위해 일본으로 가게 되었다. 일본어도 거의 하지 못하고 심한 향수병을 앓았던 이바는 도착한 지 몇 주도 안 되어 간절히 집에 가고 싫어졌다. 하지만 일본이 진주만을 공격하는 바람에 이바는 오도 가도 못 하는 신세가 되었고, 미국 시민권 포기를 거부한 뒤부터는 적국적敵國籍 거류 외국인으로 분류되었다. 일자리가 절실히 필요했던 이바는 결국 일본 최고의 선전 라디오 방송국인 라디오 도쿄에서 타이피스트로 일하게 되었다.

일본이 연합국에 선전포고를 하고 난 몇 달 뒤부터 해외에 방송되는 라디오를 선전과 심리전에 이용하자는 아이디어가 나왔다. 이어서 1942년 5월, 일본과 미국은 외교관과 억류자들을 교환하기로 합의했다. 비록 이 계획은 생각만큼 잘 풀리진 않았지만, 그해 8월에 1000명 이상의 일본인들이 본국 송환을 위해 미국을 떠나 요코하마 항구에 도착했다. 일본 당국은 미국에서의 선전 성과를 높이기 위해 배의 승객들에게 어디서 일본과 관련된 뉴스를 얻고 있는지 물었는데, 가장 많이 나온 대답 중 하나가 라디오 도쿄였다. 그 즉시 라디오 도쿄 방송에는 노골적인 선전과 미군을 비난하는 라디오극이 넘쳐 나기 시작했다. 하지만 이란 주재 일본 대사인 이치카와 히코타로는 그들이 더 많은 일을 할 수 있다고 생각했다. 그는 많은 연합군이 프로그램 곳곳에 선전을 끼워 넣은 영국 BBC의 라디오 방송을 듣고 있다는 걸 알았다. 하지만 라디오 도쿄와 달리 BBC는 음악, 인터뷰, 군인들의 마음을 사로잡는 호감 가는 진행자 등을 십분 활용해 단순한 선전 이상의 일을 해내고 있었다. 결국 라디오 도쿄도 기존의 진행 방식을 바꾸기로 했다. 일본 국내와 그 주변 지역에 있는 호주군, 그리고 미군을 겨냥한 다양한 프로그램을 만들기 시작한 것이다. 그중 가장 눈에 띄는 코너가 전쟁 포로들을 호스트로 삼아 서양의 대중음악을 틀어 주는 〈제로 아워Zero Hour〉였다. 제로 아워의 무기는 이것뿐만이 아니었다. 프로그램 내 또 다른 프로그램을 만들어 전쟁 포로들이 본국의 집으로 보내는 편지를 직접 읽을 수 있도록 한 것이다. 이제 포로가 된 가족과 친구의 안부가 궁금한 사람들은 1+1 행사 상품처럼 라디오 도쿄의 선전 내용을 들어야 했다. 〈제로 아워〉를 진행하는 전쟁 포로들이 위험을 무릅쓰고 프로그램을 완전한 익살극으로 만들지만 않았다면 이는 매우 기발한 계획이었을 것이다.

〈제로 아워〉팀의 책임자는 과거 시드니에서 라디오 프로듀서로 일했던 찰스 커슨스Charles Cousens 소령이었다. 그는 미국인 월러스 아인스Wallace Ince와 미국계 필리핀인 노먼 레예스Norman Reyes와 함께 일하고 있었는데, 〈제로 아워〉에 여성 진행자가 필요하다는 판단을 내리고 이바 토구리 다키노를 팀에 합류시킨다. 1943년 11월, 이바는 레코드를 틀면서 선전을 퍼뜨리는 일본인 여성 '고아 앤' 역할을 통해 이 프로그램에 데뷔했다. 이바는 선전 팀이 준 대본을 바꾸거나 오래된 아코디언 트랙 같은 우스꽝스러운 음악을 골라서 삽입하고 미국 속어를 사용해 빠르게 말하는 식으로 검열에 저항했다. "안녕, 적군들! 상태는 어때요? 난 라디오 도쿄의 앤이에요. (…) 그러니까 경계를 늦추지 말고 아이들은 듣지 못하게 조심하세요! 준비됐어요? 좋아요. 여러분의 사기를 떨어뜨릴 첫 번째 한 방은, 보스턴 팝스가 연주하는 '스트라이크 업 더 밴드'입니다!"

이바의 유머와 끊임없는 빈정거림 때문에 그는 청취자에게 가장 인기 있는 진행자가 되었다. 하지만 그러는 한편으로 이바는 방송국에서의 역할을 수행하는 데 어려움을 겪고 있었다. 1944년 4월, 아인스가 경비원에게 구타를 당해 일을 할 수 없게 되었고, 6월에는 포로수용소의 열악한 처우 때문에 심장마비를 일으킨 커슨스가 그 뒤를 이었다. 팀의 리더가 사라지자 〈제로 아워〉는 라디오 도쿄의 고위직 직원들이 장악하기 시작했고, 팀은 익살스러운 태도를 버리고 선전에 집중해야 했다. 이바는 이런 상황에 반발해 교대 근무를 중단했고, 고아 앤은 점점 방송에서 모습을 감췄다.

거짓 속 진실

진주만 공습

1941년 12월 7일, 일본이 하와이 진주만에 있는 미국 해군기지를 기습 공격했다. 미군 비행기와 군함이 대량으로 파괴되었고, 군인과 민간인 2400명이 사망했다. 공격 하루 뒤, 미국은 일본에 선전포고를 했다.

1944년부터 신비로운 '도쿄 로즈'가 등장하기 시작했다. 도쿄 로즈는 미군이 라디오 도쿄의 여성 선전 진행자에게 붙인 별명인데, 아마 처음에는 이바였을 것이다. 하지만 1944년 말부터 그가 방송에 나오지 않게 되자 미예코 후루야와 루스 하야카와를 비롯한 다른 여성들로 대체되었고, 그들은 자기가 받은 잔혹한 선전 내용을 그대로 읽었다. 1945년, 미국 전쟁 정보국은 조사를 통해 '도쿄 로즈'는 한 명이 아니라 여러 여성들의 집단이라는 결론을 내렸다. 그럼에도 불구하고 1945년 9월 미국이 일본을 점령하게 되자, 도쿄 로즈의 정체를 밝히기 위한 기자들의 경쟁이 시작되었다. 세계적인 기자 해리 브런디지Harry Brundidge는 이바가 〈제로 아워〉에서 일했다는 제보를 받고 그를 추적했다. 그 무렵 이바는 포르투갈계 일본인 이민자인 필리페 다키노Filipe D'Aquino와 결혼했고, 두 사람은 미국으로 돌아갈 방법을 찾기 위해 필사적으로 노력하고 있었다. 브런디지는 이바에게 자기가 원조 도쿄 로즈이자 '유일한' 도쿄 로즈라고 진술하면 2000달러를 주겠다고 제안했다. 두 사람 모두 그게 사실이 아니라는 걸 알고 있었지만, 이바는 돈이 절실했고 어쩔 수 없이 그 제안을 받아들였다. 그러나 브런디지의 출판사는 2000달러의 지불을 거부했고, 이에 고소를 당할까 두려웠던 브런디지는 이바와 이바의 거짓 자백을 방첩부대에 넘겼다. 이바는 체포되어 요코하마의 스가모 교도소에 1년 넘게 구금되어 있다가 결국 증거 부족으로 반역 혐의가 취하되었다.

이바가 구금되어 있는 동안 미국 언론은 도쿄 로즈에 대한 기사를 실었고, 이바는 반역자로 낙인찍혔다. 1946년 말, 이바가 미국으로 돌아가기 위해 새 여권을 신청하자, 이 소식을 들은 미국의 가십 칼럼니스트 월터 윈첼Walter Winchell은 이바의 미국 입국을 막기 위한 캠페인을 벌였다. 미국 FBI의 초대 국장을 지낸 에드거 후버J. Edgar Hoover와 로스앤젤레스 시의회의 지원을 받은 월터는 이바가 현재 그의 가족들이 살고 있는 카운티에 들어가지 못하도록 하는 결의안을 통과시켰다. 언론에 선동당한 대중은 점점 더 과격하게 행동했고, 트루먼 정부를 압박했다. 정부가 배신자들에게 너무 관대하다고 주장하면서 도쿄 로즈는 자기가 저지른 범죄에 대한 대가를 치러야 한다고 목소리를 높였다. 1948년 9월, 이바는 다시 한번 체포되어 샌프란시스코로 추방되었고 재판을 받기까지 그곳에 구금되었다. 같은 해 10월 8일, 8건의 반역죄로 기소된 이바는 정부가 그에 대한 소송을 준비하는 동안 거의 1년 동안 감옥에서 기다려야만 했다.

마침내 1949년 7월 5일, 이바 토구리 다키노에 대한 재판이 시작되었다. 1945년에 체포된 이후 이바가 〈제로 아워〉에서 진행한 방송 녹음본이 상당수 파기되는 바람에 물리적인 증거는 거의 남지 않은 상태였다. 남아 있는 내용에는 반역의 징후가 전혀 없었기 때문에 검찰은 이바가 미국 선박의 파괴를 축하하는 방송을 했다고 증언한 두 명의 일본계 미국인 켄키치 오키Kenkichi Oki와 조지 미쓰시오George Mitsushio의 증언에 크게 의존했다. 찰스 커슨스 소령이 이바를 변호하기 위해 호주에서 날아와 〈제로 아워〉는

원래 조롱조의 방송이었다고 주장했지만, 이 증언은 무시되었다.
9월 29일, 이바는 결국 (라디오 방송국의) 마이크를 통해 미국 선
박 파괴에 대한 정보를 퍼뜨린 반역죄로 유죄판결을 받았다. 그
리고 벌금 1만 달러, 미국 시민권 박탈, 징역 10년의 형을 선고
받았다. 하지만 불행 중 다행으로 1956년에 가석방되었고 그 뒤
로 시카고에 있는 가족과 함께 살았다. 물론 반역자라는 꼬리표
는 계속 남아 있는 상태였고, 끊임없는 위협과 추방 시도에 시달
려야 했지만 말이다. 그러다가 1976년에 모든 게 바뀌었다.《시
카고 트리뷴Chicago Tribune》이 오키와 미쓰시오가 위증을 인정했다
는 조사 내용을 보도한 것이다. 이들은 법정에서 이바를 상대로
거짓말을 하지 않으면 본인들을 반역죄로 재판에 회부하겠다는
위협을 받았다고 고백했다. 1977년 이바는 미 대통령으로부터
사면을 받아 오명을 완전히 씻어 낼 수 있었다. 오늘날까지 이바
는 반역죄를 사면받은 유일한 미국인이다.

인구조사는 '시민의 권리를 보호하기 위해서'라는 거짓말

이바 토구리 다키노가 일본에서 미국 국적의 외국인 체류자로 새로운 삶을 살기 위해 고군분투하고 있을 때, 그의 부모는 미국에서 투옥될 위기에 처해 있었다. 그 해 2월, 루스벨트 대통령이 미국에 거주하는 일본인들을 강제수용소에 가둘 수 있는 길을 열어준 행정명령 9066호에 서명했기 때문이다. 이 조치는 표면상으론 스파이 활동을 방지하고 '일본으로부터의 위협'을 막기 위한 것이었다. 하지만 1941년 11월에 나온 보고서에는 "미국 현지에 사는 일본인들은 미국에 충성하거나, 최악의 경우 가만히 있으면서 강제수용소나 무책임한 폭도들을 피할 수 있기를 바라고 있을 뿐이다"라면서 일본인들이 위협적인 존재가 아니라고 명시하고 있었다. 실제로 존 맥클로이John McCloy 전쟁 차관보는 강제수용소를 만들기로 한 결정이 실은 대중의 압력에 기반한 것이었음을 고백하면서 1941년 12월 진주만 폭격 이후 일본계 사람들에 대한 적대감이 급격히 높아졌다고 말했다. 1942년 8월, 미국 서해안에 사는 일본인 중 10만 명 이상이 임시 수용소에 구금되었다. 전쟁이 끝날 무렵에는 12만 명의 일본인들이 강제수용소에 살고 있었는데, 그중 약 7만 명이 미국 시민권자였다. 도대체 어떻게 강제수용이 그토록 빨리 진행될 수 있었을까? 답은 간단하다. 인구조사 덕분이다.

1930년대에 들어서면서 전 세계적으로 인구조사 데이터를 이용해 잔혹 행위를 저지르거나 대규모 인권침해를 자행한 사례들이 발생하기 시작했다. 그 대표적인 예가 바로 1936년 소련 전역에서 시행된 스탈린주의 인구조사다. 이 인구조사는 정부가 경제계획을 수립하는 데 앞서 반드시 필요한 것이었지만 정권이 초래한 엄청난 수의 사망자, 특히 집단 농업 때문에 목숨을 잃은 수백만 명의 사망자도 필연적으로 밝혀질 터였다. 결국 인구조사 결과를 공개적으로 발표할 수 없다는 합의가 이뤄졌다. 실제로 인구조사 데이터가 완성되자 스탈린은 그 결과에 충격을 받았고, 사망자 수가 결코 밖으로 새어 나가지 못하도록 데이터를 전부 없앤 뒤 주요 통계학자들을 처형시켰다. 1939년에 발표된 인구조사 결과는 정권의 힘을 보여 주기 위한 용도로 만들어진, 심하게 조작된 데이터였다.

인구조사 데이터를 악용하는 또 하나의 치명적인 방법은 소수집단을 찾아내는 것이다. 1938년, 네덜란드는 인구 등록 시스템을 개선하기 위한 캠페인을 벌였다. 네덜란드 정부는 이를 통해 국민들을 '요람에서 무덤까지' 따라가면서 그 주변의 인프라를 개선하는 긍정적인 변화를 이룰 수 있으리라고 생각했다. 하지만 1941년, 이 시스템이 유대인과 로마니족(유럽에 주로 분포하는 인도아리아계 유랑민족을 일컫는 말. 흔히 '집시'라는 이름으로 널리 알려져 있다-옮긴이)을 찾아내 식별하기 위한 '특별 등록' 정책에 활용되자, 이 같은 장족의 진보도 이내 멈춰 버렸다. 결국 이 데이터는 그들을 감금하고 강제수용소와 죽음의 수용소로 추방하는 데 사용되었다. 독일과 폴란드를 비롯한 다른 나라들도 같은 목적으로 인구조사 데이터를 사용했지만, 홀로코스트 기간에 나치에 점령당한 유럽 국가들 중 유독 네덜란드 유대인의 사망률이 높았던 걸 보면 네덜란드 인구 데이터 시스템의 강점을 알 수 있다.

거짓 속 진실

강제수용소의 진실

공식적으로 적국인 억류소라고 불리긴 했지만 이제 이곳들은 강제수용소 형태로 운영되었고 루스벨트 대통령도 이를 인정한 바 있다. 1946년 해럴드 이커스Harold Ickes 내무장관은 수용소의 용도를 다음과 같

이 설명했다. "우리는 그 흙먼지 지대에 '이주 센터'라
는 멋진 이름을 붙였지만 결국 그건 강제수용소였다."

1939년 9월, 제2차 세계대전이 발발한 뒤 미국 FBI와 여러
군사정보 기관은 당국에 개인의 인구조사 데이터를 이용할 수 있
게 해 달라고 요청했다. 이는 주로 추축국인 독일, 이탈리아, 일본
계 조상을 둔 시민의 수를 파악하기 위해서였다. 그러나 미국 인
구조사국 국장인 윌리엄 레인 오스틴William Lane Austin은 인구조사
데이터는 "통계적 목적만을 위한 것"이고 "인구조사국 책임자는
이곳에서 기밀 유지 선서를 한 직원 이외의 그 누구에게도 개인
보고서를 검토하도록 허용할 수 없다"라면서 데이터 공개를 거
부했다. 이로 인해 오스틴은 결국 1940년에 은퇴할 수밖에 없었
고, 긴 행정 공방 끝에 1942년 3월 제2차 전쟁 권한법이 법제화
되었다. 이는 '전쟁 수행과 관련해 사용하는' 경우에 한해 정부
기관이 법률상 기밀로 보호되는 모든 데이터에 접근할 수 있도
록 허용함을 의미하는 법이다. 이 법에 따라 미 정부는 1940년
인구조사 데이터를 자유롭게 사용해 미국 내에 거주하는 일본계
시민을 검거하고 억류할 수 있었다.

많은 국가들이 제2차 세계대전 이후 수십 년 동안 자신들이
소수집단 구금 및 추방을 위해 통계 데이터를 사용했음을 투명
하게 밝혀 왔음에도 미국은 계속 침묵했다. 그러나 1960년대 후

반에 들어서자 일본계 미국인 공동체 안에서 전쟁 기간 중 그들이 받은 처우에 대한 인정과 보상을 요구하는 운동이 시작되었다. 이걸 배상 운동이라고 하는데, 이들이 제작한 팸플릿에는 이런 문구가 적혀 있다. "1942~1946년에 행해진 부당한 처우에 대한 배상은 일본계 미국인만의 문제가 아니라 모든 미국인의 관심사다. 배상은 자유나 정의에 가격표를 붙이지 않는다. 우리는 복구할 수 없는 걸 복구하려는 게 아니다. 우리가 해결하고자 하는 진짜 문제는 불의의 피해자에게 적절한 보상을 제공함으로써 잘못을 인정하고 그런 불의가 재발할 가능성을 줄이는 것이다."

미국 인구조사국이 소수집단 억류와 관련해서 어떤 역할을 했는지 조사하라는 압력이 더욱더 거세지기 시작했다. 활동가이자 학자인 레이먼드 오카무라Raymond Y. Okamura는 1981년에 발표한 '전시 민간인 포로수용 조사 위원회' 성명서에서 "1960년 인구조사 이후 인구조사국은 1942년에 일본계 미국인의 이름과 주소를 전쟁부에 넘기는 걸 거부한 사례를 자신들의 주요 장점으로 홍보했다"라고 주장했다. 이를 통해 지적하고 싶은 바는 전쟁 권한법 통과 이후 달라진 인구조사국의 태도일 것이나, 인구조사국은 그 이후로도 자신들이 1942년 전쟁 권한법에 따라 개인 데이터를 공개했다는 증거는 없다고 주장했다. 그러던 1991년의 어느 날, 그들은 태도를 살짝 바꾸었다. 인구조사국에서 오래 근무한 에드 골드필드Ed Goldfield는 "내가 알기로 일본인 강제수용이나 그와 유사한 사례에서 인구조사국이 통계 정보에 해당하는 것을 제공하긴 했지만 일본인을 개별적으로 식별할 수 있는 정보는 아니었다"라고 이야기한 것이다.

무려 2000년까지 이 주장이 인구조사국의 기본 노선이었다. 그러나 마고 앤더슨Margo Anderson과 윌리엄 셀처William Seltzer라는 두 학자가 인구조사국 기록 보관소에 대한 심증적인 조사를 거듭 진행했고, 그 결과 인구조사국이 기밀 정보를 오용해 일본계 미국인 개개인의 시민권을 탄압하고 억류했다는 명백한 증거를 발견했다. 인구조사국은 이 사실을 60년 이상 부정했을 뿐만 아니라 오히려 자신들에 대한 신뢰를 얻는 데 사용했다. 2000년에 미 인구조사국 국장 케네스 프레윗Kenneth Prewitt은 다음과 같이 인정하면서 마침내 사과했다. "인구조사국은 소수집단 억류와 관련해서 자신들이 수행한 역할을 모호하게 설명하는 식으로 책임을 회피하려 했다. 심지어 인구조사국의 일부 문서는 인구조사국이 실제로 일본계 미국인의 시민권을 보호하는 방식으로 행동했다고 믿게 만든다. 이런 왜곡된 역사 기록을 시정하고 있다."

거짓 47
'부끄러운' 기록물은 모두 불태울 것, 레거시 작전

2009년에 나이 든 케냐 남성 세 명과 여성 두 명이 영국 정부를 고소하는 일이 벌어졌다. 이들은 마우마우Mau Mau 반란† 당시 영국 당국이 자신들에게 저지른 잔학 행위에 대해 사과와 보상을 요구했다. 1920년, 케냐가 영국 정부의 직할 식민지가 되자 백인 정착민들은 많은 이들을 자기 땅에서 몰아냈는데, 특히 케냐에서 가장 다수를 차지하는 인종 집단인 키쿠유족이 이때 많이 쫓겨났다. 하루아침에 집도 일자리도 정치적 권리도 다 빼앗긴 그들은 이 현실이 믿기지 않았고 자기 것을 되찾고 싶었다. 영국

---

†   일명 '마우마우'라고 알려진 케냐의 비타협적 무장투쟁 단체와 영국군 사이에서 벌어진 전투. 마우마우 봉기라고도 불리며, 이를 통해 케냐는 1963년 12월, 영국으로부터 독립을 쟁취했다.

당국은 이에 대응해 군대를 풀고 강제수용소를 설치하는 등 체계적인 잔혹 행위를 일상적으로 벌이기 시작했다. 2009년, 청구인들은 영국의 지배하에서 고문과 성폭행을 경험했으며 남자들 중 두 명은 거세되었다고 증언했다. 그러나 케냐가 식민 통치에서 벗어난 지 오래되었다는 사실에도 불구하고 영국 당국은 이런 주장을 조사하는 데 믿을 수 없을 정도로 회피적인 태도를 보였다. 맨 처음 그들은 마우마우 반란에 관한 파일이 없다고 대응했다. 그러다가 마침내 2011년, 마우마우 반란과 관련된 문서가 보관된 비밀 기록 보관소가 있음을 인정했고, 그와 동시에 그들이 그토록 회피적인 태도를 보일 수밖에 없었던 진정한 이유도 드러났다. 잔혹 행위에 대한 증거가 있었지만 영국 정부가 불태워 버리는 바람에 그 대부분이 사라진 것이다.

20세기에 대영제국이 무너지자 1940년대부터 수십 년간 탈식민지화 프로그램이 진행되었다. 한 국가에서 다른 국가로, 혹은 이전 정부에서 다음 정부로 권력을 이양할 때는 과거와 현재의 정부 기록을 전부 전달해야 한다. 원래대로라면 영국은 모든 문서를 차기 정부에 넘겨야 했지만 아주 현실적인 이유로 이를 거부했다. 식민지 통치 기간 동안 자신들이 그 나라에서 저지른 모든 사악한 행위의 증거를 '있는 그대로' 신생 독립국가에 건네줄 수는 없었기 때문이다. 그런 까닭으로 소위 '부끄러운' 기록을 분리해서 영국으로 밀반입하기 위한 작업이 시작되었다. 문제는 그렇게 많은 문서를 영국으로 보내려면 시간이 엄청나게 많이 걸

린다는 것, 그리고 대부분의 식민지 사무소에는 이런 일을 비밀리에 처리할 인력이 부족하다는 것이었다. 그래서 즉시 플랜 B가 실행되었다. 가능한 건 영국으로 돌려보내고 나머지는 그냥 파기해 버리는 것이다. 한 장교의 말처럼 "태워 버리면 뭐가 있었는지 알 수 없"을 테니까.

이런 소각은 임시방편에 지나지 않았음에도, 당시 관리자들은 이를 아무 생각 없이 실행하는 경우가 많았다. 1947년 델리 식민지 사무소에서는 지나치게 열성적인 관리들이 기록을 너무 많이 태우는 바람에 며칠 동안 도시 전체에 연기가 자욱했다고 한다. 1956년 영국 당국이 말라야에서 철수할 준비를 할 때는 좀 더 조직적인 노력이 필요했다. 그들이 보유한 기록에는 반군 단체에 행사한 폭력의 증거뿐만 아니라 중국인 공동체에 대한 대량 추방과 체포, 바탕 칼리Batang Kali 마을에서의 학살과 방화, 그리고 '정글 때리기jungle-bashing'(군대가 정글을 뚫고 나아가는 행위 등을 가리킨다-옮긴이)라고 불린 우스꽝스러운 사건이 포함되어 있었기 때문이다. 이 지역 식민지 사무소는 '역사적으로 중요한' 게 무엇인지 판단한 다음 나머지는 전부 불태웠는데, 이때 의심을 피하기 위해 싱가포르에 있는 영국 해군 소각로를 사용했다.

그런데 '역사적으로 중요한 것'이란 대체 어떤 것일까? 이는 1960년 12월 기록물 파기 작업을 시작한 탕가니카(지금의 탄자니아 본토) 식민지 사무소 직원들에게도 많은 고민을 안겨 준 질문이었다. 이곳에서의 파기 작업은 다르에스살람(탄자니아에 있는 항만도시-옮긴이)에 있는 부총독 사무실 직원 리처드 클리포드Richard Clifford가 감독했는데, 그는 아프리카 동료들이 논쟁의 여지가 있는 기록을 보지 못하도록 하는 데 큰 진전을 이루어 내었다. 이곳에 남아 있던 직원들은 역사적 문서의 처음 몇 페이지를 훑어본 뒤 '서류 대부분을 파기할 건지' 아니면 영국으로 보낼 건지 결정하라는 지시를 받았다. 기록 보관소에 보관된 엄청난 양의 문서와 그걸 다 훑어봐야 하는 가혹한 상황 때문에 결국 '깨끗한' 문서와 '더러운' 문서로만 분류하자는 결론이 나왔다. 종이에서 수상한 냄새가 난다면 아마 불에 태울 더미에 올려놓는 게 가장 안전할 것이다. 이 방법은 독립을 향한 여정에 오른 우간다 사무실로도 전수되었다. 하지만 우간다 식민 관리 사무실에는 유럽 출신의 백인 직원이 몇 명밖에 없었기 때문에 아프리카 출신 동료들의 도움을 받지 않고선 기록을 전부 확인하는 일이 도무지 가능할 것 같지 않았다. 그럼에도 영국 국내 정보 보안 기관인 MI5는 이를 단호하게 반대했다. 아프리카 태생의 한 조수와 관련된 메모를 보면 그를 처음 고용할 때와 상황이 달라졌기 때문에 그가 해당 프로젝트에서 일할 수 없다는 점을 강조해 놓았다. "[당시에는] 보안 서류를 인종적 기준에 관계없이 처리했지만 지금은 상황이 다르다."

인종적 편견이라는 변수가 끼어들자 우간다 사무실은 곧 '아프리카인(또는 흑인계 미국인)에 대한 인종차별을 드러내는 것으로 해석될 수 있는 모든 서류'와 종교 차별을 드러내는 모든 서류를 소각할 파일 쪽에 포함시켰다. 1961년 5월에 마우마우 반란이 일어난 뒤 케냐 식민지 사무소는 우간다에서 사용하던 방식을 이용해 문서 파기 작업에 돌입했다. 내부 메모에는 선별 작업을 하는 사무직원을 위해 아프리카인 동료가 차를 끓여 주자 직원들이 당황하는 모습이 기록되어 있다. 곧바로 그 (아프리카인) 직원에게는 '근무 시간에 어떤 사무실에도 출입해서는 안 된다'는 결정이 내려졌다. 문서 파기를 담당한 직원들이 〈심리전: 말라야〉, 〈케냐 식민지 비상 계획〉, 〈정보 및 보안: 비밀 보고서〉라는 제목이 붙은 기록물 상자를 승강기 통로에 감춰 두는 등 건물 곳곳에 기밀 문서를 필사적으로 숨기는 모습이 발각되면서 기록물들의 추가 유출 가능성이 제기되었다. 이런 히스테리와 실수를 진정시키기 위해 1961년 5월 영국 식민지 장관인 이언 매클라우드Iain Macleod 는 탕가니카, 우간다, 케냐 사무실에 전보를 보내 기록물 선별 및 파기와 관련된 공식 지침을 전달했다.

하지만 케냐 사무실 직원들은 '기록 보관소를 다시 정리하고' 있다거나 일주일에 몇 번씩 서류를 불태운다는 사실을 숨기지 않았기 때문에 이런 지침은 별로 도움이 되지 않았다. 1961년 9월 영국 신문《가디언》은 "서류로 지핀 모닥불, 케냐의 비밀문서 태우기"에 대해 보도했다. 또 트리니다드 식민지 사무소가 1961년 12월에 "우리는 불에 탄 해외 방위 위원회ODC 서류의 홀로코스트와 함께 독립 기념일을 맞이하고 싶지 않다"라고 주장하자, 더 이상의 폭로를 피하기 위해 기록물 파괴에 대한 보다 엄격한 지침이 내려졌다. 이번엔 화형이 아닌, 문서를 익사시키는 방법을 택한 것이다. 작업은 가급적 밤 시간에 기록물 상자에 추를 달아 바다에 던지는 식으로 실행되었다. 다른 사무소들은 연기와 잿구름이 남아 있는 걸 피하기 위해 몇 달 전부터 소각 작업을 시작했고, 아덴에서는 1년 넘게 기록을 소각했다.

거짓 속 진실

비밀이 잠든 곳

저장할 가치가 있다고 판단된 문서를 비밀리에 보관한 곳은 버킹엄셔의 한적한 지역에 있는 한슬로프 파크Hanslope Park다. 이곳에 보관된 서류들은 1.6킬로미터 길이의 선반을 차지하고 있는 것으로 추정되며, 가장 오래된 문서는 1835년까지 거슬러 올라간다고 한다. 이곳에 있던 기록들은 이후 2013년 국립문서보관소에 새로 만든 마이그레이션 아카이브로 옮겨져 보관 중이다.

레거시 작전으로 알려진 이 작업은 1980년대까지 계속되었고, 다소 누덕누덕한 비밀의 베일은 계속 유지됐다. 2009년 소송을 당한 영국 정부가 2013년에 남아 있는 파일의 기밀 해제를 발표하면서 마침내 1만 9957개의 파일과 문서가 공개되었다. 이중에는 기록 파기를 증명하고 어떤 문서를 파기했는지를 알리는 '파기 증명서'도 있었다. 하지만 레거시 작전과 관련된 여러 내부 메모를 보면, 사무소로부터 이런 프로토콜을 무시할 수 있는 권한을 요청하는 내용이 곳곳에 나온다. 이 말은 곧 손실된 내용의 전체적인 규모를 정확히 파악할 수 없다는 뜻이다. 우리가 아는 한 영국으로부터의 탈식민지화 과정에서 총 41개 국가의 역사가 대규모로 파괴되었다. 영국은 식민지 역사를 다시 쓰지는 못 했지만 적어도 확실히 불태울 수는 있었다.

≈≈ 거짓 48 ≈≈
도미니카공화국의
빛과 어둠

미라발 자매 살해와 관련된 은폐 공작

독재자들이 다 그렇지만 라파엘 트루히요Rafael Trujill는 개중에서도 특히 나쁜 독재자였다. 1930년 8월 트루히요가 강압과 위협으로 얼룩진 부정한 대통령 선거를 통해 도미니카공화국 독재자로 취임한 이후, 그의 정권은 곧 공포와 부패 정권의 대명사로 자리 잡았다. 그가 취임하고 2주 후 허리케인이 도미니카공화국을 휩쓸어 수천 명이 사망하고 국가 기반 시설이 대부분 파괴되었는데, 트루히요는 이걸 기회 삼아 경제를 통제했다. 정부 법령을 이용해 은행 자금을 압류하고 산업을 제한했으며 비상사태를 선포해 근로자들의 임금을 줄이고는 그 돈을 자기 군대 자금으로 전용했다. 트루히요는 자신의 산업 포트폴리오가 꽃을 피우자 대통령의 권한을 이용해 경쟁 업체를 폐쇄하고 쌀부터 시멘트에 이르기까지 모든 품목에 고정된 가격을 지정해서 시장의 목을 졸랐다. 또 자신에게 반기를 드는 자들을 가차 없이 처리했다. 이 시기, 대통령 통치에 공개적으로 항의하거나 의문을 제기했던 사람들은 밤사이 쥐도 새도 모르게 사라지곤 했다.

몇 년 안에 트루히요는 정부, 경제, 군대에 이르는 도미니카 공화국의 모든 부분을 완전히 장악했다. "트루히요여 영원하라!" "물을 주신 트루히요에게 감사하자!" 같은 문구가 적힌 현수막과 포스터가 나라 곳곳에 내걸렸다. 사람들은 이제 트루히요가 빅 브라더 역할을 하는 전체주의 정권에 살게 되었다. 트루히요는 모든 곳에 존재하면서 항상 사람들을 지켜보고 있었다. 오조 데 아구아 마을에서 자란 미라발Mirabal 자매—파트리아Patria, 데데Dedé, 미네르바Minerva, 마리아 테레사María Teresa—의 경우도 마찬가지였다. 독재 정권은 농장에서 허드렛일을 하거나 학교에 가는 것과 비슷한 그들 일상의 일부였다. 1949년 10월 13일은 미라발 자매의 삶에서 모호한 감독관 역할을 하던 트루히요가 매우 실질적인 존재로 바뀐 날이다. 이 독재자는 자매의 집에서 가까운 산크리스토발에 있는 자기 저택에서 파티를 주최했다. 트루히요는 학교 연극에 출연한 미네르바를 보고는, 이 소녀를 자신의 새로운 정복 대상으로 정하고 적극적으로 구애하기 위해 미라발 가족에게 자기 파티에 참석하라고 명령했다. 하지만 트루히요가 춤을 추자며 미네르바의 손을 잡았을 때 미네르바가 그를 거절했다. 이 일이 어떤 결과를 초래했을지는 상상하기 어렵지 않을 것이다. 자매들의 아버지 엔리케는 투옥되었고, 미네르바와 어머니는 두 달 동안 호텔에 갇혀 있어야만 했다.

미네르바가 풀려난 뒤에도 트루히요는 그를 계속 협박했다. 1952년에 미네르바는 산타 도밍고 대학 법학부 학생이 되었지만, 대통령은 그녀가 자기와 여러 번 만나 줄 때까지 2학년 공부를 못 하게 가로막았다. 미네르바가 학교를 졸업하고 도미니카공화국 최초의 여성 변호사가 되었을 때도 트루히요는 그가 변호사 업무를 수행할 수 없도록 방해했다. 변호사로서 일을 할 수 없게 된 미네르바는 마누엘 아우렐리오 타바레즈 쥬스토Manuel Aurelio Tavárez Justo(마놀로Manolo라는 이름으로 알려져 있음)와 결혼했고, 아내와 어머니로서 조용한 삶을 살기 위해 자기 자매들과 함께 정착했다. 적어도 표면적으로는 그렇게 보였다.

파슬리 학살

트루히요 정권의 일상적인 암살과 대규모 잔학 행위 중에서도 특히 지독했던 사건이 바로 파슬리 학살이 다. 트루히요는 아이티 출신의 농장 노동자들이 도미 니카 농민들의 일자리를 빼앗아 자신의 지지율이 떨어 지고 있다고 믿었고, 그 때문에 꾸준히 반아이티주의 를 조장하고 있었다. 그리고 1937년 10월 2일, 파티에 서 술에 취한 채 도미니카공화국과 아이티 국경 지대 에 사는 모든 아이티인을 처형하라고 명령해 수만 명 의 목숨을 앗아 갔다. 이에 대한 검열이 만연했고, 이후 학살에 항의하던 이들은 모두 자취를 감췄다.

1960년 1월, 미네르바와 마놀로는 6·14 운동이라는 지하 혁명 단체를 조직했다. 이 이름은 1959년 트루히요 정권을 전복 하고 도미니카 해방 운동을 주도했으나 실패해 추방된 단체로부 터 유래되었다. 미네르바와 그의 남편은 각 지역의 반체제 인사 들을 통합하는 일을 맡았다. 파트리아와 마리아 테레사도 이 단 체에 합류했고, 곧 자매들은 부엌 식탁에 둘러앉아 폭탄을 만들고 독재자를 쓰러뜨릴 계획을 세웠다.

이 단체가 공식적으로 설립된 지 며칠 만에 트루히요의 탄압이 시작되었다. 1월 20일, 마리아 테레사가 체포되었다가 풀려난 뒤 이번에는 미네르바와 함께 다시 체포되었다. 자매들은 트루히요의 악명 높은 '특별' 감옥 LA 42에 구금되었는데, 이곳은 고문과 잔혹 행위가 체계화되어 있는 곳이었다. 팽팽한 술래잡기 게임이 시작되었다. 마리아 테레사와 미네르바는 풀려났다가 다시 체포되고 풀려났다가 체포될 것이다. 트루히요는 이 단체의 다른 구성원들에게도 마찬가지로 접근해 체포하고 고문한 뒤 살해했다.

어떻게 보면 6·14운동은 트루히요에게 있어 최악의 시기에 시작되었다. 그의 통치에 대한 국제적인 반대 여론이 형성되기 시작했고, 1월 말 가톨릭교회는 6·14 운동에 대한 트루히요의 비인도적인 전술과 관련해 그의 정권을 비난했다. 아무리 많은 사람이 체포되어도 지하 저항은 계속되었다. 게다가 베네수엘라 대통령 로물로 베탕쿠르Rómulo Betancourt가 이 정권을 비난하면서 트루히요는 또 다른 타격을 입었다. 그에 대한 보복으로 독재자는 베탕쿠르의 차에 폭탄을 설치해 그를 암살하려 했지만 결국 실패하고 만다. 이를 계기로 미국은 트루히요 정권에 대한 지지를 철회했고, 이에 따라 미주 기구 회원들도 도미니카공화국과의 외교를 끊고 경제 제재를 가할 것임을 결의했다. 6·14 운동이 계속된다면 독재자는 이제 모든 걸 잃을 수도 있는 상황이었다. 그는 이 상황을 해결할 열쇠가 미라발 자매에게 있다고 믿었다. 그들을 제거하면 운동은 저절로 몰락할 것이다.

독재자의 계획은 대략적으로 다음과 같았다. 마리아 테레사와 미네르바의 남편이 여전히 수감 중이었으므로 11월 25일 파트리아와 미네르바가 교도소를 방문할 때 사람을 시켜 이들을 따라가도록 했다. 교도소로 가는 길에는 교통사고가 많이 발생하기로 유명한 도로가 포함되어 있었고, 그곳에서 자매를 몰래 납치하면 될 터였다. 자매들이 면회를 마치고 집으로 돌아가는 길, 웬 차 한 대가 그들 앞에 멈춰 섰다. 운전사인 루피노 데 라 크루즈Rufino de la Cruz만 지프에 남아 있고 자매들은 아무 표시도 없는 차량에 억지로 올라타야만 했다. 미라발 자매는 외딴 수수밭으로 끌려가 목이 졸리고 죽을 때까지 몽둥이로 맞았다. 트루히요가 보낸 사람들은 결국 운전사인 크루즈까지 살해한 뒤 피투성이가 된 자매들의 시신을 지프에 다시 싣고 차를 산길에서 밀어 비극적인 교통사고처럼 위장했다. 다음 날 마리아 테레사, 파트리아, 크루즈의 죽음이 공개되었지만 트루히요는 미네르바의 이름을 밝히는 것만은 끝까지 거부했다.

하지만 자매들의 사망 원인을 은폐하려는 계획은 제대로 실행되지 않았다. 민간인 목격자가 있는 도로에서 납치되기도 했고 애초에 도미니카 사람들은 트루히요나 정부가 하는 이야기를 믿지 않았다. 사람들은 트루히요의 주장이 앞뒤가 맞지 않음을 꿰뚫어 보고 이내 저항군의 얼굴이 냉혹하게 살해당했음을 짐작했다. 트루히요는 반대파에 속한 여성들을 고문하고 살해했지만 이 사실도 그가 저지른 성적 학대와 마찬가지로 철저한 검열 아래 없었던 일이 되곤 했다. 하지만 미라발 자매의 죽음이 야기한 파급효과는 억누를 수 없었다. 독재자는 자신의 체제를 약화시키는 세 명의 여성, 세 명의 부인과 어머니를 살해했다. 자매들의 죽음으로 인해 도미니카공화국 국민들의 인내심은 바닥이 났다. 결국 1961년 5월 30일, 트루히요의 차가 매복 공격을 당했고 독재자는 총에 맞아 죽었다.

도미니카공화국은 이후 몇 년 동안 독재 체제와 고통스러운 분리 과정을 거친 끝에 서서히 회복되었다. 1962년, 미라발 자매를 살해한 암살자들이 재판에 넘겨졌다. 이는 트루히요 정권 기간에 자행된 인권침해와 관련된 유일한 재판이었다. 독재자는 사라졌을지 모르지만 그를 둘러싼 두려움은 사라지지 않았고 침묵의 베일이 나라를 뒤덮고 있었다. 하지만 자매 중 한 명은 살아남았다. 둘째인 데데는 6·14 운동에 참여하지 않았고, 그 대신 가족과 농장을 돌봤다. 자매들이 죽은 뒤 데데는 그들의 자녀를 돌봤을 뿐만 아니라 그들이 완수하지 못한 싸움을 이어받았다. 데데는 도미니카공화국 사람들이 검열에 대한 두려움을 극복하도록 도왔고, 그러자 사람들은 트루히요 정권하에서 자행된 잔혹 행위에 대해 대화를 나눌 수 있게 됐다. 데데는 그가 사망한 해인 2014년까지 민주적인 도미니카공화국을 만들고 자유의 이름으로 쓰러져 간 사람들의 역사를 보존하기 위해 수십 년 동안 끊임없이 노력했다.

≈≈ **거짓 49** ≈≈
"도망치는 적군을 사살했을 뿐입니다. 많이 죽이지도 않았습니다."

미라이 학살에 관한 거짓말

1968년 4월 24일, 미군은 남베트남의 작은 마을 미라이에서 발생한 공격에 관해 내부 조사를 마쳤다. 이로부터 한 달 전인 3월 16일, 미국 제11보병여단의 찰리 중대가 미라이에 숨어 있던 베트콩⁺의 가장 치명적인 부대 중 하나인 제48베트콩 지역 대대를 섬멸하기 위해 이곳에 파견되었다. 미군의 조사에 따르면 수색 및 파괴 작전에서 민간인 20명이 사망한 것으로 드러났지만, 베트콩 사망자 수는 그보다 훨씬 많았다. 작전은 대성공이었다. 하지만 미군 막사와 캠프에서는 그보다 훨씬 충격적인 이야기가 돌고 있었다.

⁺ 베트남의 공산주의 군사조직으로, 베트남전쟁 당시 베트남공화국과 미국을 상대로 싸운 남베트남 내의 반정부 게릴라 조직이다.

1968년 3월 16일 아침, 찰리 중대가 양동작전으로 미라이 공격을 감행했다. 어니스트 메디나Ernest Medina 대위가 지상 공격을 지휘하고 머리 위로 무장 헬리콥터들이 날아다니는 가운데 군인들은 곧 전투가 벌어질 거라 예상하고 있었다. 오전 7시 30분이 되기 조금 전, 그들은 베트콩을 끌어내기 위해 마을에 폭격을 가했다. 그러나 미라이는 침묵을 지켰다. 현장 상공을 정찰·비행한 휴 톰슨 주니어Hugh Thompson Jr. 준위는 무전으로 베트콩이 마을에서 도망쳤다고 보고했다. 미라이 주변의 들판과 숲에는 베트콩이 많았지만 마을 자체에는 없었던 것이다. 마을에 들어선 군인들은 주로 노인, 여성, 어린이로 이루어진 민간인들이 아침을 먹고 일상적인 집안일을 하고 있는 모습을 보았다. 그러나 이들은 탐색 대상을 주변 지역으로 옮기지 않고 마을을 수색 및 파괴하라는 초기 명령을 그대로 따랐다.

거짓 속 진실

베트남전쟁과 게릴라전

베트남전쟁은 공산주의 국가인 북베트남과 남베트남 사이의 분쟁으로 시작되었다. 여기에 남베트남의 동맹국인 미국이 끼어드는 바람에 전쟁은 1955년부터 1975년까지 무려 20년 동안이나 지속되었다. 또한 베

> 트남전쟁은 게릴라전의 신화를 다시 썼다고 해도 과
> 언이 아닐 정도로 전투의 초점이 대게릴라전에 맞춰
> 져 있었다.

미라이의 민간인 가족들이 집 안에 숨어 있는 동안 군인들은 집을 완전히 파괴했다. 장교들은 병사들에게 마을 사람들을 도랑으로 데려가서 죽이라고 명령했다. 한 미군 병사는 학살 현장으로 변해 가는 그곳에서 빨리 벗어나기 위해 자기 발에 총을 쐈다. 하지만 대부분은 그냥 주어진 명령을 따랐다. 오전 8시 30분, 미라이로 향하는 도로변에 민간인 시신이 무더기로 쌓여 있는 걸 발견하고 혼란에 빠진 헬리콥터 부대가 무전을 보내기 시작했다. 그러나 이는 별 소용이 없었다. 오전 10시 30분이 되기 직전에 톰슨 준위는 메디나 대위가 들판으로 향하는 부상당한 여성을 따라가 직사거리에서 총을 두 번 쏘는 모습을 보았다. 톰슨은 무전으로 살인을 중단하라고 말한 뒤 착륙해서 지상 상황에 개입하려고 했으나 집단 처형을 감독하고 있던 윌리엄 캘리 주니어William Calley Jr. 중위와 대치하게 되었다. 캘리는 '명령을 따르고 있다'고 주장했다. 살인을 막을 수 없었던 톰슨은 자신의 소규모 부대에게 최대한 많은 사람들을 대피시키라고 지시했다. 학살은 점심 식사 때가 되어서야 잦아들었다. 군인들이 연기가 자욱한 미라이의 폐허에서 밥을 먹는 동안 톰슨은 기지로 돌아와 방금 펼쳐진 학살에 대한 공식 보고서를 작성했다. 하지만 톰슨의 보고서를 받은 이들은 그의 주장을 검증하기 위해 다른 부대를 보내는 대신, 메디나 대위에게 민간인 사망자를 보고하라고 요구했다. 메디나 대위는 겨우 20~28명 정도만 죽었다는 식으로 거짓말을 했다.

3월 18일, 메디나는 찰리 중대 병사들에게 무슨 일이 있었는지 밝히지 말고 조용히 있으라고 지시했다. 톰슨은 이를 무시한 채 자기 보고서를 계속 밀어붙였고, 이에 베트남 현지 당국까지 가세해 무려 400명이 넘는 민간인이 사망했다고 주장했다. 미군은 마지못해 조사에 착수하는 데 동의했지만 톰슨이나 베트남 측 보고서는 거의 사용하지 않기로 했다. 실제로 4월 11일까지 미군이 보유하고 있던 베트남측 보고서 일부가 조사가 종료될 즈음인 그달 24일에는 분실된 상태였다. 흥미롭게도 미라이에서의 작전 성공을 뒷받침하던 부대의 자체 보고서도 그 대부분은 앞으로 몇 달 안에 '분실될' 것이다.

이런 은폐 작업을 통해 모든 게 끝났어야 했다. 찰리 중대 병사들이 동료 병사들에게 학살에 관한 무용담을 늘어놓긴 했지만 전부 식당 안에서 오가다 마는 이야기에 그쳤다. 로널드 라이든아워Ronald Ridenhour가 개입하기 전까지는 그랬다. 제11보병여단 병사였던 그는 찰리 중대와 함께 훈련을 받았고, 그곳의 친구들을 통해 미라이에서 무슨 일이 일어났는지 들었다. 라이든아워는 처음에는 그 말을 믿지 않았다. 캠프파이어를 할 때 주고받는 실없는 이야기, 상대방을 깜짝 놀라게 할 목적으로 하는 과장된 이야기의 전쟁터 버전쯤으로 치부했으니까. 하지만 자기가 들은 이야기를 잊을 수 없었던 그는 이후 몇 달 동안 미라이와 관련된 정보를 수소문하기 시작했다. 라이든아워는 거의 1년에 걸쳐 미라이에서 실제로 무슨 일이 벌어졌는지 밝힐 수 있는 증거를 대량으로 수집했고, 이 모든 내용을 편지에 담아 1969년 3월 29일에 미 의회와 국방부, 닉슨 대통령 등에게 보냈다. 대부분 그 편지를 무시했지만 라이든아워가 사는 주의 하원의원인 모리스 유돌Morris K. Udall은 달랐다. 그는 편지를 미군에 전달하고 새로운 조사를 요구했다.

1969년 4월 말, 이번에는 찰리 중대의 증언과 증거가 포함된 새로운 조사가 시작되었다. 살인에 적극적으로 가담한 것으로 알려진 일부 군인에게는 솔직하게 진술하면 사면해 주겠다고 제안했다. 같은 해 9월이 되자 캘리를 계획적인 살인 혐의로 기소하기에 충분한 증거가 수집되었고, 중대의 다른 주요 구성원들에 대해서도 비슷한 소송이 제기되기 시작했다. 그럼에도 미군은 미라이 사건에 대해 단호하게 침묵을 지키려고 했다. 하지만 이 계획은 1969년 11월 13일에 프리랜서 기자 시모어 허쉬Seymour M. Hersh가 캘리의 살인 혐의를 폭로하는 폭발적인 기사를 발표하는 바람에 엉망이 되었다. 이어서 그는 찰리 중대 소속 병사들의 격앙된 인터뷰가 포함된 기사 두 개를 더 발표했는데, 병사들은 이 기사에서 미라이에서 일어난 잔혹 행위를 자세히 설명했다. 이런 폭로에 더해, 미라이 작전에 참여했던 로널드 하벌Ronald Haeberle 하사가 학살 현장에서 몰래 찍은 컬러 사진을 《라이프Life》에 팔았다. 12월 5일, 미국 전역의 신문 가판대에서는 살해된 아기와 어린아이의 끔찍한 모습이 담긴 하벌의 사진이 불티나게 팔려 나갔다. 진실은 밝혀졌고 상황은 되돌릴 수 없게 되었다.

철저한 조사가 시작되었고, 찰리 중대에 의해 잔혹 행위가 벌어졌음이 공식적으로 인정되었다. 1970년의 조사에 따르면 "중대부터 사단에 이르기까지 해당 사건을 상급 본부에 알리지 않고 효과적으로 은폐하기 위한 조치를 취하거나 필요한 조치를 생략했"음이 밝혀졌다. 하지만 찰리 중대에서 살인죄로 유죄판결을 받은 건 캘리 한 명뿐이다. 기소된 다른 26명 가운데 메디나 대위를 비롯한 모든 사람이 무죄 선고를 받거나 기소가 취하되었다. 1971년 3월 29일, 캘리는 종신형을 선고받았지만 1974년에 석방되었다. 이 사건의 조사와 재판이 끝난 뒤 미 국방부는 또 다른 잠재적 군사 범죄를 조사하기 위한 태스크포스로 '베트남 전쟁범죄 특별 조사 위원회'를 조직했다. 2003년 언론인이자 역사학자인 닉 터스Nick Turse는 기밀 해제된 문서를 읽고 이 위원회가 7건의 다른 학살 사건을 비롯해 수많은 전쟁범죄 사례를 입증했다는 걸 알게 됐다. 하지만 조사 부족으로 인해 아직 입증되지 않은 전쟁범죄 혐의가 500건이나 남아 있었다.

미라이는 어떨까? 국제적으로 합의되지는 않았지만 그날 사망한 사람들의 수는 미라이의 생존자들이 제시한 504명이다. 그

들의 이름은 미라이의 황금 벽에 새겨져 있으며, 이후 미라이는
마을 대부분이 박물관 겸 기념관이 되었다.

~ 거짓 50 ~
체르노빌,
인류 역사상 최악의 원전 사고

1986년 4월 25일부터 26일 밤사이, 우크라이나 체르노빌 원자력발전소 4호기 원자로가 폭발했다. 이는 소련 내 원자력발전소에서 발생한 일련의 사고 중 가장 최근에 발생한 사고이자 가장 최악의 사고로 기록될 것이다.

체르노빌 사고의 전모와 경위, 이 사고가 미친 여파에 대한 이야기는 거짓말과 자의적 누락으로 가득하다. 재난 발생 당시 소련은 원자력 생산 분야의 세계적 리더 중 하나였지만, 이들의 안전 규제 시스템은 다른 어느 나라보다도 열악했다. 소련은 비용 절감을 가장 중요시했다. 당시 체르노빌 지역신문의 기자이자 편집자였던 류보프 코발렙스카야Lyubov Kovalevskaya는 원자력발전소가 건설되는 동안 인력 부족, 호환되지 않는 재료 및 장비 부족으로 인한 문제, 수준 이하의 건설 및 안전 진단 주기의 설정 문제가 계속해서 사이클처럼 이어졌다고 회상했다. "1차 에너지 블록의 문제점이 2차로, 그리고 2차 문제가 3차로 넘어가는 식이었다." 발전소의 고출력 채널형 원자로RBMK를 설계하는 과정에서도 모서리가 잘려 나가는 등 말도 안 되는 일들이 벌어지곤 했다. 그러나 이건 소련 원자력 체계의 일부분에 불과했다. 기계만 돌아간다면 결국엔 사소한 사고에 지나지 않는다. 모든 건 괜찮을 것이다. 모든 건 괜찮을 것이다. 이는 비단 원자력 인프라와 관련된 문제에서만 적용되는 태도는 아니었다. 당시의 소련은 모든 분야에서 계획은 무시하고 (문제가 발생했을 때) 최선의 해결을 바라는 태도를 보여 왔다. 1986년 이전에도 1975년 레닌그라드 원자력발전소 사고와 1982년 체르노빌 원자력발전소 사고 등 일련의 사고가 있었고, 두 사고 모두 발전소와 그 주변에 방사능이 누출되었지만 원자로는 무사했고 곧 정상적으로 다시 작동했다. 체르노빌 참사 한 달 전, 코발렙스카야는 원전에서 은폐하고 있던 수많은 안전 문제를 폭로하는 기사를 발표했지만 원자력발전소 관계자들은 그 기사를 거짓말이라며 무시했다.

원자력 혹은 핵은 소련의 성공과 동의어였다. 철의 장막을 친 소련은 자국민이 어떻게 냉전의 핵 공격에서 살아남을 수 있는지 설명하는 선전물을 재빨리 발표했다. 그들은 권력 유지를 위해 자기들이 핵무기, 그리고 그와 관련된 기술을 장악하고 있음을 국민과 국제사회에 보여 줄 필요가 있었다. 그러니 더더욱 사고 같은 걸 인정하고 있을 여유가 없었다. 이런 입장은 소련이 핵무기 연구 및 생산 분야에서 미국을 따라잡기 위해 서두르고 있던 1957년에도 입증된 바 있다. 1957년 9월, 마야크의 극비 플루토늄 생산 현장에서 사고가 발생했다. 체르노빌처럼 이곳도 빠른 시간 안에 돈을 적게 들여서 지었고 안전 규제가 미흡했으며 핵폐기물도 제대로 처리되지 않았다. 당연한 수순으로 방사능 유출 사고가 일어났고, 약 50만 명의 사람들이 높은 수준의 방사능에 노출되었다. 하지만 소련 정부는 이 사고를 공개적으로 알리지 않기로 결정하고 주민들의 대피를 일주일 연기했다. 심지어그 일주일 뒤에도 1만 1000명 정도만 대피시키면서 엉터리 이유를 댔다. 이 폭발 자체는 실험적인 대규모 방출로 이름이 바뀌었고, 실제로는 그리 위험하지도 않다는 식으로 선전됐다. 물론당연히 위험했다. 극도로 높은 수준의 방사능에 노출될 경우 무수히 많은 건강 문제를 야기하는데, 특히 암을 유발한다.

이후 수십 년 동안 다수의 사망자가 발생했음에도 마야크 참사는 소련이 붕괴된 1991년까지 철저히 은폐되었다. 1970년대에 소련 민방위가 대형 원자력 사고 대응 매뉴얼에 대한 계획을세우기 시작했을 때도 마야크에서 얻은 '교훈'을 참고삼았다. 중요한 건 국민의 건강이 아닌, 거짓말과 은폐로 소련의 명성을 보호하는 것이라는 교훈 말이다. 체르노빌 폭발 사고 이전까지 소련은 수많은 원자력 사고를 겪었지만, 이를 공식적으로 인정한 적은 단 한 번도 없었다. 체르노빌도 마찬가지이기를 바랐다. 사실

1986년 4월 26일 이른 시간에 이웃 국가들에게 높은 수준의 방사선이 퍼져 나가고 있다고 처음 알린 것도 소련이 아니라 스웨덴의 포스마크 발전소 팀이었다. 그들의 조사 결과는 참사가 발생한 지 이틀 후인 4월 28일에 나왔다. 센서가 포스마크 발전소 근로자의 신발에서 놀라운 수준의 방사선을 감지했고 조사가 시작되었다. 방사선 누출이 포스마크 발전소 자체에서 발생한 게 아니라는 걸 확인한 그들은 작업자가 좀 전에 걸어온 풀밭을 분석했고, 거기서 소련 발전소만의 독특한 방사성 입자를 발견했다. 궁지에 몰린 소련은 참사를 인정해야 했다.

거짓 속 진실

우주 경쟁 비용

마야크 참사를 비밀에 붙인 중요한 이유는 해당 사고가 소련이 1957년 10월 4일에 스푸트니크 1호를 발사하기 불과 며칠 전에 일어났기 때문이다. 최초의 인공위성인 스푸트니크는 우주 경쟁 상대인 미국에 엄청난 타격을 안겨 줄 터였다. 이런 상황에서 치명적인 원자력 사고를 인정하는 건 선전 활동에 전혀 도움이 되지 않았으므로 소련은 이를 철저히 은폐했다.

재난이 발생하자마자 대피에 관한 논의가 시작되었다. 4월 26일 오전 6시 회의에서 발전소와 정부 관계자들은 체르노빌에 투입된 소방관들이 그곳 시설과 접촉한 지 불과 몇 시간 만에 방사선병으로 죽어 가고 있다는 걸 알고 긴급 대책을 논의했다. 민방위와 내무부는 즉각적인 철수를 촉구했지만 소련이 오랜 시간 동안 관리들의 마음속에 굳게 심어 놓은 비밀의 장막이 승리했다. 프리피야티Pripyat시는 4월 27일 오후부터 시민들을 대피시키기 시작했지만 누구도 그 이유를 말해 주지 않았고, 방사능으로부터 신체를 보호하는 방법도 알려 주지 않았다. 그 이유는 이번에도 역시 비밀이었다. 게다가 체르노빌 인근 지역의 작은 마을과 도시에 사는 사람들은 자기가 처한 위험을 전혀 인식하지 못한 채 방사능으로 뒤덮인 그곳에 그대로 남아 있었다. 여기서 멈추면 더 많은 사람이 죽으리라는 걸 깨달은 체르노빌 민방위 대장은 민방위 당국 상관에게 대형 사고가 발생했고 시민들을 대피시켜야 한다고 보고했지만, 돌아온 것은 '민심 동요자'라는 면박뿐이었다. 다행히 4월 29일부터 국제 언론이 그 재난에 대해 서둘러 보도하기 시작했다. 이제 소련은 자기들이 그저 두 손을 모으고 모든 게 사라지길 기도하고 있었던 것만은 아님을 행동으로 보여 줘야 했다.

그 뒤로 며칠 동안 천천히, 그러나 확실하게 더 많은 대피가 이루어졌다. 하지만 소련은 여전히 폭발이 얼마나 참혹한지 인정하지 않았고, 사람들을 위험 지역에서 탈출시키려는 모든 시도는 정부의 불필요한 요식 절차 때문에 방해를 받았다. 그리고 방사선 피폭을 당한 사람들에게 요오드화칼륨을 적절하게 나눠 주지도 못 했다. 비축해 둔 요오드화칼륨이 있었지만 그걸 나눠 준다면 국제 언론이 옳았고 소련은 완전히 피할 수 있었던 핵 재앙을 지켜보기만 했다는 걸 증명하게 될 테니까. 결국 많은 사람이 치료를 받지 못한 채 방치되었다. 정부는 마야크 때처럼 피해 규모를 완전히 은폐하지는 못 했지만 이번에도 국민의 건강을 기득권층의 명성보다 부차적인 것으로 생각했다.

폭발 사고가 국제적으로 알려지고 며칠, 몇 주 동안 소련은 피해 규모를 축소하기 위해 수많은 거짓말을 내뱉었다. 류보프 코발렙스카야 같은 언론인들이 방사선 구역에 들어가 목숨을 걸고 진실을 밝히려고 노력했지만 KGB 요원들에게 끈질기게 방해를 받았다. 실제로 소련이 붕괴된 뒤에야 비로소 체르노빌의 참혹한 모습과 이를 은폐하기 위한 모든 거짓말이 드러나기 시작했다. 체르노빌이 얼마나 많은 죽음을 초래했는지 정확히는 알 수 없지만 벨라루스 민스크에 있는 임상 방사선 의학 및 내분비 연구소의 조사에 따르면, 사고 지역 주변에서 1990년부터 2000년 사이에 암 진단이 40퍼센트 증가했다. 체르노빌 주변 지역은 앞으로도 2만여 년 동안은 인간이 거주할 수 없을 듯하다.

우리가 역사에 관해 알고 있는 많은 부분은 거짓말과 자의적 정보 누락에 뿌리를 두고 있다. 레거시 작전에 참여한 어설픈 관료들처럼 보편적으로 기억할 가치가 있다고 생각하는 역사의 순간을 별생각 없이 선택하는 경우가 많다. 우리는 자신과 자신의 조국를 자랑스럽게 느끼기 위해 영웅과 악당이 등장하는 멋진 이야기를 원한다. 지나치게 많은 질문을 받거나 과거의 상상할 수 없는 측면에 연연하고 싶어 하지 않는다. 그 기분은 충분히 이해할 수 있다. 역사는 수세기 동안 이 책에서 본 방식대로 소비되었다. 하지만 그렇다고 해서 그 방식이 건전하다는 뜻은 아니며 틀림없이 지속 가능하지도 않다.

제2차 세계대전 이후로 기억에 대한 학문적 연구, 특히 우리가 잔악한 행위를 이해하고 기억하는 방식에 대한 연구가 대폭 늘어났다. 이를 통해 많은 걸 배웠고, 지금도 배우고 있다. 역사 속의 이런 순간을 유지하고 이해하려면 공공 기념관, 박물관, 교육이 상호 간에 잘 연결돼 기능하는 게 중요하다. 성찰에 관한 교훈도 매우 명백하다. 이런 순간을 무시하거나 부인하거나 밀어

내는 건 본질적으로 해롭다. 그 즉시 국가와 사람들 사이에 분열이 생긴다. 이는 회복하기 어려운 정치적, 심리적 균열이며 이 균열이 곪는 기간이 길어질수록 균열은 더 심해지고 종종 음모론으로, 또는 이미 모호한 역사적 이해의 세계에 잘못된 정보를 대량으로 쏟아붓는 더 큰 거짓말로 변하기도 한다.

학교에서 역사는 편파적이지 않아야 한다고 배우겠지만 역사는 필연적으로 편파적일 수밖에 없다. 하지만 그렇다고 해서 역사를 읽는 우리가 편견을 가져도 된다는 이야기는 아니다. 이야기의 전체적인 그림을 모르는 걸 좋아할 사람은 없다. 소설책을 사서는 중간 부분을 뜯어내는 사람은 없을 텐데 왜 역사에 대해서는 그렇게 한단 말인가? 더 많은 걸 알고 싶다는 호기심을 품고 이 책을 덮길 바란다. 적어도 이제 우리는 그 답을 찾는 과정이 즐거우리라는 걸 알고 있다.

✦ 감사의 글 ✦

최고의 남편 사이먼에게 감사한다. 그의 끊임없는 지지와 커피가 없었다면 이 책을 완성하지 못했을 것이다! 매일매일을 웃음과 사랑으로 가득 채워 주는 엄마와 여동생 베키, 그리고 멋진 조카 해리슨에게도 감사한다. 내게 기회를 준 에이전트 도널드 윈체스터와 마이클 오마라 북스의 모든 팀원들, 특히 루이즈 딕슨과 가브리엘라 네메스의 전문 지식과 인내심에 감사를 전한다.

참고 도서

- Bergin, Joseph, Broedel, Hans, Roberts, Penny, Naphy, William G., The 'Malleus Maleficarum' and the Construction of Witchcraft: Theology and Popular Belief, Manchester University Press 2004

- Brand, Charles M., Byzantium Confronts the West, 1180–1204, Harvard University Press 1964

- Cobain, Ian, The History Thieves: Secrets, Lies and the Shaping of a Modern Nation, Portobello Books 2016

- Dalrymple, William, The Anarchy – The Relentless Rise of the East India Company, Bloomsbury Publishing 2020

- Dwyer, Philip, Ryan, Lyndall, Theatres of Violence: Massacre, Mass Killing and Atrocity Throughout History, Berghahn Books 2012

- Harvey, Karen, The Imposteress Rabbit Breeder: Mary Toft and Eighteenth-Century England, OUP Oxford 2020

- Hayashi, Brian Masaru, Democratizing the Enemy: The Japanese American Internment, Princeton University Press 2008

- Hunt, Lynn, Eroticism and the Body Politic, Johns Hopkins University

Press 1991

- Restall, Matthew, Seven Myths of the Spanish Conquest, Oxford University Press 2004

- Smith, Mark B., The Russia Anxiety: And How History Can Resolve It, Allen Lane 2019

- Sodaro, Amy, Exhibiting Atrocity: Memorial Museums and the Politics of Past Violence, Knowledge Unlatched 2017

- Teter, Magda, Blood Libel: On the Trail of an Antisemitic Myth, Harvard University Press 2020

- Townsend, Camilla, Fifth Sun: A New History of the Aztecs, Oxford University Press 2019

세계사를 바꾼 50가지 거짓말

1판 1쇄 인쇄	2023년 10월 13일
1판 1쇄 발행	2023년 10월 30일

지은이	나타샤 티드
옮긴이	박선령

발행인	황민호
본부장	박정훈
책임편집	김사라
기획편집	김순란 강경양
마케팅	조안나 이유진 이나경
국제판권	이주은 한진아
제작	최택순

발행처	대원씨아이㈜
주소	서울특별시 용산구 한강대로15길 9-12
전화	(02)2071-2019
팩스	(02)749-2105
등록	제3-563호
등록일자	1992년 5월 11일

ISBN	979-11-7124-961-9 03900